図解入門
ビジネス

Shuwasystem Business Guide Book

How-nual

最新

労働
基準法が

[令和5〜6年の法改正対応!]

よ〜くわかる本

事業主・人事・労務担当者必読!図解でわかる

社会保険労務士
貫場 恵子 著

秀和システム

はじめに

　労働基準法は、労働者を保護するための労働保護法として昭和22年に制定された法律で、労働条件の最低基準を定めています。使用者は当然この法律を守らなければならず、違反した場合には罰則が科され、社会的な信用も無くします。

　しかし、「罰則があるから、労働基準法を遵守しなければならない」という考え方は過去の話です。

　現在、ビジネス環境は大きく変化しています。グローバル化、少子高齢化、デジタル化、多様な人材など、それらに対応していく企業が生き残れる企業です。「サスティナビリティ経営」を実行していかなければ企業の継続は困難であるとまで言われています。

　企業の価値は有形財産ではなく、無形財産である「ヒト」に移ってきています。経営戦略と並行して人事戦略も行っていかなければなりません。その一歩として、法律を守り、労働者が働きやすい職場にしていくこと、労働者のエンゲージメントを高めていくことが必要なのです。その結果、労働者の定着率も高まり、優秀な人材も確保できます。

　つまり、労働基準法を知り守ることは企業経営において非常に重要なことです。

　また、労働者も労働基準法を知ることは必要です。自分の意思に反して金銭的補償もなく一方的に解雇されたり、長時間労働により健康を害したり、本来労働基準法で守られなければならない事柄が守られず、労働者の人権や生命が保障されていない現状があります。「ブラック企業」と言われる企業は、悲しいことですが、今でも多数見られます。もし、労働者が労働基準法を知っていたら、自分の身を守るための行動をとることができたかもしれません。

　このように、労働基準法は労使双方にとって重要な法律です。

　企業の人事担当者や労働組合の委員だけでなく、経営者や労働者、これから社会に出る学生、社労士を目指す方など多くの方に本書を読んでもらいたいと思います。

　本書の内容は、これから初めて労働基準法を学ぼうとしている人から、ある程度労働基準法を知っている人にまで対応できるよう、条文をベースにした文章で、かつ理解しやすいように図表を多く載せています。

　「人材」を「人財」と考える時代です。労働基準法を遵守することで、労働者が生き生きと働き、企業の生産性が上がることを願っています。そのために本書が役立つことができれば幸いです。

2023年11月

社会保険労務士　貫場恵子

図解入門ビジネス
最新 労働基準法が
よ～くわかる本

CONTENTS

第5章 年次有給休暇

第6章 年少者

第7章 女性

第 1 章

労働基準法の役割

労働基準法は第2次世界大戦後の民主改革の中で制定されました。戦前の日本は、労働者と使用者の関係は対等なものとはいえず、労働者は劣悪な労働条件で働かされ、その結果、生存までもが脅かされる状況でした。そこで、労働者を保護するための労働者保護法が必要とされ、国が労使間の労働契約関係に介入し労働条件の最低基準を定めた労働基準法が制定されたのです。労働基準法第1条は、労働者に人として価値ある生活を営む必要を充たすべき労働条件を保障すると規定しています。そして労働条件の最低基準を確保するために、労働基準監督制度や法律に違反する行為を行った使用者に罰則を科すことで、その実効性を確保しています。

1-1
労働基準法とは

労働基準法は、日本国憲法第27条第2項の規定を受けて、1947(昭和22)年4月7日に公布されました。同年9月1日に大部分の規定が施行、11月1日に残りの部分が施行されています。

▶▶ 企業が適切な労務管理を行うためのルール

労働基準法では、企業が適切な労務管理を行うため、労働条件についてさまざまなルールを定めています。1日の労働時間や休憩時間、休日・休暇、賃金の支払い方法などが定められており、企業はそれを守らなければなりません。守らなければ罰則が科されることもあります。

たとえば、「うちの会社は残業をしているのに、残業代を一切払ってくれない」と労働基準監督署に労働者から申告があったとします。

労働基準監督署は、その申告を受けて事業所に立入り調査を行い、労働基準法違反があった場合は改善指導を行います。そしてそれでも違反が是正されない場合、刑事事件として立件され、最終的には刑事罰が科されることになるのです。このように労働基準法は、国による監督行政と、使用者に罰則を科すことにより労働者を保護する労働保護法としての役割を持っています。

また、労働基準法を守ることは、企業にとっても重要な意味を持ちます。労働基準法を守ることにより、企業の魅力を高め、優秀な人材を確保し、生産性の向上や企業業績を上げることに繋がるのです。つまり、労働基準法を正しく知って守ることは労使双方にとってメリットがあるのです。

ポイント

労働基準法を守らなければ優秀な人材の確保や従業員の定着に繋がりません。

1-2
労働法とは

実務においては、労働基準法のほかにも労働にまつわるさまざまな関連する法律を知っておく必要があります。きちんとおさえておきましょう。

▶▶ 労働者を保護するための法律が「労働法」

労働者は、労働基準法以外にもいろいろな法律により保護されています。

たとえば労働組合法や男女雇用機会均等法、育児介護休業法、障害者雇用促進法、労災保険法など、実に多岐にわたります。このような法律をひとくくりにして「労働法」と呼んでいます。

つまり、労働法という法律は存在しません。労働基準法も労働法の一つと考えればよいでしょう。企業が適切な労務管理を行っていくためには労働基準法を守るだけでは不十分です。

次のページに主な労働法を表でまとめましたので、参考にしてみてください。また、特に重要な労働法については、本書でこれから説明していきます。

 ポイント

適切な労務管理を行うためには労働法についても理解しておく必要があります。

●主な労働法

法律名	内容
労働契約法	個別の労働関係の安定のため、労働契約の基本的事項を定めている
労働基準法	労働条件の最低基準を定めている
最低賃金法	賃金の最低額を保障している
労働安全衛生法	労働災害の防止のための危害防止基準や責任体制を定めている
労災保険法	労働者やその遺族に対して労働災害による保険給付を行う
男女雇用機会均等法	雇用分野における男女の機会・待遇の確保を図るための規定を置いている
育児・介護休業法	育児休業、介護休業等の措置について定めている
パート・有期労働法	パートタイム労働者や有期契約労働者について労働条件の均等・均衡待遇等を定めている
労働組合法	労働組合、不当労働行為、団体交渉等について定めている
労働者派遣法	派遣労働者の就業条件の整備等について定めている
高年齢者雇用安定法	定年の引上げ、継続雇用制度等について定めている
障害者雇用促進法	障害者の雇用促進の規定を置いている
雇用保険法	失業給付、育児休業給付等について定めている

1-3
労働基準法の守備範囲

労働基準法は労働条件の最低基準を定めたものです。実際の労働条件は使用者と労働者との契約により異なりますが、最低基準を下回ってはなりません。

▶▶ 労働基準法を下回る労働条件は無効となる

労働基準法が定めているのは、労働条件の**最低基準**です。つまり、「**労働条件は最低でも労働基準法の基準にしてください**」ということです。

もしも、労働基準法の規定を下回るような労働条件を使用者と労働者が合意のうえで決めていたとしても、その労働条件は**無効**となり、労働基準法の基準に置き換えられることになります。当然、労働基準法の規定を上回るような労働条件は問題ありません。

労働条件の規定を下回った場合の置き換え

| 修正前 | 1日の労働時間　9時間（労使が合意） |

↓ 無効

| 修正後 | 1日の労働時間　8時間（労働基準法で定められた労働時間） |

 「労働条件」とは？

賃金、労働時間はもちろんのこと、解雇、災害補償、安全衛生など、「職場における一切の待遇」をいいます。

▶▶ 労働基準法の規定とは

労働基準法では、どのような規定が置かれているのでしょうか。

主な規定は、以下のものです。

労働基準法で置かれている規定

労働基準法		
	1. 人権擁護規定	本書の第1章で説明
	2. 労働者・使用者の定義	本書の第1章で説明
	3. 労働契約の締結	本書の第2章で説明
	4. 解雇	本書の第9章で説明
	5. 賃金	本書の第3章で説明
	6. 労働時間	本書の第4章で説明
	7. 休憩・休日	本書の第4章で説明
	8. 時間外・休日労働、割増賃金	本書の第4章で説明
	9. 事業場外労働・裁量労働制	本書の第4章で説明
	10. 年次有給休暇	本書の第5章で説明
	11. 年少者	本書の第6章で説明
	12. 女性・妊産婦等	本書の第7章で説明
	13. 就業規則	本書の第8章で説明
	14. 打切補償	本書の第9章で説明
	15. 監督機関	本書の第1章で説明
	16. 時効等	本書の第5章で説明

1-4
労働基準法が適用される範囲

労働基準法は、原則として規模や経営形態を問わずすべての事業に適用されますが、一部の事業においては適用されない場合もあります。

▶▶ 労働基準法の適用範囲と例外

労働基準法は、原則すべての事業に適用されます。事業の規模や法人であるか個人経営であるかは、問いません。

ただし、**同居の親族のみを使用する事業**や、**家事使用人**(個人家庭と契約して働くお手伝いさん)は適用されません。これは、親族関係にある者の間にまで法律が干渉するのは不適当であること、また、家事使用人については、職場が一般家庭であるため、私生活に関することまで国が監督するのは適当でないからです。

ただし、家事代行サービスの社員のように会社と契約して働く家事使用人は労働基準法が適用されます。

また、一般職の国家公務員には労働基準法は適用されませんが、行政執行法人(印刷局・造幣局等)の職員には適用されます。一般職の地方公務員や地方公営企業(公営バス・公営地下鉄等)の職員には、労働基準法の一部が適用されます。

▶▶ 労働基準法における「労働者」

労働基準法において「労働者」とは、次の3つの要件をすべて満たす者をいいます。

①職業の種類を問わない
②事業または事務所に使用される者
③賃金を支払われる者

この要件のすべてに該当すれば労働基準法が適用されるため、パート、アルバイト、契約社員、嘱託社員、外国人労働者、日雇労働者であっても労働基準法は適用されます。ただし、失業者には適用されません。

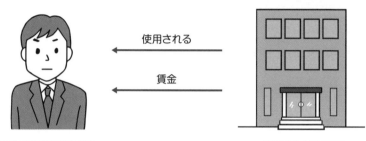

| 労働基準法が適用される労働者 |

使用される

賃金

職業の種類を問わない　　　　　　　　　事業または事務所

 ポイント

　労働基準法にもとづいて「労働者」と判断された場合、「労災保険法」や「最低賃金法」が適用されることになります。

▶▶ 労働基準法における「使用者」

　労働基準法では、使用者についても次のように定義されています。

①事業主（法人の場合は法人そのもの、個人企業にあっては企業主個人）

②事業の経営担当者（法人の代表者や支配人等）

③人事、給与等の労働条件の決定や労務管理等に関して、一定の権限を与えられている者

労働基準法における使用者

会社そのもの

代表取締役社長

人事部長

　使用者とは、部長・課長等の形式にとらわれることなく、労働基準法各条の義務についての履行の責任者をいい、実質的に一定の権限を与えられている者をいいます。

　したがって、当該権限を与えられておらず、単に上司の命令の伝達者にすぎない場合は、使用者には該当しません。たとえば、人事部長という名称であっても人事権がなければ使用者に該当しないことになります。

1-5
労働基準法上の人権擁護規定

戦後の民主化政策の一つとして制定された労働基準法は、戦前の日本社会で行われていた労働者の人権を抑圧する労働慣行を排除するための規定を冒頭の第1章に置いています。

これらの規定は「労働憲章」といわれ、労働者の人権擁護の諸規定が設けられています。

▶▶ 第1条　労働条件の原則

労働基準法第1条第1項において、労働条件は「労働者が**人たるに値する生活**を営むための必要を充たすべきものでなければならない。」とされており、同条第2項において、「この法律で定める労働条件の基準は**最低**のものであるから、労働関係の当事者は、この基準を理由として労働条件を低下させてはならないことはもとより、その向上を図るように努めなければならない。」と規定されています。

日本国憲法と労働基準法

日本国憲法 第25条第1項

すべて国民は、健康で文化的な最低限度の生活を営む権利を有する

労働基準法 第1条第1項

- 労働条件は、労働者が人たるに値する生活を営むための必要を充たすべきもの
- 労働基準法は、労働条件の最低基準を定めたもの

使用者と労働者はその向上を図るように努力

▶▶ 第2条　労働条件の決定

労働条件は、労働者と使用者が、**対等の立場**において決定すべきものであるとされています。

また、労働者及び使用者は、「**労働協約**」「就業規則」及び「労働契約」を遵守し、誠実に各々その義務を履行しなければなりません。

 「労働協約」とは？

　労働組合と使用者またはその団体との間で締結した労働条件等の定めを指します。双方の記名押印等がある書面で作成された場合に、その効力が発生します。

▶▶ 第3条、第4条　均等待遇の原則

　使用者は、国籍、信条、または社会的身分を理由として、賃金、労働時間その他の労働条件について、差別的取扱いをしてはなりません。

均等待遇の原則

国籍

信条

社会的身分

特定の宗教的または
政治的信念

生来の身分

上記を理由に、労働条件について
差別的に取扱うことを禁止する

不利に取扱うだけでなく
有利も禁止

 ポイント

　性別を理由に労働条件について差別的取扱いをした場合は、男女雇用機会均等法違反や民法の公序良俗違反になります。

▶▶ 第5条　強制労働の禁止

　使用者は、暴行、脅迫、監禁その他精神または身体の自由を不当に拘束する手段によって、労働者の意思に反して労働を強制してはなりません。

　戦前の日本においては、「タコ部屋」「監獄部屋」など、暴行・脅迫などの不当な手段により労働を強制することが広範囲で行われていました。そこで、このような悪弊を排除し、労働者の人権を保障するために設けられたのが上記の規定です。

　なお、現代においても、外国人労働者に対して旅券を取り上げて移動の自由を拘束したり、学生アルバイトに対して辞めたくても辞めさせなかったり、といった事例があります。強制労働は、決して過去のものではないのです。

▶▶ 第6条　中間搾取の排除

　何人も、法律（職業安定法等）に基づいて許される場合のほか、**業として**他人の就業に介入して**利益を得て**はなりません。

> **「業として利益を得る」とは？**
>
> 　「業として」とは、「営利を目的として、同種の行為を反復継続すること」をいいます。したがって、1回の行為であっても、反復継続して利益を得る意思があれば十分であり、それが主業としてなされるか、副業としてなされるかは問いません。
>
> 　また、「利益」とは、手数料、報償金、金銭以外の財物等その名称を問わず、有形か無形かも問いません。なお、使用者から利益を得る場合に限らず、労働者または第三者から利益を得る場合も含みます。

中間搾取の例

貧しい親子　　　少年　　　手配師・募集人　　　少年を送り込み、1人につき〇円を炭鉱主からもらう　　　炭鉱

▶▶ 第7条　公民権行使の保障

使用者は、労働者が労働時間中に、選挙権その他公民としての権利を行使し、または公の職務を執行するために**必要な時間を請求**した場合においては、拒んではなりません。

ただし、権利の行使または公の職務の執行に妨げがない限り、請求された時刻を変更することができます。

公民権行使の保障とは

労働者

必要な時間を請求

公民権の行使
選挙権
被選挙権
国民審査
民衆訴訟など

公の職務の執行
議員、労働委員会の委員
労働審判員、裁判員
選挙立会人など

使用者

請求を拒んではならない。ただし、請求された時間の変更は可能

ポイント

①使用者が、選挙権の行使を労働時間外に実施すべき旨を定め、これに基づき労働時間中に労働者が選挙権の行使を請求することを拒否するのは、労働基準法違反になります。

②公民権行使等のために必要な時間を与えた場合に、その時間を有給とするか無給とするかは、当事者の取り決めになります。

第**2**章

労働契約

民法では「契約自由の原則」という考え方が取られており、個人の契約関係は契約を結ぶ当事者の自由な意思に基づいて取引内容が決定されます。しかし、労働者と使用者の関係において、契約自由の原則を貫くと、経済的に弱い立場である労働者は使用者の提示する労働条件を呑まざるを得ないという状況になりかねません。そこで、労働基準法では労働契約について労働者を保護する規定を置いています。

また、平成19年に制定された「労働契約法」は、労働契約の基本的な理念及び労働契約に共通する原則や判例法理に沿った労働契約の内容の決定及び変更に関する民事的なルールを定めています。

2-1
労働契約の成立

労働契約は、労働者と使用者の合意により成立します。使用者が労働者を雇い、賃金を支払う際の契約について、基本的なルールを定めているのが労働契約法です。

▶▶ 労働契約法により定められている労働契約の成立

労働契約の成立については、労働契約法第6条において以下の規定が設けられています。

> **労働契約法第6条**
> 労働契約は、労働者が使用者に使用されて労働し、使用者がこれに対して賃金を支払うことについて、労働者及び使用者が合意することによって成立する。

労働契約は、労働契約の締結当事者である労働者及び使用者の**合意**のみにより成立するものです。したがって、労働契約の成立の要件としては、契約内容について書面を交付することまでは求められていません。

また、労働契約の成立の要件としては、労働条件を詳細に定めていなかった場合であっても、労働契約そのものは成立し得るものです。

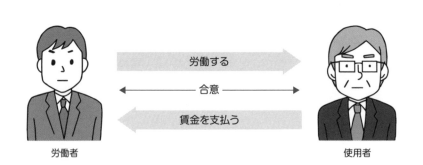

労働契約の成立

労働する
合意
賃金を支払う

労働者　　　　　　　　　　　使用者

　ただし、双方の合意により契約自体は成立したとしても、その内容に対して互いの認識にずれがあったり、契約後に不満が出たりした場合は、トラブルが生じるもととなります。

　可能なかぎり、契約内容は書面で双方確認をすることが推奨されています。

 ポイント

　労働契約法の第4条では、契約の内容について認識の齟齬が生じ、これを原因とする労働関係紛争が生じないようにするため、「労働者及び使用者は、労働契約の内容について、できる限り書面により確認するものとする。」と規定されています。

2-2
労働契約の内容と就業規則との関係

法律で定められた労働契約の基本ルールが「労働契約法」です。対して、使用者が労働者に対する労働条件や職場の規律を独自に定めたものが「就業規則」です。

▶▶ 労働契約と就業規則

労働契約において、労働条件を詳細に定めずに労働者が就職した場合、「合理的な労働条件が定められている**就業規則**」であること、及び「就業規則を労働者に周知させていた」という要件を満たしている場合には、就業規則で定める労働条件が労働契約の内容を補充し、「労働契約の内容は、その就業規則で定める労働条件による」という法的効果が生じます。

これは、労働契約の成立についての合意はあるものの、労働条件は詳細に定めていない場合であっても、就業規則で定める労働条件によって労働契約の内容を補充することにより、労働契約の内容を確定するものです。

 「就業規則」とは？

労働者が就業上遵守すべき規律及び労働条件に関する具体的細目について定めた規則類の総称をいい、労働基準法に規定されている「就業規則」(第8章参照)と同様です。

これについては、労働契約法の第7条に記載があります。

労働契約法第7条

労働者及び使用者が労働契約を締結する場合において、使用者が合理的な労働条件が定められている**就業規則を労働者に周知**させていた場合には、労働契約の内容は、その就業規則で定める労働条件によるものとする。ただし、労働契約において、労働者及び使用者が就業規則の内容と異なる労働条件を合意していた部分(いわゆる特約)については、合意の内容が就業規則の基準に達しない労働契約に該当する場合を除き、この限りでない。(合意が優先)

▶▶ 労働条件の決定

労働者の労働条件については、次のように決定されるのが一般的です。

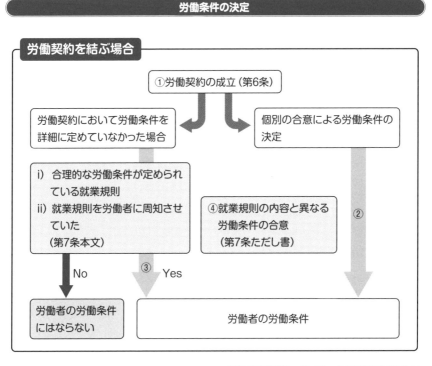

出典:厚生労働省　パンフレット労働契約法のあらまし

　厚生労働省によるパンフレット「労働契約法のあらまし」においては、労働条件決定の流れについてこのように記されています。

①労働契約は双方の合意により成立
②双方の合意により労働者の労働条件が決定
③労働者の労働条件は、その就業規則に定める労働条件による
④就業規則の内容と異なる労働条件を合意していた部分は合意が優先

2-3
労働契約の内容の変更

労働者及び使用者は、その合意により、労働契約の内容である労働条件を変更することができます。当事者の合意により契約が変更されることは、契約の一般原則であり、労働契約についても当てはまります。

◖◗ 就業規則による労働契約の内容の変更

退職金や賃金を減額するなど、労働条件の不利益な変更については、労働者と使用者が合意することは現実的には難しいものです。そこで、就業規則を変更することにより、労働条件を不利益に変更できるか否かが問題になってきます。

労働契約法第9条では、「使用者は、労働者と合意することなく、就業規則を変更することにより、労働者の不利益に労働契約の内容である労働条件を変更することはできない。」と規定しています。

ただし、例外として、当事者間の合意がなくても不利益に変更できる規定を労働契約法第10条に置いています。

> **労働契約法 第10条**
>
> 使用者が就業規則の変更により労働条件を変更する場合において、変更後の就業規則を労働者に周知させ、かつ、就業規則の変更が、労働者の受ける不利益の程度、労働条件の変更の必要性、変更後の就業規則の内容の相当性、労働組合等との交渉の状況その他の就業規則の変更に係る事情に照らして合理的なものであるときは、労働契約の内容である労働条件は、当該変更後の就業規則に定めるところによるものとする。
>
> ただし、労働契約において、労働者及び使用者が就業規則の変更によっては変更されない労働条件として合意していた部分(いわゆる特約)については、合意の内容が就業規則で定める基準に達しない場合を除き、この限りでない。(合意が優先)

労働契約の変更

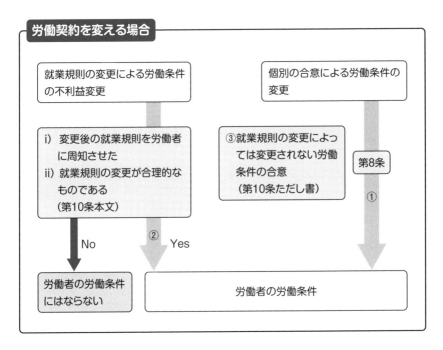

出典:厚生労働省　パンフレット労働契約法のあらまし

ポイントとしては、次の通りです。

①労働者の労働条件は、双方の合意による
②使用者が「変更後の就業規則を労働者に周知させた」うえで、「就業規則の変更が合理的なものである」という要件を満たす場合は、労働者の労働条件は、変更後の就業規則に定める労働条件による
③「就業規則の変更によっては変更されない労働条件として合意していた部分」は、その合意を優先する

2-4
労働契約の期間

労働契約には、契約期間の定めがないもの(いわゆる正社員)と、契約期間の定めがあるもの(契約社員、パート、アルバイトなど)があります。

▶▶ 労働契約の期間の定め

労働契約には、契約期間の定めのないものと、定めのあるものがあります。

期間の定めなし	いわゆる正社員を指します。契約期間が定められていない人は、いつでも労働契約を解約できるため、労働基準法では制限は設けられていません。
期間の定めあり	いわゆる契約社員、パート、アルバイトなどです。契約期間が定められている場合、その期間は原則労働契約を解約できないため、長期の労働契約を結ぶと不当な拘束に繋がります。そのため契約期間に上限を設けています。

▶▶ (1)契約期間の上限

労働基準法では、労働者の不当な拘束を避けるため、契約期間に上限を定めています。

原則	1回の契約期間は**3年**が限度 ただし契約の更新は認められているため、更新によって3年を超えることは可能
例外1 ①高度の専門的知識を有する労働者で、その知識が必要である業務に就く場合 ②満60歳以上の労働者	1回の契約期間は**5年**が限度 原則と同様に更新は可能
例外2 ダム建設や道路工事など、一定の事業の完了に必要な期間を定める場合(有期事業)	事業の完了まで

「高度の専門的知識」とは？

　博士の学位を持つ者、公認会計士、医師、弁護士、一級建築士、税理士、社労士、不動産鑑定士、弁理士、ITストラテジスト試験の合格者など

▶▶ (2)労働者からの解約

　期間の定めのある契約であって、契約期間が1年を超える場合、病気などのやむを得ない事由がなくても、**労働契約の初日から1年を経過した日以後**であれば、使用者に申し出て、労働者はいつでも退職することができます。

　ただし、前ページの表の例外1の①②の労働者（契約期間の上限が5年の労働者）には、この規定は適用されません。

契約期間と退職可能な期間

例 **契約期間が3年の場合**

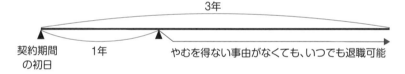

第2章
労働契約

2-5
賠償予定の禁止

労働契約の期間の途中で転職する場合に違約金を定めたり、労働者の不法行為に対して損害賠償額を定めることは、労働者の自由を不当に拘束することになるため、禁止されています。

▶▶ 使用者から労働者への損害賠償請求

使用者は、労働契約書や就業規則等で、労働契約の不履行について**違約金**を定め、または**損害賠償額の予定**をしてはなりません。ただし、損害賠償の金額をあらかじめ決めずに、使用者が損害を被った場合に、その実損額に応じて賠償を請求する旨の定めをすることはできます。

賠償予定額の請求にあたる例

契約期間の途中で退職するのなら
100万円の違約金を払え

使用者

そんなお金ありません……
契約期間満了まで働きます

労働者

会社の備品を壊したから
50万円の損害賠償金を支払え

使用者

そんな〜、
修理代10万円でしたよ

労働者

💡 ポイント

賠償予定は、労働者だけでなく、親権者や身元保証人との間でも、あらかじめ定めたり、契約したりすることはできません。

2-6
労働条件の明示

労働条件の明示については、必ず明示しなければならない「絶対的明示事項」と、一定の条件において明示する必要がある「相対的明示事項」があります。

▶▶ 労働条件の明示の義務

労働契約は、労働契約の締結当事者である労働者及び使用者の合意のみにより成立する契約ですが、契約内容について労働者が十分理解しないまま労働契約を締結し、後にその契約内容について労働者と使用者との間において認識の齟齬が生じ、これが原因となって個別労働関係紛争が生じることがあります。そこで、労働契約の内容である労働条件については、労働基準法第15条第1項により**労働契約締結時における明示**が義務付けられています。

この明示事項には、必ず明示しなければならない**「絶対的明示事項」**と、使用者が定めをした場合には必ず明示しなければならない**「相対的明示事項」**があります。

絶対的明示事項
①労働契約の期間に関する事項（ある・なし。ある場合はその期間）
②有期労働契約を更新する場合の基準に関する事項（通算契約期間または更新回数の上限を含む）
③就業の場所及び従事すべき業務に関する事項（就業場所・業務の変更の範囲を含む）
④始業及び終業の時刻、所定労働時間を超える労働の有無、休憩時間、休日、休暇並びに労働者を2組以上に分けて就業させる場合における就業時転換に関する事項
⑤賃金の決定、計算及び支払の方法、賃金の締切及び支払の時期並びに昇給に関する事項
⑥退職に関する事項（解雇する場合の事由は含むが退職手当は除く）

ポイント

　労働契約法に規定する無期転換申込権が発生する有期労働契約の締結（第10章参照）の場合においては、無期転換申込に関する事項と無期転換後の労働条件も明示しなればなりません。

※上記は令和6年4月1日改正施行となります。

相対的明示事項
①退職手当の定めが適用される労働者の範囲、退職手当の決定、計算及び支払の方法並びに退職手当の支払時期に関する事項
②臨時に支払われる賃金等及び最低賃金額に関する事項
③労働者に負担させるべき食費、作業用品その他に関する事項
④安全及び衛生に関する事項
⑤職業訓練に関する事項
⑥災害補償及び業務外の傷病扶助に関する事項
⑦表彰及び制裁に関する事項
⑧休職に関する事項

 ポイント

　絶対的明示事項（昇給に関する事項を除く）は、書面等の交付による明示をしなければなりません。

2-7
金銭に関する禁止事項

労働基準法では、労働にまつわる金銭のやりとりに関しての禁止事項があります。また、例外もありますので同時に確認しましょう。

▶▶ 前借金相殺の禁止

使用者は、前借金その他、労働することを条件とする前貸の債権と賃金を相殺してはなりません。

これは、借金を返済するまで労働者は退職できないことを指します。こうした労働者を拘束する行為は、労働基準法第17条により禁止されています。

前借金相殺の禁止にあたるもの

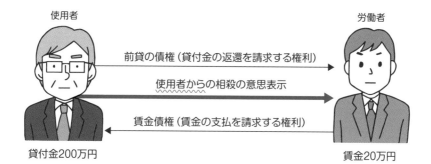

使用者

前貸の債権（貸付金の返還を請求する権利）

使用者からの相殺の意思表示

賃金債権（賃金の支払を請求する権利）

労働者

貸付金200万円

賃金20万円

賃金20万円を受領せず、
貸付金200万円のうち20万円を消滅させる。 **違法**

▶▶ 強制貯金の禁止

　使用者が、労働者に対して賃金から一定額を強制的に貯蓄させる、貯蓄金の通帳や印鑑を保管するといったことは、不当な人身拘束や、労働者の財産を使用者が搾取することにも繋がりかねません。

　そこで、労働基準法では強制貯金を全面的に禁止しています（労働基準法第18条）。ただし、労働者からの委託を受けて行う任意貯蓄については、一定の要件のもとに認められています。

(1)強制貯金の禁止

　使用者は、**労働契約に付随して貯蓄の契約をさせ、または貯蓄金を管理する契約**をしてはなりません。

 「労働契約に付随して」とは？

　労働契約の締結または存続の条件とすること。労働契約中にはっきりと貯蓄することが約定されている場合はもちろん、雇入れの条件として貯蓄契約をしなければ雇入れないとなっていると客観的に認められる場合、または雇入れ後に貯蓄の契約をしなければ解雇するという場合が該当します。

(2)任意貯蓄

　使用者が労働者の委託を受けて貯蓄金を管理する場合は、一定の要件のもとに認められています。

任意貯蓄が認められる要件

①労使協定の締結・届出

使用者

労使協定

労働者代表

過半数労働組合
過半数労働組合がない場合は
労働者の過半数を代表する者

所轄労働基準監督署長に届出る

②貯蓄金管理規程の策定

使用者

貯蓄金管理規程
を定める

周知

労働者

③利子の付与

社内預金の場合は、利子を付けなければなりません。なお、利子は厚生労働省令で定める利率を下回ることができません。

第**3**章

賃金

賃金は、労働条件の中でも特に重要なものです。賃金は労働者の生活の糧になるもので、確実に労働者に支払われなければなりません。そこで、労働基準法では賃金支払いの5原則を定めるとともに、賃金の定義や休業手当、平均賃金、男女同一賃金等について定めています。また、女性活躍推進法では、労働者の数が301人以上の事業主は男女の賃金の差異を厚生労働省が運営する「女性の活躍推進企業データベース」や自社ホームページ等により公表しなければなりません。

3-1
賃金に関する基本

「賃金」とは、労働の対償として支払われるすべてのものをいいます。また、性別を理由として賃金について差別的取扱いをしてはなりません。

▶▶「賃金」が指すもの

労働基準法で賃金とは、賃金、給料、手当、賞与その他名称の如何を問わず、**労働の対償として使用者が労働者に支払うすべてのもの**をいいます。

賃金に該当するものと該当しないものは、次のように分けられます。

賃金に該当するものと該当しないもの

賃金に該当しない		賃金に該当する
任意的・恩恵的なもの 結婚祝金、死亡弔慰金、災害見舞金 退職手当	例外	労働協約、就業規則、労働契約等によってあらかじめ支給条件の明確なものは賃金
福利厚生施設 社宅や寮などの住宅の貸与	例外	住宅の貸与を受けていない者に対して定額の均衡給与を支給している場合その限りにおいて賃金
出張旅費 解雇予告手当 災害補償		通勤手当 休業手当

ポイント

本来、労働者が負担すべき所得税、社会保険料を使用者が代わって負担する部分は、賃金に該当します。

▶▶ 男女同一賃金の原則

使用者は、労働者が**女性**であることを理由として、**賃金**について男性と**差別的取扱い**をしてはなりません。ただし、職務、能率、技能等を理由として賃金に個人的差異があることは労働基準法違反になりません。

 「差別的取扱いをする」とは？

不利に取扱う場合だけでなく、有利に取扱う場合も含みます。

平成28(2016)年より施行された女性活躍推進法においては、常時雇用する労働者の数が301人以上の事業主は、以下の項目を必ず公表しなければなりません。この公表項目に男女の賃金の差異が含まれています。

また、常時雇用する労働者が101人以上300人以下の事業主は、下記16項目から任意の1項目以上の情報公表が必要です。

企業の公表義務項目（労働者数301人以上の事業主）

女性労働者に対する職業生活に関する機会の提供
以下の①～⑧から1項目選択。⑨は必須

①採用した労働者に占める女性労働者の割合
②男女別の採用における競争倍率
③労働者に占める女性労働者の割合
④係長級にある者に占める女性労働者の割合
⑤管理職に占める女性労働者の割合
⑥役員に占める女性の割合
⑦男女別の職種または雇用形態の転換実績
⑧男女別の再雇用または中途採用の実績
⑨**男女の賃金の差異（必須）**

職業生活と家庭生活との両立
以下の7項目から1項目選択

①男女の平均継続勤務年数の差異
②10事業年度前およびその前後の事業年度に採用された労働者の男女別の継続雇用割合
③男女別の育児休業取得率
④労働者の1月当たりの平均残業時間
⑤雇用管理区分ごとの労働者の1月当たりの平均残業時間
⑥有給休暇取得率
⑦雇用管理区分ごとの有給休暇取得率

3-2
賃金支払いの5原則

労働基準法では、賃金が使用者から労働者へ確実に支払われるために、支払いに関する5つの原則と例外を定めています。

▶▶ 賃金支払いの5つの原則とその例外

労働基準法では生活の糧となる賃金について、確実に支払いが行われるように、賃金の支払いにつき、5つの原則とその例外について規定しています。

賃金支払いの5原則

①通貨（お金）で支払う

②労働者に直接支払う

③全額を支払う

④毎月1回以上支払う

⑤一定の期日に支払う

▶▶ 原則① 通貨での支払いとその例外

賃金はお金で支払うのが原則ですが、いくつかの例外が認められています。

例外① 労働協約（労働組合と書面により結んだ協定）に定めがある場合

たとえば通勤手当を定期券（現物）で支払う場合、労働協約で定めれば定期券で支払うことができます。これを現物給付といいます。

例外② 労働者の同意を得た場合

銀行等に口座振込で支払う、証券会社の総合口座に払い込むといった対応ができます。また、令和5年4月よりデジタル払いも可能となりました。

給与を口座振込にするからこの
用紙に銀行名と口座番号を記
入して提出してください

わかりました。
これが銀行名と口座番号の
用紙です

提出すれば同意

使用者　　　　　　　　　　　　労働者

デジタル払いに同意します

労働者

▶▶ 原則② 直接支払いとその例外

　賃金は労働者に直接支払わなければなりません。労働者の親権者や、委任状持
参の任意代理人に支払うことは違反に当たります。ただし、いくつかの例外があ
ります。

例外① 労働者の使者に支払う場合

　「使者」とは「他人が決定した意思表示を伝達する者」という意味で、たとえば
夫が病気で賃金を受け取ることができない場合に、妻が会社に取りに行くような
ケースです。

例外② 差押処分の場合

　行政官庁が国税徴収法の規定に基づいて行った差押処分に従って、使用者が労働者の賃金を控除のうえ、当該行政官庁に納付するケースです。

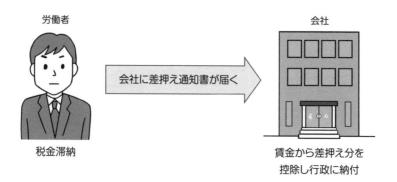

労働者

税金滞納

会社に差押え通知書が届く

会社

賃金から差押え分を
控除し行政に納付

▶▶ 原則③ 全額の支払い

　賃金はその全額を支払わなければなりません。ただし、**法令**に定めがある場合や**労使協定**を締結している場合は、その金額を賃金から控除することができます。

　たとえば、給与から税金や社会保険料が控除されていても、これは法律に定めがあるため違反にはなりません。

　また、給与から労働組合費や社宅等の費用が控除されていても、労使協定があれば違反にはなりません。

 「労使協定」とは？

　事業場に労働者の過半数で組織する労働組合がある場合はその労働組合、ない場合は労働者の過半数を代表する者との書面による協定です。

▶▶ 原則④⑤ 毎月1回以上、一定の期日の支払い

賃金は毎月1回以上、一定の期日を定めて支払わなければなりません。これは年俸制であっても同様です。

第3章

賃金

病気や災害などの非常事態や、労働者が使用者の責任で労働を行えなくなった場合など、やむを得ない状況の際に発生する支払いがあります。

▶▶ 賃金の非常時払い

労働者の多くは、賃金を主要な収入源としていることから、家族の病気や災害等によって急にお金が必要となった場合には、給与日を待たず、既に働いた分の賃金を請求することができる規定を置いています（労働基準法第25条）。

ただし、以下に該当する非常の場合でなければなりません。

賃金の非常時払いが適用される場合

労働者

→ ①出産　②疾病（業務上・業務外を問わない）
　 ③災害　④結婚　⑤死亡
　 ⑥やむを得ない事由による1週間以上の帰郷

労働者の収入によって
生計を維持する者

 ポイント

　月給制の場合、月給を全額支払う必要はなく、働いた期間に対しての賃金を支払えば足ります。従って、日割り計算をして支払うことになります。

▶▶ 休業手当の支払い

休業とは、労働義務のある時間に、何らかの理由で労働を行えなくなることです。初めから労働する義務のない休日や休暇とは異なります。

たとえば、労働者の私的な都合で会社を休んだ場合、労働契約に基づく労働義務を果たしていないため、使用者に賃金を支払う必要はありません。これを**ノーワーク・ノーペイの原則**といいます。

ところが、休んだ理由が会社の責任である場合には、休業手当を支払わなければなりません。労働基準法第26条では、「**使用者の責めに帰すべき事由による休業**」の場合においては、休業手当を支払わなければならないとしています。

休業手当の金額は、**平均賃金の100分の60以上**となります。

休業手当の支払が必要な例	休業手当の支払は不要な例
• 経営障害（材料不足・輸出不振・資金難・不況等） • 新規学卒採用内定者の自宅待機	• 天災事変等の不可抗力による場合 • 正当な争議行為による場合 • 労働安全衛生法による健康診断の結果に基づく休業の場合 • 休電による休業

ポイント
休日は、休業手当を支払う必要はありません。

▶▶ 「平均賃金」について

平均賃金とは、次の手当等を算定する際に用いるものです。算定金額は労働基準法に規定されている計算式で算出します。

第3章
賃金

●平均賃金の算定が必要な手当

算定事由	算定事由発生日
解雇予告手当 （解雇の予告に代えて支払う賃金）	解雇の通告をした日
休業手当	休業をさせた日（2日以上にわたる場合は最初の日）
年次有給休暇中の賃金 （年次有給休暇を取得した日に支払う賃金）	年次有給休暇を取得した日（2日以上にわたる場合は最初の日）
減給の制裁の限度額 （制裁として、労働者の賃金を減額する場合の限度額）	減給の制裁の意思表示が労働者に到達した日
災害補償 （業務上の傷病により休業等をした場合に支払う補償額）	死傷の原因となった事故発生の日または診断によって疾病の発生が確定した日

平均賃金の計算方法

平均賃金の計算式

$$\frac{算定事由発生日以前3か月間に支払われた賃金の総額}{上記の3か月間の総日数（歴日数）} = 平均賃金（銭位未満切捨て）$$

例 9月1日から休業　3か月の賃金総額90万円、3か月の歴日数92日

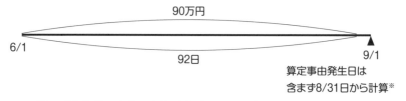

90万円

6/1　　　　　　　　　92日　　　　　　　　　9/1

算定事由発生日は
含まず8/31日から計算※

※賃金の締切日がある場合は、直前の賃金締切日から起算した3か月間で計算します。

90万円 ÷ 92日 = 9,782円60銭

1日当たりの休業手当　　9782.6 × 60/100 ≒ 5,870円（1円未満四捨五入）
使用者は1日につき、5,870円以上の休業手当を支払います。

3-4
最低賃金

「最低賃金」は、労働法のうち「最低賃金法」によって規定されており、地域別最低賃金と特定最低賃金（産業別最低賃金）がありますが、地域別最低賃金について解説していきます。

▶▶ 最低賃金法による規定

　最低賃金は「賃金の最低額を保障するルール」で、最低賃金法に規定があります。最低賃金の額は、地域ごとの経済の状況や物価が大きく異なるため、地域別（都道府県ごと）に定められるのが基本です。

　最低賃金額は時給で定められているため、月給制の場合は時給に換算し、最低賃金額を上回っているかどうかを確認します。

　次の例を参考に計算してみましょう。

例 月給制、基本給150,000円、職務手当30,000円、通勤手当5,000円、
　　 時間外手当35,000円、合計が220,000円
　　 年間所定労働日数は250日、1日の所定労働時間は8時間

　まず、合計賃金から、**最低賃金の対象とならない賃金**を除きます。
　除外される賃金は通勤手当と時間外手当であり、職務手当は除外されません。

220,000円－（5,000円＋35,000円）＝180,000円

次に、この金額を時間額に換算します。

（180,000円×12か月）÷（250日×8時間）＝1,080円

　1,080円と都道府県の最低賃金額を比較し、最低賃金額を上回っていることを確認します。

「最低賃金の対象とならない賃金」とは？

　臨時に支払われる賃金及び1か月を超える期間ごとに支払われる賃金（賞与など）、時間外手当、休日手当、深夜手当、精皆勤手当、通勤手当、家族手当を指します。これらは最低賃金の対象とはなりません。

 「特定最低賃金」とは？

　特定の事業もしくは職業に係る最低賃金として、関係労使からの申立により決定されるものとして位置づけられています。

第 **4** 章

労働時間、休憩、休日

　労働時間は、賃金と並んで労働基準法の中でも労働者保護の観点から重要な部分です。第4章では労働時間、休憩、休日の定義、労働時間の短縮の観点から設けられた変形労働時間制、労働時間の算定を適切に行う観点から設けられた事業場外労働のみなし労働時間制・裁量労働制、時間外労働・休日労働・深夜労働の規定、長時間労働の抑制と労働者への補償として設けられた割増賃金、労働時間でなく成果によって労働者を評価し賃金を支払う高度プロフェッショナル制度などについて解説していきます。

4-1
法定労働時間と所定労働時間

労働時間には、法律で定められ超えてはならない「法定労働時間」と、就業規則で定められた労働時間（休憩時間を除く）を指す「所定労働時間」があります。

▶▶ 法定労働時間と所定労働時間

労働基準法第32条では「労働者に、休憩時間を除き**1週間について40時間**を超えて、労働させてはならない。1週間の各日については、労働者に、休憩時間を除き**1日について8時間**を超えて労働させてはならない。」と規定してます。

法定労働時間 ➡	1週間の実労働時間は40時間を超えてはならない 1日の実労働時間は8時間を超えてはならない
所定労働時間 ➡	就業規則等の始業から終業までの時間から休憩時間を引いたもの 所定労働時間は法定労働時間を超えるものであってはならない

例　9:00〜18:00　休憩時間1時間　⇒　1日8時間 OK

週5日勤務　⇒　8時間×5日＝40時間 OK

▶▶ 法定労働時間の特例

　法定労働時間には特例があります。次の①〜④に掲げる事業のうち、常時10人未満の労働者を使用するものについては、特例として1週間の法定労働時間は**44時間**とされます。これは、規模の小さい事業場で法定労働時間を40時間とすると利用客に迷惑がかかるためです。

---

①商業

②映画・演劇業（映画製作は除く）

③保健衛生業

④接客娯楽業

法定労働時間の原則と特例

法定労働時間

原則

| 1週間 | 40時間（休憩時間を除く） |
| 1日 | 8時間（休憩時間を除く） |

例外

| 1週間 | 44時間（休憩時間を除く） |
| 1日 | 8時間（休憩時間を除く） |

常時10人未満の
商業・映画演劇業・保健衛生業・接客娯楽業

第4章　労働時間、休憩、休日

4-2
実労働時間の考え方

法定労働時間に対し、休憩時間を除き労働者が実際に労働している時間をいう「実労働時間」があります。労働時間の考え方については、判例を参考にします。

▶▶ 労働時間に関する判例〔三菱重工業長崎造船所事件〕

労働基準法では、労働時間の定義がありません。そこで判例〔三菱重工業長崎造船所事件（最一小判平成12.3.9)〕において、労働時間を次のように定義しています。

労働基準法の労働時間とは ➡	①労働者が使用者の**指揮命令下**に置かれていたものと ②**客観的**に評価できる時間

少し詳しく見てみましょう。

三菱重工業長崎造船所事件（最一小判平成12.3.9）

（概要）

XらはY社の従業員で造船所に勤務していました。Y造船所では、始業・終業基準として、始業に間に合うように更衣等を完了して作業場に到着し、所定の始業時刻に実作業を開始するものとされ、午後の終業に当たっては所定の終業時刻に実作業を終了し、終業後に更衣等を行うこととされていました。始業・終業の勤怠把握基準としては、更衣を済ませ始業時に所定の場所にいるか否か、終業時に作業場にいるか否かを基準にしていました。また、Xらは実作業に当たり、作業服のほか保護具、工具等の装着を義務づけられており、これらの行為を所定労働時間外に行うことが余儀なくされていました。Xらはこれらの行為が労働基準法上の労働時間に該当するとして、8時間を超える時間外労働に該当する行為に対して割増賃金等を請求しました。

（判旨）

　労働基準法32条の労働時間とは、**労働者が使用者の指揮命令下に置かれている時間**をいい、右の労働時間に該当するか否かは、**労働者の行為が使用者の指揮命令下に置かれたものと評価することができるか否かにより客観的に定まるもの**であって、労働契約、就業規則、労働協約等の定めのいかんにより決定されるものではない。

　労働者が、就業を命じられた業務の準備行為等を事業所内において行うことを使用者から義務付けられ、またはこれを余儀なくされたときは、当該行為を所定労働時間外において行うものとされている場合であっても、当該行為は、特段の事情のない限り、使用者の指揮命令下に置かれたものと評価することができ、当該行為に要した時間は、それが社会通念上必要と認められるものである限り、労働基準法32条の労働時間に該当する。

　　　　　　　　　　　　　　※判旨をもとにわかりやすくまとめています

Y造船所におけるX氏らの労働状況

労働基準法における労働時間

　三菱重工長崎造船所事件において、労働基準法の労働時間とは、**労働者が使用者の指揮命令下に置かれている時間**と定義されています。したがって、いわゆる「手待時間」も労働時間となるのです。

　また、次のような時間は**労働時間**となります。

労働時間とみなされる時間

- 貨物取扱の事業場において、貨物の積込み係が、貨物自動車の到着を待機して身体を休めている時間
- 運転手が2名乗り込んで交替で運転をする場合において、運転しない者が助手席で休息または仮眠している時間
- 訪問介護労働者の事業場、集合場所、利用者宅の相互間を移動する移動時間
- 昼食休憩時間の来客当番時間（実際に来客がなくても該当）
- 労働安全衛生法に規定する安全衛生教育、安全・衛生委員会の会議の開催に要する時間
- 労働安全衛生法に規定する特殊健康診断に要する時間
- 労働者が使用者の実施する教育に参加する時間
  - ※就業規則上の制裁等の不利益取扱による出席の強制がある場合→労働時間
    自由参加の場合→労働時間とならない

▶▶ 労働時間の通算

　労働時間は、事業場を異にする場合においても、労働時間に関する規定の適用については通算します。たとえば、午前中に本社で3時間労働をし、午後から営業所で4時間労働する場合、1日の労働時間は7時間となります。

　また、同じ会社の異なった事業場だけでなく、会社が異なる場合も労働時間は通算します。近年、副業や兼業を認める会社が増えてきていますが、このような場合、会社が違っていても労働時間は通算されるのです。

　これに関しては、厚生労働省が次のような通達を発出しています。

副業・兼業における労働時間の計算（R2.9.1基発0901第3号）

　労働時間の通算は、自らの事業場における労働時間制度を基に、労働者からの申告等により把握した他の使用者の事業場における労働時間と通算することによって行う。労働者からの申告等がなかった場合には労働時間の通算は要しない。

　自らの事業場における所定労働時間と他の使用者の事業場における所定労働時間とを通算して、自らの事業場の労働時間制度における法定労働時間を超える部分がある場合は、**時間的に後から労働契約を締結した使用者における当該超える部分が時間外労働となり**、当該使用者における36協定で定めるところによって行う。

　たとえば、2社で労働している労働者の割増賃金については、次のように計算することとなります。

例1　X社：時間的に先に労働契約を締結　1日の所定労働時間5時間
　　　Y社：時間的に後に労働契約を締結　1日の所定労働時間5時間

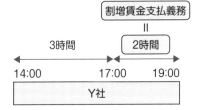

例2　X社：時間的に先に労働契約を締結　1日の所定労働時間5時間
　　　Y社：時間的に後に労働契約を締結　1日の所定労働時間5時間

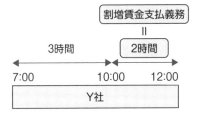

4-3
変形労働時間制

「変形労働時間制」は、さまざまな労働状況の変化に対応し、労働時間の短縮を図ることを目的に設けられたものです。変形労働時間制は4種類あり、それぞれ期間と主体者が異なります。

▶▶ 変形労働時間制とは？

変形労働時間制とは、一定の条件のもとで、一定の期間における特定の日または特定の週に法定労働時間を超えて労働させることを認める制度です。

この変形労働時間制は、労働時間を弾力化し、週休2日制の普及、年間休日日数の増加、業務の繁閑に応じた労働時間の配分等を行うことによって、労働時間の短縮を図ることを目的として設けられたものです。

変形労働時間制には、次の4種類があります。

変形労働時間制の種類

①1か月単位の変形労働時間制

②1年単位の変形労働時間制

③1週間単位の非定型的変形労働時間制

④フレックスタイム制

使用者主体の
変形労働時間制

労働者主体の
変形労働時間制

それぞれの種類について、次の節から詳しく見ていきましょう。

4-4
1か月単位の変形労働時間制

月の中で、月初は比較的暇だが月末が繁忙期となるなど、労働状況に差がある場合は、その繁閑に合わせて労働日や労働時間を設定し、1週間当たりの平均労働時間を法定労働時間内に抑えるのが「1か月単位の変形労働時間制」です。

▶▶ 1か月単位の変形労働時間制とは

1か月単位の変形労働時間制とは、1か月以内の一定の期間を平均し、1週間の労働時間が40時間(労働時間の特例対象事業場は44時間)以下の範囲内において、1日及び1週間の法定労働時間を超えて労働させることができる制度です。

▶▶ 1か月単位の変形労働時間制の要件

労使協定または就業規則等により、次の事項を定める必要があります。

---

①変形期間(最長1か月、必ずしも1か月にする必要はなく4週間や2週間などでも可能)

②変形期間における法定労働時間の総枠(下の図式参照)の範囲内で、各日、各週の労働時間を特定

③労使協定または就業規則は必ず労働基準監督署長に届出る

法定労働時間の総枠

$$= 1週間の法定労働時間(40時間または44時間) \times \frac{変形期間の歴日数}{7}$$

▶▶ 1か月単位の変形労働時間制の採用手続き

1か月単位の変形労働時間制の採用手続きは、次のような流れになります。

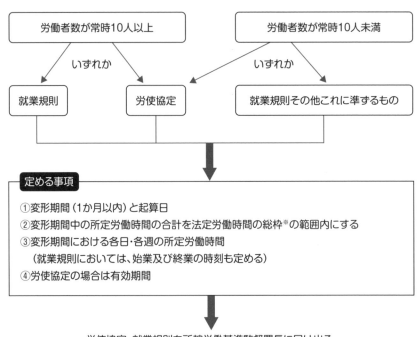

労使協定、就業規則を所轄労働基準監督署長に届け出る

※法定労働時間の総枠早見表（変形期間が1か月の場合）

週の法定労働時間	月の歴日数			
	28日	29日	30日	31日
40	160.0	165.7	171.4	177.1
44	176.0	182.2	18.5	194.8

（単位：時間）

1か月の中で1週間当たりの平均労働時間を40時間以下とする例

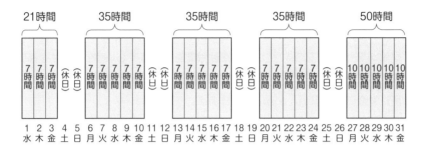

合計 176時間 ＜ 177.1時間

出典：厚生労働省ホームページ

第4章　労働時間、休憩、休日

4-5 1年単位の変形労働時間制

デパートやスーパーなどの流通業や遊園地などの接客娯楽業で、季節によって業務に繁閑がある事業場では、忙しい時期は労働時間を長くし、暇な時期は労働時間を短くすることによって、労働時間の効率的な配分とその短縮を狙いとして、1年単位の変形労働時間制を導入する例があります。

▶▶ 1年単位の変形労働時間制とは

1年単位の変形労働時間制とは、1か月を超え1年以内の一定の期間を平均し、1週間の労働時間が40時間以下の範囲内において、1日及び1週間の法定労働時間を超えて労働させることができる制度です。

 ポイント

1年単位の変形労働時間制は、期間が長期になるため、労働者の健康に配慮して特例措置（1週間44時間）の対象事業場でも総枠は40時間以下としなければなりません。

▶▶ 1年単位の変形労働時間制の要件

労使協定により、次の事項を定める必要があります（就業規則は不可）。

①対象労働者の範囲

②対象期間（1か月を超え1年以内の範囲にする）

③特定期間（対象期間中の特に業務が繁忙な期間をいう）

④対象期間における労働日及び当該労働日ごとの労働時間

⑤労使協定は必ず労働基準監督署長に届け出る

$$\text{法定労働時間の総枠} = 40\text{時間} \times \frac{\text{変形期間の歴日数}}{7}$$

　対象期間中の所定労働時間の合計は、法定労働時間の総枠の範囲内にする必要があります。対象期間が1年の場合の総枠は、次のような計算になります。

> 例　対象期間が1年の場合の総枠　$40 \times \dfrac{365}{7} = 2085.7$時間

▶▶ 1年単位の変形労働時間制の採用手続き

　1年単位の変形労働時間制の採用手続きは、次のような流れになります。

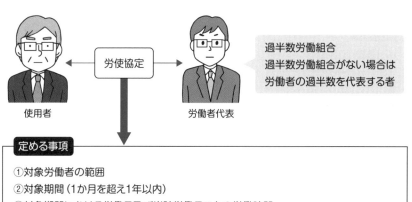

過半数労働組合
過半数労働組合がない場合は
労働者の過半数を代表する者

労使協定

使用者　　　　　　労働者代表

定める事項
①対象労働者の範囲
②対象期間（1か月を超え1年以内）
③対象期間における労働日及び当該労働日ごとの労働時間
④有効期間

労使協定を所轄労働基準監督署長に届け出る

▶▶ 労働時間及び労働日数の限度

　1年単位の変形労働時間制は、対象期間が長いため、所定労働時間の合計が法定労働時間の総枠を超えない範囲であっても、1日の労働時間や1週間の労働時間があまりに長いと、労働者の健康を害することになってしまいます。

　そのため、1年単位の変形労働時間制は、労働時間及び労働日数に上限を設けています。

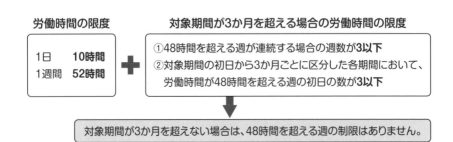

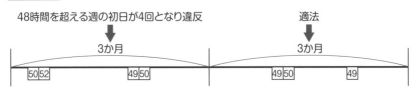

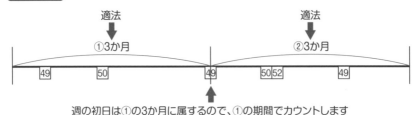

労働日数の限度

労働日数の限度

> 対象期間が3か月を超える場合の労働日数の限度
> 1年当たり**280日**（うるう年も同じ）

対象期間が3か月を超えない
場合は、1年当たり280日に
する必要はありません

連続労働日数の限度

> 6日が限度

特定期間（繁忙期間）として定められた期間の労働日数の限度

> 1週間に1日の休日を確保

日	月	火	水	木	金	土	日	月	火	水	木	金	土
(休)	出	出	出	出	出	出	出	出	出	出	出	出	(休)

12日連続して労働可能

4-6
1週間単位の
非定型的変形労働時間制

主に小売業や旅館、料理・飲食店業など、業務の繁閑差が特定しづらく、月単位での労働時間の短縮が難しい業種で多く採用されています。

▶▶ 1週間単位の非定型的変形労働時間制とは

旅館や料理店などは業務の繁閑が定型的ではなく、あらかじめ労働時間を特定することが困難です。そのため、1か月単位の変形労働時間制を採用することが難しいため、このような事業であっても労働時間の短縮を図ることができるよう、1週間に40時間を超えなければ、忙しい日は**10時間**まで労働させることができる変形労働時間制が設けられています。

これが1週間単位の非定型的変形労働時間制です。

▶▶ 1週間単位の非定型的変形労働時間制の要件

次の要件を満たす必要があります。

対象事業場

日ごとの業務の繁閑が定型的でない事業

| 小売業　旅館　料理店　飲食店 | ＋ | 常時使用の労働者数30人未満 |

 ポイント

1週間単位の非定型的変形労働時間制は、業種と労働者数の要件があります。

労働時間の例

日	月	火	水	木	金	土
9h	休	6h	休	6h	9h	10h

 1週間の合計40時間、1日の最長10時間

▶▶ 1週間単位の非定型的変形労働時間制の採用手続き

1週間単位の非定型的変形労働時間制の採用手続きは、次のような流れになります。

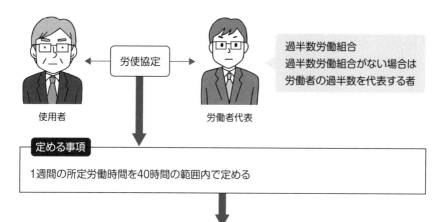

過半数労働組合
過半数労働組合がない場合は
労働者の過半数を代表する者

労使協定

使用者　　　　　　　労働者代表

定める事項

1週間の所定労働時間を40時間の範囲内で定める

労使協定を所轄労働基準監督署長に届け出る

 ポイント

- 使用者は、1週間の各日の労働時間を、あらかじめ労働者に通知しなければなりません。この通知は、少なくとも当該1週間の開始する前に書面で行います。
- 1日の労働時間の限度は10時間であり、1週間の労働時間の限度は40時間になります。

4-7 フレックスタイム制

主に情報通信業など、業務において個々人での進行管理がしやすい業種や、ワークライフバランスを重視する企業などで多く採用されています。

▶▶ フレックスタイム制とは

フレックスタイム制とは、1か月や3か月といった一定の期間の総労働時間を定めておき、労働者が各日の**始業時刻及び終業時刻を自主的に決定**して働く制度です。ワークライフバランスの観点から注目されている変形労働時間制です。

フレックスタイム制の具体例

6:00	10:00	12:00	13:00	15:00	19:00
フレキシブルタイム	コアタイム	休憩	コアタイム	フレキシブルタイム

一般的なフレックスタイム制では、1日の労働時間帯を、必ず勤務すべき時間帯(コアタイム)と、その時間帯であればいつ出社・退社してもよい時間帯(フレキシブルタイム)を設けている事業場が多いです。

💡 ポイント

コアタイムとフレキシブルタイムは必ず設ける必要はありません。最近では、「コアなしフレックス(フルフレックス)」を導入する事業場も出てきています。

朝は夫が保育所に子どもを預けるから早めに出社。帰りは私が迎えに行くから早く退社しよう

一定期間の中で法定労働時間に収まっていればOK

ポイント

- 休憩時間の前にコアタイムを設定することにより、休憩を一斉に取ることができます。
- フレキシブルタイムを22時以降に設定すると、22時以降に退社した場合、深夜労働に該当するため、割増賃金が発生します。

▶▶ フレックスタイム制の要件

　フレックスタイム制を採用するには、就業規則その他これに準ずるものにおいて下記①の事項を、労使協定において②の事項を定める必要があります。

①就業規則で定める事項

　フレックスタイム制の対象となる労働者に係る始業及び終業の時刻を、その労働者の決定に委ねることを定めます。

　これは、フレックスタイム制においては、始業及び終業の時刻について労働者の自主的決定が担保されることが重要であるため、就業規則その他これに準ずるものにおいて、この点を明確にするために規定します。

②労使協定で定める事項

　労使協定においては次の7つの事項を定めます。詳しくは後に解説します。

---

①対象労働者の範囲

②清算期間(その期間を平均し1週間当たりの労働時間が法定労働時間を超えない範囲内において労働させる期間をいい、3か月以内の期間に限る)

　※法定労働時間……原則40時間

　※労働時間特例措置事業場……清算期間が1か月以内であれば44時間、
　　　　　　　　　　　　　　　　1か月を超える場合は40時間

③清算期間における総労働時間

---

④標準となる1日の労働時間

⑤コアタイムを設ける場合には、その時間帯の開始及び終了の時刻

⑥フレキシブルタイムを設ける場合には、その時間帯の開始及び終了の時刻

⑦清算期間が1か月を超える場合にあっては、労使協定の有効期間の定め

📖「清算期間における総労働時間」とは？

いわゆる所定労働時間のことです。フレックスタイム制では、所定労働時間は清算期間を単位として定めます。清算期間における総労働時間は、法定労働時間の総枠の範囲内にしなければなりません。

具体的には、以下の計算式で法定労働時間の総枠を算出します。

$$法定労働時間の総枠 = 1週間の法定労働時間 \times \frac{清算期間の歴日数}{7}$$

📝 清算期間3か月（92日）の法定労働時間の総枠

$$40H \times \frac{92}{7} ≒ 525.7H$$ ◀ この時間の範囲内で3か月の総労働時間を決めます。

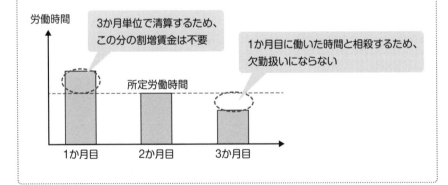

労働時間

3か月単位で清算するため、この分の割増賃金は不要

1か月目に働いた時間と相殺するため、欠勤扱いにならない

所定労働時間

1か月目　　2か月目　　3か月目

「標準となる1日の労働時間」とは？

　年休を取得した際に支払われる賃金の算定基礎となる労働時間の長さを定めるもので、労働者が年次有給休暇を取得した場合には、当該日に「標準となる1日の労働時間」労働したものとして取り扱います。

第4章　労働時間、休憩、休日

▶▶ フレックスタイム制の採用手続き

フレックスタイム制の採用手続きは、次のような流れになります。

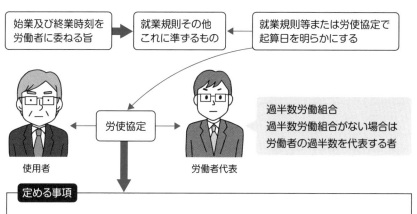

始業及び終業時刻を労働者に委ねる旨	→	就業規則その他これに準ずるもの	←	就業規則等または労使協定で起算日を明らかにする

労使協定
使用者 ← → 労働者代表

過半数労働組合
過半数労働組合がない場合は労働者の過半数を代表する者

定める事項

①対象労働者の範囲
②清算期間（3か月以内）
③清算期間における総労働時間
④1日の標準労働時間
⑤コアタイムを設ける場合にはその時間帯の開始及び終了の時刻
⑥フレキシブルタイムを設ける場合には、その時間帯の開始及び終了の時刻
⑦有効期間（清算期間が1か月を超える場合のみ）

労使協定を所轄労働基準監督署長に届け出る（清算期間が1か月を超える場合のみ）

▶▶ フレックスタイム制の導入例：完全週休2日制の場合

　完全週休2日制の事業場でフレックスタイム制を導入した場合には、1日8時間相当の労働であっても、曜日の巡りによって、清算期間における総労働時間が、法定労働時間の総枠を超えてしまう場合があります。

> 例　土・日が休日の事業場において、標準となる1日の労働時間を7時間45分とするフレックスタイム制を導入（清算期間1か月）

日	月	火	水	木	金	土
	1	2	3	4	5	6
7	8	9	10	11	12	13
14	15	16	17	18	19	20
21	22	23	24	25	26	27
28	29	30	31			

出勤日数　23日

・清算期間における総労働時間
=7時間45分×23日=178時間15分=178.25時間

・法定労働時間の総枠
$=40時間×\dfrac{31}{7}=177.1時間$

　上記の場合、清算期間における総労働時間が法定労働時間の総枠を超えてしまい、完全週休2日制で残業のない働き方をしたのにもかかわらず、時間外労働が発生することとなり、36協定の締結や割増賃金の支払いが必要となってしまいます。

　そこで、その点を解消するため、週の所定労働日数が5日（完全週休2日）の労働者を対象として、**労使協定を締結**することによって、法定労働時間の総枠を「**清算期間内の所定労働日数×8時間**」とすることができます。

　上記の場合、法定労働時間の総枠＝23×8時間＝184時間となり、清算期間における総労働時間（178.25時間）が法定労働時間の総枠に収まることになります。

フレックスタイム制の労働時間の上限

　フレックスタイム制では、過重労働対策として、**清算期間が1か月を超える場合**において労働時間に上限を設けています。

労働時間の上限規制

①清算期間における総労働時間を超えない

②清算期間をその開始日以後1か月ごとに区分した各期間(最後に1か月未満の期間を生じたときは、当該期間)ごとに当該各期間を平均し1週間当たりの労働時間が**50時間**を超えない

💡 **ポイント**

労働時間の上限規制は、①と②の両方を満たす必要があります。

労働時間の上限規制を満たしているケース

例 **清算期間が3か月で週の法定労働時間が40時間の場合**

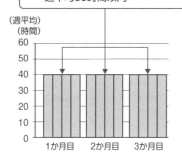

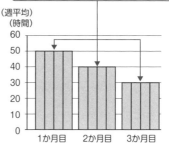

出典:厚生労働省ホームページ

4-8
休憩時間

労働基準法では休憩時間を労働時間に応じて定めており、3つの原則を守ることが求められます。ただし、例外もあります。

▶▶ 休憩時間とは

休憩時間とは、労働者が権利として労働から離れることを保障されている時間のことです。単に作業に従事していない手待時間その他の拘束時間は、休憩時間に該当しません。

▶▶ 労働時間に対する休憩の長さ

労働基準法では、休憩時間を労働者の実労働時間に応じて次のとおり定めています。

労働時間が6時間以内	⟶	与えなくてもよい
労働時間が6時間を超え8時間以内	⟶	45分以上
労働時間が8時間を超える	⟶	1時間以上

例 実労働時間が7時間、休憩時間が45分の事業場で2時間の残業をさせた場合

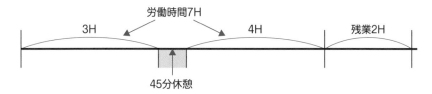

上記の場合、実労働時間が9時間となるので、さらに15分の休憩時間を延長時間終了までに与えなければなりません。なお、このように延長により労働時間が8時間を超える場合、延長時間が何時間であっても、15分の休憩を追加して与えていれば違法ではありません。

▶▶ 休憩の3原則

休憩時間については次の3つの原則があります。

①休憩は労働時間の**途中**に与えなければなりません。したがって、休憩時間を労働時間の始めまたは終わりに与えることはできません。一般的にはお昼休みというかたちで与える会社が多いです。
②休憩は、当該事業場の労働者に**一斉**に与えなければなりません。ただし、労使協定を締結した場合や、厚生労働省令で定める事業に該当する場合は、交替で休憩を取ることができます。
また、坑内労働は休憩時間を含めて労働時間とみなすため、休憩時間の一斉付与及び自由利用に関する規定は適用されません。
③休憩時間は、労働者に**自由に利用**させなければなりません。ただし、厚生労働省令で定める労働者に該当する場合及び坑内労働の場合は、自由利用の規定は適用されません。

 ポイント

休憩時間中の外出について所属長の許可を受けさせることは、事業場内において自由に休憩し得る場合には、必ずしも違法にはなりません。

また、休憩の3原則に関しては次のような例外もあります。

休憩の3原則	例外
途中付与の原則	例外なし
一斉付与の原則	①労使協定を締結した場合(交替制可) ②厚生労働省令で定める事業(交替制可) 　・運輸交通業　・商業　・金融広告業　・映画演劇業　・通信業 　・保健衛生業　・接客娯楽業　・官公署の事業(現業除く) ③坑内労働
自由利用の原則	①厚生労働省令で定める労働者(一定の場所で休憩を取る) 　・警察官　・消防吏員　・準救急隊員　・児童自立支援施設の職員で児童と起居をともにする者　・乳児院、児童養護施設等の職員で児童と起居をともにする者(所轄労基署長の許可が必要) 　・居宅訪問型保育事業に使用される労働者のうち、家庭保育者として保育を行う者 ②坑内労働

利用客の不便を避けるため
交替で休憩

お店の店員

出勤命令に即時対応する
ため一定の場所で休憩

警察官

四六時中、乳児と生活する
ので一定の場所で休憩

保育士

▶▶ 休憩の適用除外

次に該当する労働者は休憩を与える必要はありません。

①運輸交通業または郵便もしくは信書便の事業の労働者で、列車、電車等、自動車、船舶または航空機に乗務する乗務員で長距離(運行時間が6時間を超える距離)にわたり乗務するもの。並びに、屋内勤務者30人未満の日本郵便株式会社の営業所(郵便窓口業務に限る)において郵便の業務に従事するものなど
②労働基準法41条各号(第4章4-15参照)に該当する労働者
③高度プロフェッショナル制度のもとで労働する労働者

4-9
休日

労働基準法における「休日」とは、国が定めた休日（国民の祝日）ではなく、労働契約において労働義務がないとされている日をいいます。

▶▶ 休日とは

休日とは、労働義務のない日をいいます。原則として1暦日（午前0時から午後12時まで）の休みのことです。使用者は労働者に対し、少なくとも週1回の休日を与える必要があります。

休日の与え方

| 原則 | ➡ | 毎週少なくとも1回の休日 |

| 例外（変形休日制） | ➡ | 4週間を通じ4日以上
変形休日制を採用する場合には、就業規則等で4日以上の休日を与えることとする4週間の起算日を明らかにし、労働者に周知する必要があります。 |

原則

	日	月	火	水	木	金	土
第1週	休						
第2週	休						
第3週	休						
第4週	休						

例外

	日	月	火	水	木	金	土
第1週	休						
第2週	休						休
第3週							
第4週	休						

💡 ポイント

毎週少なくとも1回の休日、または4週間を通じ4日以上の休日を与えていれば、国民の祝日に労働させても労働基準法違反になりません。

▶▶ 休日の振替と代休について

休日の振替とは、あらかじめ就業規則等で休日と定められた日を労働日とし、その代わりに他の労働日を休日にすることです。

休日を振り替えたときは、当該休日は労働日となり、休日労働をさせたことにはなりません。したがって、休日の割増賃金を支払う必要はありません。

振替休日の要件

- 就業規則等に休日を振り替えることができる旨の規定を設けておくこと
- 休日を振り替える前にあらかじめ振り替えるべき日を特定すること
- 4週間を通じ4日以上の休日が確保されるように振り替えること

代休とは、休日労働をさせた後に、その代償として、その後の特定の労働日の労働義務を免除するものです。代休は休日労働をさせた事実があるため、割増賃金を支払わなければなりません。

なお、使用者は休日労働をさせた労働者に対して、労働基準法上、代休を与える義務はありません。

休日の振替

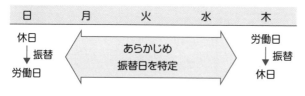

代休

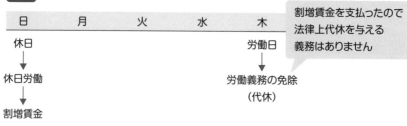

4-10
時間外労働、休日労働

労働基準法では、法定労働時間・法定休日の例外規定として、時間外労働・休日労働をさせる場合に必要な手続きを定めています。

▶▶ 時間外労働と休日労働の規定

労働基準法は、1日及び1週間の法定労働時間と原則週1回の休日の確保を規定し、これに違反した場合は罰則を適用することになっています。

しかし、非常災害の発生や臨時の受注など、企業経営上の理由により、どうしても時間外労働・休日労働をさせなければならない事態が生じることもあります。そこで、一定の条件のもとに時間外労働・休日労働を認めています。

> **時間外労働・休日労働が認められるケース**
> ①非常災害の場合
> ②公務のため臨時の必要がある場合
> ③労使協定(一般に36協定という)を締結し、労働基準監督署長に届け出た場合

時間外労働・休日労働が認められるケースについて、詳しく見ていきましょう。

▶▶ 1. 非常災害の場合

鉄道会社やガス・電気といったライフラインに係る事業では、地震や台風などの災害によって被害が出た場合、昼夜を問わず復旧作業を行わなければなりません。また、サーバー攻撃によるシステムダウンへの対応などは、ユーザーに影響が出ないよう早期に行うといった必要があります。

このような災害等の事由によって臨時の必要がある場合には、使用者は**労働基準監督署長の許可**を受けて、その**必要な限度**において時間外労働・休日労働を行わせることができます。

台風などの場合は、進路を予測し、がけ崩れや大雨への対策を取ることができるので、事前に許可を受けることが可能ですが、地震のように予見が難しく事態

が急迫しているような場合には、時間外労働等を行わせた後に、**事後に遅滞なく届け出**ても構いません。

　ただし、労働基準監督署長が、その時間外労働または休日労働を不適当と認めたときは、その後にその時間に相当する休憩または休日を与えることを命ずることができます。

非常災害時の時間外労働・休日労働の対応の流れ

2. 公務のため臨時の必要がある場合

　いわゆる公務員を対象とした規定です。労働基準法が適用される一部の公務員（例・地方公務員の一般職）については、公務のため臨時の必要がある場合においては、時間外労働・休日労働をさせることができます。

　また、時間外労働・休日労働が認められる事由としては、単に公務のために臨時の必要があればよく、必要性の判断は官庁に委ねられるため、所轄労働基準監督署長の許可・事後の届け出は不要です。

▶▶ 3. 労使協定(36協定)を締結し労働基準監督署長に届け出た場合

臨時の受注が入った場合や納期が迫っている場合など、企業経営上どうしても時間外労働・休日労働をさせなければならないことが出てきます。

このような場合、労使協定を締結し、それを所轄労働基準監督署長に届け出れば、例外的に時間外労働・休日労働が認められます。この協定は労働基準法36条に規定があるため、一般に36協定(サブロク協定)と呼びます。

> 💡 ポイント
>
> 36協定を締結するのは、法定労働時間を超える時間外労働をさせる場合や、法定休日に労働させる場合です。したがって、以下のような場合には、36協定は必要ありません。
>
> - 週休2日制をとり、毎労働日の労働時間が7時間と定められている事業場で、1日の労働時間を1時間延長する場合
>   ※1週間40時間以内、1日8時間以内となるため、36協定を締結する必要はない
> - 週休2日制を採用している事業場が、週2日のうち、1日のみ出勤させても、1週間の労働時間が40時間以内となる場合

時間外労働・休日労働をさせる場合の手続き

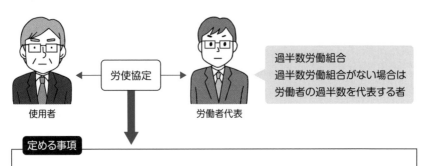

労使協定

使用者　　　　　　　　　労働者代表

過半数労働組合
過半数労働組合がない場合は
労働者の過半数を代表する者

定める事項

①労働者の範囲（対象となる業務の種類及び労働者数）
②対象期間（1年間に限ります）
③時間外労働または休日労働させることができる場合
④対象期間における1日、1か月及び1年間のそれぞれの期間で、労働時間を延長して
　労働させることができる時間または労働させることができる休日の日数
⑤労使協定の有効期間
⑥対象期間（1年間）の起算日
⑦時間外・休日労働時間は、月100時間未満、2〜6か月平均で80時間以内であること
⑧その他厚生労働省令で定める事項

労使協定を所轄労働基準監督署長に届け出る

労働契約書に時間外労働・休日労働を命じることができる旨を規定※

※36協定の効力は刑事免責的効力（刑罰が科されない）に係るものであり、時間外または休日労
　働命令に服すべき労働者の民事上の義務は、本協定から直接生じるものではありません。

　使用者の行う時間外労働または休日労働命令に服すべき労働者の義務が発生
する根拠は、具体的には個々の労働契約に基づくものです。
　したがって、このような契約が存しない場合は、36条の協定は成立していても
使用者は時間外労働または休日労働を命ずることができません。また、労働者は
これに従うべき義務を負わないことになります。

4-11
労働時間の上限規制

使用者がさまざまな抜け道を活用して、労働者に不当に長時間労働をさせることのないよう、労働時間には各種の上限規制が定められています。

▶▶ 時間外労働時間の上限規制（原則）

36協定を締結すれば何時間でも労働者を働かせることができてしまうのでは、労働者の健康を害してしまいます。そのため、労働基準法では、36協定を締結するときに延長できる時間外労働の上限を定めています。

●限度時間（休日労働の時間数は含みません）

1か月	**45時間** （1年単位の変形労働時間制の規定による対象期間として3か月を超える期間を定めて、当該規定により労働させる場合にあっては42時間）
1年	**360時間** （1年単位の変形労働時間制の規定による対象期間として3か月を超える期間を定めて、当該規定により労働させる場合にあっては320時間）

▶▶ 臨時的な特別の事情がある場合の上限規制

事業場において通常予見することができない業務量の大幅な増加などに伴い、臨時的に限度時間を超えて労働させる必要がある場合には、以下の時間が限度時間になります。

1か月	時間外労働＋休日労働＝100時間未満
1年	時間外労働が720時間以内

この上限規制は、臨時的なものであるため、**1年について6か月以内**に限られます。

ポイント

　臨時的な特別な事情がある場合の時間外労働・休日労働は、特別条項付き36協定を締結する必要があります（巻末資料参照）。

●まとめ

	原則の上限	臨時的な特別の事情
1か月	45時間（42時間）	100時間未満（休日労働含む）
1年	360時間（320時間）	720時間以内

（　）は対象期間が3か月を超える1年単位の変形労働時間制の場合

▶▶ 実労働時間の上限規制

　上限規制である限度時間は時間外労働のみの規制であるため、時間外労働は限度時間に収め、別途休日労働で労働者を働かせようとする使用者が現れる可能性があります。

　このような抜け道を作らないために、休日労働を含めた実労働の上限規制が設けられています。この規定は、原則であっても臨時的な特別の事情がある場合でも適用されます。

●実労働時間の上限規制

坑内労働等健康上特に有害な業務の1日の時間外労働	2時間以内
1か月の時間外労働及び休日労働	**100時間未満**
時間外労働及び休日労働の合計が、2か月、3か月、4か月、5か月、6か月のそれぞれの1か月当たりの平均時間	**80時間以内**(※)

※たとえば、2023年9月については、前月までの実績をもとに次のように2〜6か月の月平均を算出します。

●6か月平均の算出例

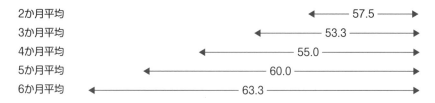

	2023.4	2023.5	2023.6	2023.7	2023.8	2023.9
時間外労働	80	60	45	35	35	80
休日労働		20	15	10		
合計	80	80	60	45	35	80

2か月平均	←── 57.5 ──→
3か月平均	←─── 53.3 ───→
4か月平均	←──── 55.0 ────→
5か月平均	←───── 60.0 ─────→
6か月平均	←────── 63.3 ──────→

同様に、他の月についても2〜6か月平均を算出するため、すべての月について、隣接する2〜6か月の平均が80時間以内となるようにしなければなりません。

> 　工作物の建設事業、自動車運転の業務、医師、鹿児島県及び沖縄県における砂糖を製造する事業については、時間外労働の上限規制が適用されていませんでしたが、令和6年4月1日より適用されます。
> 　ただし、工作物建設事業、自動車運転の業務、医師の上限時間は、一般の労働者とは異なる時間となります。

第4章 労働時間、休憩、休日

▶▶ 36協定の上限規制のまとめ

36協定の上限規制については、「原則の限度時間」と「全体にかかる上限時間」の2つの規制があります。

原則（限度時間）	全体にかかる実労働時間の上限時間
通常予見される時間外労働の範囲内における限度時間 月45時間 年360時間 ※1日の限度時間はありません ※休日労働は含みません	36協定で定める場合の全体の時間外労働及び休日労働の上限時間 ①坑内労働等 　1日2時間以内 ②時間外労働＋休日労働 　月100時間未満 ③時間外労働＋休日労働 　月平均80時間以内
臨時的な特別な事情がある場合	
通常予見することができない業務量の大幅な増加等に伴い臨時的に限度時間を超えて労働させる必要がある場合 ①1か月の時間外労働＋休日労働時間 　1か月の限度時間を含め100時間未満 ②1年間の延長時間 　通常予見される時間外労働を含め年720時間以内 ※1か月の延長時間が45時間を超えることができる月数は1年に6か月以内	

 ポイント

36協定を締結せずに時間外労働をさせた場合や、36協定で定めた時間を超えて時間外労働をさせた場合には、労働基準法第32条違反となります（6か月以下の懲役または30万円以下の罰金）。

4-12
割増賃金

深夜労働や時間外労働、休日労働をさせた場合は割増賃金が発生します。割増率や計算方法は条件により異なります。

▶▶ 割増賃金の支払い義務

労働基準法では、時間外労働・休日労働または深夜労働をさせた場合、割増賃金を支払うことを使用者に義務付けています。

これは、過重な労働に対して金銭で補償すると同時に、使用者に経済的な負担を課すことで長時間労働などを削減させる効果を期待するものです。

深夜業においては、労働時間が法定労働時間を超えていなくとも、深夜にあたる時間は深夜労働としての割増賃金を支払うことになります。

「深夜業」とは？

深夜業とは**午後10時から午前5時**までの間に労働させることをいいます。深夜業は体力を消耗するため、法定労働時間内の労働であっても、割増賃金を支払わなければなりません。

割増賃金の具体例 所定労働時間が7時間の事業場で2時間の残業をさせた場合

法定労働時間　8時間

所定労働時間7時間（休憩除く）	1時間	1時間
	↑	↑
	残業 時給のみ	法定時間外労働 割増賃金

 ポイント

非常災害時等や、36協定によらずに違法に時間外労働または休日労働をさせた場合であっても、割増賃金を支払わなければなりません。

▶▶ 割増賃金の率

　割増賃金の額は、通常の賃金額に次の割増率を掛けて計算します。月給制の場合は、時給に換算してから割増賃金を計算します。

割増賃金の対象となる労働	割増率	
	1か月の時間外労働 60時間以内	1か月の時間外労働 60時間を超える
時間外労働のみ	2割5分以上	5割以上
休日労働のみ	3割5分以上	
深夜労働のみ	2割5分以上	
時間外労働＋深夜労働	5割以上	7割5分以上
休日労働＋深夜労働	6割以上	

 ポイント

　休日労働をさせた場合、その労働が深夜に及ばない限り、労働させた時間の長さにかかわらず、割増賃金率は3割5分以上になります。

残業と時間外労働、深夜労働の賃金

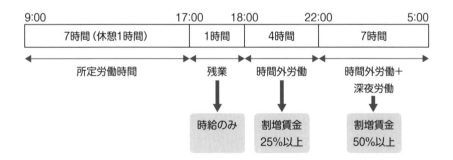

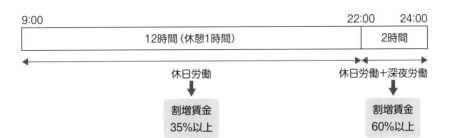

休日労働と深夜労働の割増賃金

▶▶ 時間外労働が60時間を超えた場合の取扱い

　非常災害時等または36協定により延長して労働させた時間が1か月について**60時間を超えた場合**においては、その超えた時間の労働については、**割増率を5割以上**にしなければなりません。

　5割以上の割増率を課すことによって、使用者の経済的負担を重くし労働者の長時間労働を抑えるのが狙いです。ただし、**労使協定**により**代替休暇**を与えることを定めた場合には、5割以上の割増賃金を支払う必要はなく、原則の2割5分以上を支払うことで足ります。

　これは、1か月に60時間を超える時間外労働を行っている場合、既に疲労が蓄積し健康に問題を抱えている労働者もいるため、5割以上の金銭で補償するよりも、休暇を与えて休息をとってもらう選択肢を労働者に与えるものです。

　したがって、使用者が代替休暇を取るように強制することはできません。

代替休暇の考え方

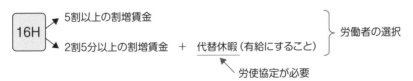

例　1か月の時間外労働76時間　60Hを超える16H時間の取扱い

　代替休暇の導入にあたっては、次のような流れで行う必要があります。手続きと定める事項について確認しましょう。

代替休暇の導入手続

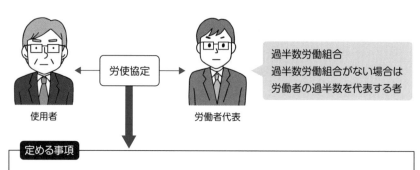

労使協定

使用者　　　　労働者代表

過半数労働組合
過半数労働組合がない場合は
労働者の過半数を代表する者

定める事項

①代替休暇として与えることができる時間の時間数の算定方法
　代替休暇の時間数＝（1か月の時間外労働－60時間）×[換算率]

②代替休暇の単位：1日または半日※

50%以上－25%以上

※代替休暇の時間数が1日または半日に満たない場合でも、時間単位年休等と合わせて1日
　または半日の休暇を与えることができます

③代替休暇を与えることができる期間：
　1か月について60時間を超えた当該1か月の末日の翌日から2か月以内

例　代替休暇を取得しなかった場合の割増賃金率5割、代替休暇を取得した場合の
　　割増賃金率2割5分の事業場において、1か月の時間外労働が76時間だった場合

[換算率]

代替休暇の時間数　（76－60）×（0.5－0.25）＝ 4時間

　労働者が4時間分の代替休暇を取得した場合、60時間を超えた16時間分の労働については、5割の割増賃金を支払う必要はありません。
　ただし、2割5分の割増賃金を支払う必要はあります。

▶▶ 割増賃金の計算方法

割増賃金は、通常の労働時間または労働日の賃金をもとに計算します。この賃金には基本給だけでなく諸手当も含まれます。

ただし、次の7種類の手当・賃金は割増賃金の計算には算入しません。

割増賃金に含まれない手当・賃金

①家族手当
②通勤手当
③別居手当　　　　個人的な事情によって支給されているため、算入しません
④子女教育手当　　名称にかかわらず実質によって取り扱います
⑤住宅手当
⑥臨時に支払われた賃金　　　　通常の賃金ではないため
⑦1か月を超える期間ごとに支払われる賃金　　算入しません

▶▶ 割増賃金の計算例

割増賃金を出す場合、まずは下の条件に沿って賃金から時給を換算し、割増賃金を計算しましょう。

①月給の場合

　1か月の所定賃金(基本給＋諸手当[※1])を、1か月の所定労働時間[※2]で除します

②日給の場合

　日給を1日の**所定労働時間**で除します

③出来高・請負の場合

　賃金算定期間(賃金締切日がある場合には賃金締切期間)における賃金の総額を、当該賃金算定期間の総労働時間で除します

(※1)諸手当は、前記の①～⑦は除きます

(※2)所定労働時間は、月により異なる場合は1年間における1か月平均所定労働時間とします

たとえば月給制の労働者の1時間当たりの割増賃金を出す場合、次のように計算します。

例 1か月の所定賃金が32万円、所定労働時間160時間の場合

32万÷160＝2,000円(1円未満四捨五入)

時給2,000円×割増率1.25$^{(※)}$＝2,500円以上の割増賃金を支払う

※出来高その他請負制によって賃金が定められている場合の割増賃金率は、時給額の2割5分以上、つまり0.25以上をもって足ります(1.25を乗じる必要はありません)。

出来高払い制等によって賃金が定められている場合は「時間外の労働に対する時間当たり賃金(＝1.0に該当する部分)」は、すでに基礎となった賃金総額の中に含められているためです。

「定額残業代」とは？

割増賃金の計算は煩わしいため、労働基準法に定められた割増賃金の算定方法によらないで支払う方法もあります。定額の手当(例：特別手当、営業手当など)として支払う方法や、基本給などの所定賃金に含ませて支払う方法などがそれにあたります。

判例では、定額の手当として割増賃金を支払う場合、「実際に支払われた割増賃金が法所定の計算による割増賃金を下回らない場合には、労基法違反とはならない」として適法としています。

また、基本給の中に含ませる方法については、基本給のうち割増賃金に当たる部分が明確に区分されて、かつ法所定の算定方法による額を上回る場合にのみ適法としています。

4-13
3種類のみなし労働時間制

あらかじめ定められた時間を実労働時間とする「みなし労働時間制」には、業務により3つの種類に分けられます。原則とそれぞれの違いを覚えましょう。

▶▶ みなし労働時間制とは

みなし労働時間制とは、労働者が「実際に何時間働いたか」で労働時間を算定するのではなく、あらかじめ、「労使協定などで定められた時間」を労働者の実労働時間とみなす制度です。

みなし労働時間制によって算定される労働時間が法定労働時間を超える場合には、36協定の締結・届出、割増賃金の支払いが必要になります。

みなし労働時間制が適用される例

社外で仕事をするので何時間働いたか算定できない

営業マン

業務の遂行を労働者の裁量にゆだねる具体的な指示が困難

新商品の開発担当者

業務の遂行を労働者の裁量にゆだねる具体的な指示をしない

企画業務を行う管理職

みなし労働時間制には、次の3種類があります。

1	事業場外労働に関するみなし労働時間制
2	専門業務型裁量労働制
3	企画業務型裁量労働制

1. 事業場外労働に関するみなし労働時間制

　営業職や記事の取材、在宅勤務など社外で働く人は、実際に何時間働いたかを使用者は把握することができません。このような場合、実労働時間が何時間であっても、**原則、所定労働時間労働したものとみなします。**

　これが事業場外労働に関するみなし労働時間制です。

> ### ポイント
> 　携帯電話等で随時使用者の指示を受けながら労働している場合や、社内で訪問先、帰社時刻等、当日の業務の具体的指示を受けたのち、社外で指示通りに業務に従事し、その後社内に戻る場合は、事業場外労働に関するみなし労働時間制は採用できません。

みなし労働時間の原則

例 所定労働時間が7時間の場合

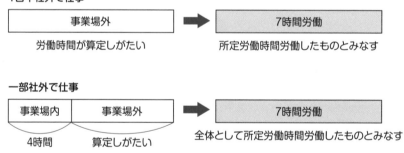

> ### ポイント
> 　1日の労働時間の一部について事業場内で業務に従事した場合には、事業場内で労働した時間も含めて、その日は所定労働時間労働したものとみなされます。

みなし労働時間の例外

　事業場外の業務を遂行するために、通常の所定労働時間を超えて労働することが必要となる場合には、事業場外の業務に関しては、その**業務の遂行に通常必要とされる時間**を労働したものとみなします。みなされる時間は、事業場外において従事した労働時間のみとなります。

　なお、通常必要とされる時間を労使協定で定めたときは、労使協定で定める時間労働したものとみなされます。

> **ポイント**
>
> 　労使協定の締結は義務ではありません。ただし、できる限り締結することが望ましいとされています。

みなし労働時間の例外

例 所定労働時間7時間の場合

1日中社外で仕事（通常必要とされる時間が9時間の場合）

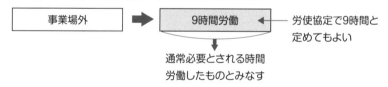

事業場外　→　9時間労働　←　労使協定で9時間と定めてもよい

通常必要とされる時間労働したものとみなす

一部社外で仕事（通常必要とされる時間が6時間の場合）

事業場内　事業場外
4時間　→　4時間　6時間　→　この日は10時間労働※

労使協定で6時間と定めてもよい

通常必要とされる時間労働したものとみなす

※1日の労働時間の一部について事業場外で労働し、一部については事業場内で労働した日は、「事業場外で従事する業務の遂行に通常必要とされる時間」と別途把握した「事業場内で労働した時間」とを合算した時間労働したことになります。
また、労使協定で定める時間は、事業場外の時間であり、事業場内の時間を含めて協定することはできません。

ポイント

　在宅勤務については、労働者が自宅で情報通信機器を用いて勤務を行う際、下記3点のすべての要件を満たす場合に限り、事業場外労働のみなし労働時間制が適用されます。

①当該業務が起居寝食等、私生活を営む**自宅**で行われること

②当該情報通信機器が、使用者の指示により**常時通信可能な状態におくこととされていないこと**

③当該業務が、随時使用者の**具体的な指示に基づいて行われていないこと**

▶▶ 2.専門業務型裁量労働制

　商品開発や情報処理システムの分析、システムコンサルタントなど、いわゆる専門的な知識や技術を持った人は、労働時間を拘束せず能力を発揮してもらうことが重要です。

　そのため、労働時間の配分を使用者が決めるのではなく、労働者の裁量にゆだねます。これが「専門業務型裁量労働制」で、**労使協定で定めた時間**を労働した時間とみなします。

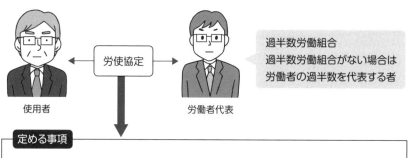

専門業務型裁量労働制の採用手続き

労使協定

使用者　　　　　　　　　　労働者代表

過半数労働組合
過半数労働組合がない場合は
労働者の過半数を代表する者

定める事項

①対象業務
②労働時間としてみなす時間（1日当たりの時間数）　←　この時間が労働したとみなされる時間
③業務遂行の手段及び時間配分の決定等に関し、当該対象業務に従事する労働者に具体的な指示をしないこと
④労働時間の状況に応じた健康及び福祉を確保するための措置を講ずること
⑤苦情の処理に関する措置を講ずること
⑥労働者の同意の取得及び不同意者の不利益取扱い禁止（令和6年4月1日施行）
⑦同意の撤回に関する手続き（令和6年4月1日施行）
⑧労使協定の有効期間
⑨労働時間の状況、健康及び福祉を確保するための措置の実施状況、苦情の処理に関する措置の実施状況、同意及び撤回に関する労働者ごとの記録を協定の有効期間中及び有効期間満了後5年間（当分の間は3年間）保存すること（令和6年4月1日施行）

労使協定を所轄労働基準監督署長に届け出る

専門業務型裁量労働制の対象業務は、以下の20の業務に限定されます。

1　新商品、新技術の研究開発の業務

2　情報システムの分析、設計の業務

3　新聞、出版、放送における取材、編集の業務

4　衣服、工業製品、広告等の新たなデザイン考案の業務

5　プロデューサー、ディレクターの業務

6　コピーライターの業務

7　システムコンサルタントの業務

8　インテリアコーディネーターの業務

9　ゲーム用ソフトウェアの創作の業務

10　証券アナリストの業務

11　金融工学等の知識を用いて行う金融商品の開発の業務

12　大学における教授の研究の業務

13　**銀行または証券会社における顧客の合併及び買収に関する調査または分析及びこれに基づく合併及び買収に関する考案及び助言の業務**（令和6年4月1日より新たに追加）

14　公認会計士の業務

15　弁護士の業務

16　建築士（一級建築士、二級建築士及び木造建築士）の業務

17　不動産鑑定士の業務

18　弁理士の業務

19　税理士の業務

20　中小企業診断士の業務

---

3. 企画業務型裁量労働制

　会社の経営状態を分析し、経営計画を立案するような業務を担当している場合、その業務を遂行するためには労働者の裁量にゆだねる必要があります。

　そのため、労働時間の算定に関しては、**労使委員会で1日当たりの時間数を決め、その決められた時間**を労働したものとみなします。これが「企画業務型裁量労働制」です。

> 📖 **「労使委員会」とは？**
>
> 　「労使委員会」とは、賃金や労働時間など事業場における労働条件を調査審議し、事業主に対して意見を述べることを目的として作られる委員会で、使用者及び労働者を代表する者が委員となります。企画業務型裁量労働制は、この労使委員会が設置された事業場のみ導入することができます。

　また、令和6年4月1日からは、労使委員会の運営規程に以下の事項を追加しなければなりません。

> ①企画業務型裁量労働制の対象労働者に適用される賃金・評価制度の内容についての使用者から労使委員会に対する説明に関する事項
> ②制度の趣旨に沿った適正な運用の確保に関する事項（制度の実施状況の把握の頻度や方法など）
> ③開催頻度を6か月以内ごとに1回とする

　企画業務型裁量労働制の対象業務は、事業の運営に関する事項についての**企画、立案、調査及び分析の業務**となります。当該業務の性質上、これを適切に遂行するにはその遂行の方法を大幅に労働者の裁量に委ねる必要があります。

　そのため、当該業務の遂行の手段及び時間配分の決定等に関し使用者が具体的な指示をしないこととする業務になります。

第4章　労働時間、休憩、休日

企画業務型裁量労働制の採用手続き

労使委員会

・委員の半数は、過半数労働組合または過半数代表者に任期を定めて指名されている
・議事録を作成し3年間保存
・運営規程が定められている
・6か月以内ごとに1回開催（令和6年4月1日施行）

5分の4以上の
多数による決議

決議事項

①対象業務
②対象労働者
③労働時間としてみなす時間（1日当たりの時間数）　← この時間が労働したとみなされる時間
④労働時間の状況に応じた健康及び福祉を確保するための措置を講ずること
⑤苦情の処理に関する措置を講ずること
⑥労働者本人の同意を得る
⑦同意しなかった場合に不利益な取扱いをしないこと
⑧同意の撤回の手続（令和6年4月1日施行）
⑨対象労働者に適用される賃金・評価制度を変更する場合に、労使委員会に変更内容の説明を行うこと（令和6年4月1日施行）
⑩労使委員会の決議の有効期間
⑪労働時間の状況、健康及び福祉を確保するための措置の実施状況、苦情の処理に関する措置の実施状況、同意及び撤回に関する労働者ごとの記録を決議の有効期間中及び有効期間満了後5年間（当分の間は3年間）保存すること（令和6年4月1日施行）

労使委員会の決議を所轄労働基準監督署長に届け出る

定期報告（労働時間の状況等）を、労使委員会の決議の有効期間の始期から起算して初回は6か月以内に1回、その後1年以内ごとに1回、所轄労働基準監督署長に届け出る

4-14
高度プロフェッショナル制度

割増賃金が適用されない働き方として、労働時間ではなく労働者の成果により評価する「高度プロフェッショナル制度」があります。

▶▶ 高度プロフェッショナル制度とは

高度プロフェッショナル制度は、労働時間ではなく成果によって労働者を評価しようとする働き方です。

具体的には、高度の専門的知識等を必要とする業務に従事し、1年当たりの年収が**1,075万円以上**の労働者を対象に、労使委員会の決議及び労働者の同意を前提として、**年間104日**以上の休日確保措置等を講ずることにより、労働基準法で定められた**労働時間、休憩、休日及び深夜の割増賃金を適用しない**制度です。

> **「高度プロフェッショナル制度」の正式名称は？**
> 正式名称は「特定高度専門業務・成果型労働制」といいます。

▶▶ 高度プロフェッショナル業務の対象業務及び対象労働者

対象業務は、高度の専門的知識等を必要とし、その性質上、**従事した時間と従事して得た成果との関連性が通常高くない**と認められる以下の業務です。

対象業務
①金融工学等の知識を用いて行う金融商品の開発の業務 ②ディーリング業務 ③アナリストの業務（企業・市場等の高度な分析業務） ④コンサルタント業務（事業・業務の企画運営に関する高度な考察または助言の業務） ⑤新たな技術、商品または役務の研究開発の業務

ポイント

　対象業務に従事する時間に関し、使用者から具体的な指示を受けて行うものは対象業務に含まれません。

対象労働者は次の①及び②に該当する者となります。

対象労働者

①使用者との間の合意に基づき職務が明確に定められていること
②使用者から支払われると見込まれる賃金額が基準年間平均給与額の3倍の額を相当程度上回る額（1,075万円）以上であること

ポイント

　高度プロフェッショナル制度の活用にあたっては、職務記述書において業務の内容、責任の程度、求められる成果等を明らかにし、労働者の署名を受けることにより、労働者の同意を得なければなりません。

高度プロフェッショナル制度の採用の手続き

労使委員会 ← 企画業務型裁量労働制における
労使委員会と同じです

↓

5分の4以上の多数による議決

↓

決議事項

①対象業務

②対象労働者の範囲

③健康管理時間※1を把握すること及びその方法

④年間104日以上、かつ、4週間を通じ4日以上の休日を与えること

⑤選択的措置※2

⑥健康管理時間の状況に応じた健康・福祉確保措置

⑦同意の撤回

⑧苦情処理措置を実施すること及びその具体的内容

⑨同意しなかった労働者に不利益な取扱いをしてはならないこと

⑩決議の有効期間等

↓

労使委員会の決議を所轄労働基準監督署長に届け出る

↓

定期報告（健康管理時間の状況等）を、労使委員会の決議の有効期間の始期から起算して6か月以内ごとに所轄労働基準監督署長に届け出る

※1　健康管理時間

対象労働者が事業場内にいた時間と事業場外において労働した時間との合計の時間をいいます。高度プロフェッショナル制度では労働時間、休憩、休日及び深夜の割増賃金を適用しないため、労働時間という言葉は使いません。

※2　選択的措置

次の①～④のいずれかに該当する措置を決議で定め、実施しなければなりません。なお、いずれの措置とするかは、対象となり得る労働者の意見を聴くことが望ましいとされています。

第4章　労働時間、休憩、休日

①勤務間インターバルの確保（11時間以上の休息）及び深夜業の回数を1か月4回以内とすること（下の例参照）

②1週間当たりの健康管理時間が40時間を超えた時間について、1か月について100時間以内または3か月について240時間以内とすること

③1年に1回以上の連続2週間の休日を与えること（本人が請求した場合は連続1週間×2回以上）

④1週間当たり40時間を超えた健康管理時間が1か月当たり80時間を超えた労働者、または申出があった労働者に健康診断を実施すること

例 11時間の休息時間を確保するために始業時刻を後ろ倒しにする場合

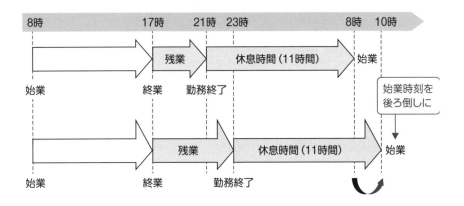

💡 **ポイント**

　高度プロフェッショナル制度で働く労働者は労働時間、休憩、休日及び深夜の割増賃金の適用がないため、過重労働になりがちです。そこで**労働安全衛生法**において事業者は面接指導の実施が義務付けられています。

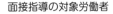

高度プロフェッショナル制度で働く労働者の面接指導

面接指導の対象労働者
1週間当たりの健康管理時間が40時間を超えた場合におけるその超えた時間が
1か月当たり**100時間**を超える労働者

↓

医師による面接指導

↓

事業者は面接指導の結果に基づき、健康保持に必要な措置について医師の意見
を聴かなければなりません

↓

—— 医師の意見を勘案し、必要があると認めるときは ——

| 職務内容の変更 | 有給休暇の付与 | 健康管理時間が短縮されるための配慮等 | 医師の意見を衛生委員会もしくは安全衛生委員会等への報告 |

第4章 労働時間、休憩、休日

4-15
労働時間等の適用除外

農業や水産業、管理監督者や監視・断続的労働従事者においては、労働時間等の適用が難しいことから適用除外対象とされています。

▶▶ 労働時間等の適用が除外となるのは？

労働基準法第41条では、農業・水産業等、管理監督者等、監視・断続的労働従事者（41条該当者といいます）については、その性質や態様が、法定労働時間や週休制を適用するのに適さないことから、労働基準法の**労働時間・休憩及び休日に関する規定の適用を除外**しています。

💡 ポイント

時間外労働または休日労働をさせた場合でも、41条該当者には割増賃金を支払う必要はありません。

ただし、深夜業や年次有給休暇の規定は適用されるため、深夜業に従事させた場合には割増賃金を支払う必要があります。また、年次有給休暇は与えなければなりません。

📖 「41条該当者」とは？

①農業、畜産・養蚕・水産業（林業は含めません）
②監督または管理の地位にある者（管理監督者）、機密の事務を取り扱う者（秘書等）
③監視または断続的労働に従事する者（守衛、門番等、寮や寄宿舎の管理人、役員自動車運転者等）で所轄労働基準監督署長の許可を受けた者

💡 ポイント

所轄労働基準監督署長の許可が必要となるのは、監視または断続的労働に従事する者のみです。

▶▶ 管理監督者の判断基準とは

　法41条に該当した場合、時間外労働または休日労働をさせた場合でも割増賃金を支払う必要はありません。特に管理監督者については、使用者が安易に労働者を「管理監督者に該当する」として、割増賃金を支払わずトラブルになるケースがあります。

　そこで、通達において、管理監督者の判断基準を示しています。

管理監督者の判断基準

労務管理について、経営者と一体的な立場にあり、名称にとらわれず、実態に即して判断

具体的な判断基準

①労働時間、休憩、休日等に関する規制の枠を超えて活動せざるを得ない重要な職務内容を有している

②労働時間、休憩、休日等に関する規制の枠を超えて活動せざるを得ない重要な責任と権限を有している

③現実の勤務態様も、労働時間等の規制になじまないようなものである

④賃金等について、その地位にふさわしい待遇がなされている

第5章

年次有給休暇

　労働基準法では、労働者の心身の疲労を回復させ、ワークライフ・バランスの実現にも資するという観点から、休日のほかに、毎年一定の日数の有給の休暇を与えることを規定しています。この年次有給休暇は、初年度には、雇入れの日から6か月間継続して勤務し、その期間の全労働日の8割以上出勤した労働者に、10労働日が付与されます。また、次年度以降は、勤続年数が1年増えるごとに、前年度に8割以上出勤すれば年休が付与されます。労働基準法は最低基準であるため、これを上回る年次有給休暇の付与は問題はありません。たとえば、入社日に年次有給休暇を付与するような会社も見受けられます。

5-1
年次有給休暇の権利と発生

年次有給休暇は、一般に「年休」と呼ばれています。年間一定数の休暇を与えることで、労働者の心身の疲労を回復させ、健康と豊かな暮らしの実現を目的としています。

▶▶ 年次有給休暇の発生条件と注意点

年次有給休暇(以下「年休」といいます)の目的は、法定の休日のほかに、毎年一定のまとまった日数の休暇を与えて、労働者の心身の疲労を回復させること、ゆとりある生活の実現です。会社の過重労働対策としても重要で、年休を取得しやすい環境を整えることが使用者に求められています。

年休はすべての労働者が取得できるわけではありません。最初の年休は、入社してから**6か月間継続勤務**をし、全動労日の**8割以上出勤**した労働者に対して与えられます。

6か月間の継続勤務とは

継続勤務 = 在籍期間 (勤務の実態に即して実質的に判断)

継続勤務に含まれるもの

休職期間　長期病欠期間　組合専従期間　定年退職者の嘱託等による再雇用
6か月以上契約を更新しているパート等　在籍出向　会社合併で事業の実態が継続等

▶▶ 労働日における出勤割合の考え方

「労働日のうちの8割以上出勤」について、「労働日」の中でも労働日から除かれる日、「出勤日」の中でも「出勤していないが出勤とみなされる日」があります。

次の図の規定を覚えておきましょう。

出勤率、全労働日、出勤日について

全労働日 ＝ 6か月（または1年）の総歴日数 － 所定の休日

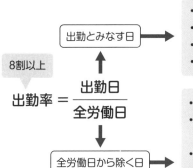

- ・業務上の傷病による療養休業期間
- ・育児休業・介護休業期間
- ・産前産後休業期間
- ・年休として休んだ期間

8割以上

$$出勤率 ＝ \frac{出勤日}{全労働日}$$

出勤とみなす日

全労働日から除く日

- ・天災等の不可抗力による休業日
- ・使用者側に起因する経営・管理上の障害による休業日
- ・休日労働した日
- ・正当なストライキ等により労務の提供が全くなかった日　等

▶▶ 時季の指定及び変更について

　使用者は、年休を労働者の請求する時季に与えなければなりません。これを**「時季指定権」**といいます。

　ただし、請求された時季に年休を与えることが事業の正常な運営を妨げる場合においては、他の時期にこれを与えることができます。これを**「時季変更権」**といいます。

　時季変更権の行使が認められるのは、たとえば同じ日に多くの労働者が同時に休暇指定をした場合などが考えられます。単に「業務が多忙だから」という理由では、時季変更権は認められません。

▶▶ 不利益取扱いの禁止

　使用者は、年休を取得した労働者に対して、賃金の減額その他不利益な取扱いをしないようにしなければなりません。

精勤手当や賞与の算定に際して年休を取得した日を欠勤に準じて取り扱う

5-2
年次有給休暇の付与日数

年次有給休暇の付与日数は法律で定められており、労働者の雇用条件により異なります。

▶▶ 1. 通常の労働者の付与日数

通常、正規の職員として雇用されている労働者の年休については、勤務年数に応じて次の通りの日数を与えることが定められています。

●通常の労働者の付与日数

勤続勤務年数（年）	0.5	1.5	2.5	3.5	4.5	5.5	6.5以上
付与日数（日）	10	11	12	14	16	18	20

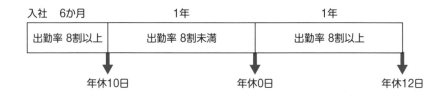

▶▶ 2. パートタイム労働者等の付与日数

パートタイム労働者など、所定労働日数が通常の労働者に比べて相当程度少ない労働者については、年休の日数は比例付与されます。

	比例付与の対象者	
1	週の所定労働日数が定められている者	**週4日以下かつ** 1週間の所定労働時間が**30時間未満**
2	週以外の期間によって所定労働日数が定められている者	**年216日以下かつ** 1週間の所定労働時間が**30時間未満**

●比例付与の日数

	週所定労働日数	1年間の所定労働日数※	勤続勤務年数(年)						
			0.5	1.5	2.5	3.5	4.5	5.5	6.5 以上
付与日数(日)	4日	169日〜216日	7	8	9	10	12	13	15
	3日	121日〜168日	5	6	6	8	9	10	11
	2日	73日〜120日	3	4	4	5	6	6	7
	1日	48日〜72日	1	2	2	2	3	3	3

※週以外の期間によって労働日数が定められている場合

 ポイント

1週間の所定労働時間が30時間以上の者は、所定労働日数が少ない場合でも、通常の労働者と同じ日数の年休を与えなければなりません。

▶▶ 年次有給休暇の繰越と消滅

年休の権利の消滅時効は**2年**です。したがって、年休が利用されずに残った場合には、その権利は行使することができる時点から2年間は消滅しないので、残った日数は**翌年度に繰り越されます**。ただし、2年を超えた時点で消滅してしまい、以降使用することはできません。

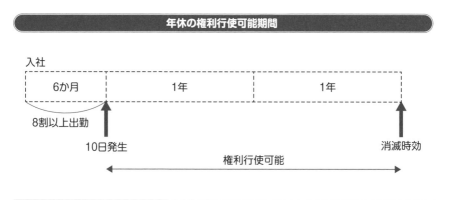

年休の権利行使可能期間

入社

6か月 ｜ 1年 ｜ 1年

8割以上出勤

10日発生　　　　　　　　　　　　　　　　　　　消滅時効

権利行使可能

第5章 年次有給休暇

5-3 年次有給休暇の計画的付与

年休の権利は法律上当然に労働者に生ずるものですが、実際の取得状況については課題があります。労働者が年休を確実に取得できる制度として「年休の計画的付与」があります。

◆ 年休の取得状況

厚生労働省の就労条件総合調査によると、令和3年の1年間に企業が付与した年休日数（繰越日数を除く）は、労働者1人平均17.6日、そのうち労働者が取得した日数は10.3日で、取得率は58.3%となっています。昭和59年以降過去最高の取得率となりましたが、依然として取得率は高いとはいえません。

年休の計画的付与は、労使協定によって年休を取得する時季をあらかじめ定め、その時季に労働者は必ず年休を取得しなければなりません。それにより、労働者は気兼ねなく年休を取得することができ、取得率の向上にも繋がるのです。

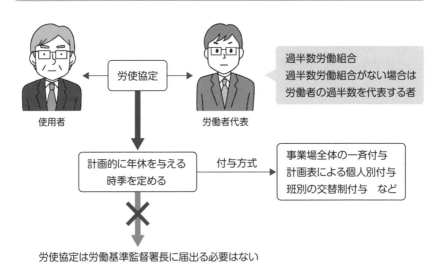

年休の計画的付与

過半数労働組合
過半数労働組合がない場合は
労働者の過半数を代表する者

労使協定

使用者　　　　労働者代表

計画的に年休を与える
時季を定める

付与方式

事業場全体の一斉付与
計画表による個人別付与
班別の交替制付与　など

労使協定は労働基準監督署長に届出る必要はない

▶▶ 年休の計画的付与の日数

労働者の年休すべてが計画的付与の対象となるわけではなく、付与日数のうち5日までは労働者の請求する時季に年休を与えなければなりません。つまり、**5日を超える日数**について、労使協定によって計画的に与える時季を決めることができます。

計画的付与の例

例 年休日数が12日（前年度繰越分も含む）の労働者

1	2	3	4	5	6	7	8	9	10	11	12

計画的付与の対象7日　　　　　　　労働者の請求する時季に付与5日

▶▶ 計画的付与を導入するにあたっての留意点

①休業手当の発生

年休が付与されていない、あるいは付与日数が少ない労働者を含めて計画的付与を行う場合は、付与日数を増やす等の措置を取るべきです。

もしもこれらの措置を取らずに計画的付与のために労働者を休業させた場合には、「使用者の責めに帰すべき事由」に該当するため、休業手当を支払わなければなりません。

②計画的付与の日程拒否

計画的付与される年休については、労働者が取得する時季を指定することはできません。仮に労働者が別の日に取得することを申し出ても、使用者は別の日に年休を取得することを拒否できます。

第5章
年次有給休暇

ポイント

　計画的付与の導入例として、夏季、年末年始に年休を計画的に付与し、大型連休としたり、暦の関係で休日が飛び石となっている場合に、休日の橋渡しとして計画的付与制度を活用し、連休とすることができます。

　たとえば、土曜日と日曜日を休日とする事業場で、木曜日に祝日がある場合、金曜日に年休を計画的に付与すると、その後の土日の休日と合わせて4連休とすることができます。

　また、ゴールデンウィークについても、祝日と土曜日、日曜日の合間に年休を計画的に付与することで、10日前後の連続休暇を実現できます。

5-4
使用者による年次有給休暇の時季指定

年休の取得を促進するため、全ての企業において、年10日以上の年休が付与されている労働者に対して、使用者が時季を指定して年休を取得させることが義務づけられています。

▶▶ 時季指定による取得率の改善

年休は、原則として、労働者が請求する時季に与えることとされていますが、職場への配慮やためらい等の理由から取得率が低調な現状にあります。

このため、2019年4月から、全ての企業において、年10日以上の年休が付与される労働者に対して、年休の日数のうち年5日については、使用者が時季を指定して取得させることが義務づけられています。

労働者の申出による取得（原則）

 労働者が使用者に取得時季を申出

「○月×日に休みます」

労働者　　　　　　使用者

＋

使用者の時季指定による取得

 使用者が労働者に取得時季の意見を聴取

労働者の意見を尊重し使用者が取得時季を指定

「○月×日に休んでください」

労働者　　　　　　使用者

出典：厚生労働省ホームページ

▶▶ 1. 時季指定が必要な労働者

時季指定の対象者は、年休が**10日以上**付与される労働者（管理監督者を含む）に限ります。労働者ごとに、年休を付与した日（基準日）から1年以内に**5日**について、使用者が取得時季を指定して与える必要があります。

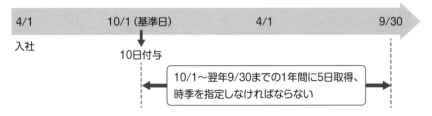

例1 4月1日入社

4/1　　　10/1 (基準日)　　　　4/1　　　　9/30

入社

10日付与

10/1〜翌年9/30までの1年間に5日取得、
時季を指定しなければならない

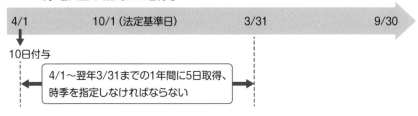

例2 基準日より前に年次有給休暇を付与する場合

4月1日入社、入社時に10日付与

4/1　　　10/1 (法定基準日)　　　3/31　　　　9/30

10日付与

4/1〜翌年3/31までの1年間に5日取得、
時季を指定しなければならない

▶▶ 2. 時季指定が不要な労働者

　年休を5日以上取得済みの労働者に対しては、使用者による時季指定は不要です。また、労働者が自ら申し出て取得した日数や、労使協定で取得時季を定めて与えた日数(計画的付与)については、5日から控除することができます。

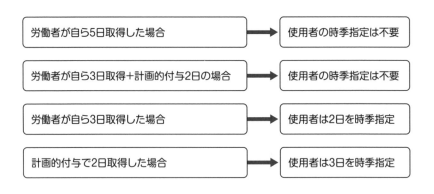

労働者が自ら5日取得した場合	→	使用者の時季指定は不要
労働者が自ら3日取得+計画的付与2日の場合	→	使用者の時季指定は不要
労働者が自ら3日取得した場合	→	使用者は2日を時季指定
計画的付与で2日取得した場合	→	使用者は3日を時季指定

5-5
時間単位年休の付与

年休はまとまった日数を取得することで労働者の心身の疲労の回復を目的とするものですが、日単位ではなく時間単位の取得の希望もあります。時間単位の取得は可能ですが、制限があります。

▶▶ 年休の時間単位の取得に関する制限

年休の本来の目的は、「まとまった日数の年休を取得することにより、労働者の心身の疲労を回復させ、ゆとりある生活の実現に資する」というものです。

しかし、労働者側のニーズとして、日単位による取得のほかに、時間単位による取得の希望もみられます。そこで、仕事と生活の調和を図る観点から、年休を有効に活用できるようにすることを目的として、労使協定により、年休について**5日の範囲内**で、時間を単位として与えることができるものとしています。

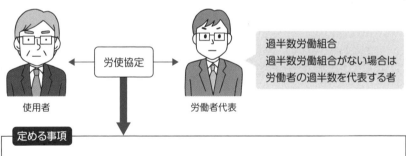

時間単位の年休取得に関する規定

使用者 ←労使協定→ 労働者代表

過半数労働組合
過半数労働組合がない場合は
労働者の過半数を代表する者

定める事項
①時間単位年休の対象労働者の範囲
②時間単位年休の日数（5日以内に限る）
③時間単位年休1日の時間数
④1時間以外の時間を単位とする場合はその時間数

労使協定は労働基準監督署長に届出る必要はない

▶▶ 1. 時間単位年休の日数

時間単位年休はあくまでも例外であるため、**5日以内の範囲**で定めます。前年度からの繰越しがある場合であっても、当該繰越し分も含めて5日分以内となります。

▶▶ 2. 時間単位年休1日の時間数

1日分の年休に対応する時間数は、所定労働時間数(※)を基に定めます。1時間に満たない端数がある場合は、時間単位に切り上げてから計算します。

※日によって所定労働時間数が異なる場合は、1年間における1日平均所定労働時間数(これが決められていない場合は、決められている期間における1日平均所定労働時間数)に基づいて定めます。

> **例** **1日の所定労働時間が7時間30分の場合**
>
> 7時間30分を切り上げて1日8時間とします。
> → 8時間×5日=40時間分の時間単位年休となります。
> ※7時間30分×5日=37時間30分を切り上げて38時間ではありません

▶▶ 3. 1時間以外を単位とする場合

1時間以外の時間を単位とする場合は、その時間数を記入します(2時間、3時間など)。

ただし、1日の所定労働時間を上回ることはできません。

> **ポイント**
>
> 半日単位の年休取得については、労働者が希望し、使用者が同意した場合であれば、労使協定を締結しなくても半日単位で与えることは可能です。また、年5日以内という規制もありません。

5-6
年次有給休暇中の賃金

年休中に発生する賃金については3つの支払い方法があり、あらかじめ就業規則
等においていずれかの支払い方法を定めておく必要があります。

▶▶ 年次有給休暇中の賃金支払いの方法

年休中の賃金については、次の3つのうち、いずれかの方法で支払わなければ
なりません。

> ①平均賃金
> ②所定労働時間労働した場合に支払われる通常の賃金
> ③健康保険法に定める標準報酬月額の30分の1相当（労使協定）

いずれにするかは就業規則等で定める

基本的には①及び②の賃金を原則としますが、**労使協定**で③の賃金を選択する
ことについて締結した場合には、例外的に③の賃金を支払うことができることと
されています。

また、①から③のいずれの方法により支払うかは、その都度労働者ごとに選択
できるものではなく、あらかじめ**就業規則等**に定めておき、その定めた方法によ
らなければなりません。

②と③については次の方法で個別の金額を確認します。

▶▶ ②所定労働時間労働した場合に支払われる通常の賃金の算定方法

（ⅰ）時間給の場合：その金額にその日の所定労働時間数を乗じた金額

（ⅱ）日給の場合　：その金額

（ⅲ）週給の場合　：その金額をその週の所定労働日数で除した金額

（ⅳ）月給の場合　：その金額をその月の所定労働日数で除した金額

▶▶ ③健康保険法に定める標準報酬月額の30分の1の算定方法

　標準報酬月額とは、健康保険・厚生年金保険の被保険者の保険料や保険給付の計算に用いられるもので、被保険者が1か月に受ける給与等の報酬額（報酬月額）を等級に分けたものです。

　健康保険の等級は現在1等級（58,000円）〜50等級（1,390,000円）に区分されています。この標準報酬月額の30分の1を年休中の賃金とします。

　なお、標準報酬月額の1/30に相当する金額における5円未満の端数は切り捨て、5円以上10円未満の端数は10円以上に切り上げます。

年少者

　労働基準法は、労働条件の最低基準を定めたものですが、年少者は健全な成長や教育機会を阻害しないよう、特別の保護規定を置いています。特別の保護を受ける者は「満18歳に満たない者」である年少者ですが、このうち、「満15歳に達した日以後の最初の3月31日が終了するまでの者」は、児童としてさらに特別の保護を受けます。また、労働基準法では、「未成年者」についても労働契約締結について特別の保護規定を置いています。

　なお、平成30年に民法の定める成年年齢を20歳から18歳に引き下げられることなどを内容とする「民法の一部を改正する法律」が成立し、令和4年4月1日から施行されています。したがって、民法の「未成年者」と労働基準法の「年少者」はともに18歳未満となります。

6-1
未成年者、年少者及び児童の区分

労働基準法では、未成年者に対する規制と年少者及び児童に対する規制を置いています。その者がどの適用を受けるのかを明確にするため、年齢区分が重要になってきます。

▶▶ 未成年者、年少者、児童の規定

労働基準法では、子どもの保護の観点から、児童を労働者として働かせることの禁止や、未成年者や年少者の労働に関する制限を設けています。

未成年者、年少者、児童の規定については、次の通りです。

> **未成年者**：満18歳に達しない者(民法)
>
> **年少者** ：満18歳に満たない者(労働基準法)
>
> **児童** ：満15歳に達した日以後の最初の3月31日が終了するまでの者
>
> (労働基準法)

児童については、労働基準法第56条において労働者としての使用が禁止されていますが、満13歳以上の児童については、非工業的事業に限り、下記4点の条件を満たしたうえで使用することができます。

また、満13歳未満の児童については、映画・演劇の事業に限り、下記4点の条件を満たしたうえで、定められた時間内においての使用が可能です。

> ①健康及び福祉に有害でないこと
>
> ②労働が軽易であること
>
> ③修学時間外に使用すること
>
> ④所轄労働基準監督署長の許可を得ること

6-2
未成年者の保護規定

未成年者の保護については、親権者または後見人の存在をおさえておく必要があります。本人もしくは保護者のみの意向で契約等を取り交わすことはできません。

▶▶ 未成年者の保護規定について

満18歳に達しない未成年者については、下記の通り保護規定が定められています(民法の改正により2022年4月1日から成年年齢が18歳となりました)。

①親権者(父・母)または**後見人は**、未成年者に代わって労働契約を締結してはなりません。

②親権者もしくは後見人または所轄労働基準監督署長は労働契約が未成年者に不利であると認める場合においては、将来に向かってこれを解除することができます。

③未成年者は、独立して賃金を請求することができます。親権者または後見人は、未成年者の賃金を代わって受け取ってはなりません。(第3章3-2「賃金支払いの5原則」参照)

📖 「後見人」とは？

親権者の死亡等のため未成年者に対し親権を行う者がない場合に、家庭裁判所が、申立てにより、未成年後見人を選任します。未成年後見人とは、未成年者(未成年被後見人)の法定代理人であり、未成年者の監護養育、財産管理、契約等の法律行為等を行います。

第6章

年少者

6-3
年少者の保護規定

心身の成長過程にある年少者の保護は非常に重要です。そのため労働基準法では就業制限・労働時間・深夜業の規制、未成年者の労働契約などについて、特別の保護規定を置いています。

▶▶ 年少者の保護について

満18歳に満たない年少者については、保護の観点から、一般の労働者と異なるさまざまな規定を設けています。保護の考え方は、大きく分けると以下の2つです。

---

①一定の年齢に達しない者の労働を許さない

➡ **労働禁止**

②働かせてもよいが、一定の年齢までは心身の発達に悪いので特別に制限する

➡ **労働制限**

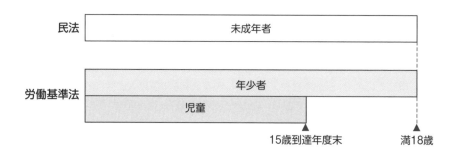

年少者とは

民法	未成年者
労働基準法	年少者
	児童

15歳到達年度末　　満18歳

▶▶ 1. 児童の使用禁止

　原則として、「**満15歳に達した日以後の最初の3月31日が終了するまでは労働者としての使用禁止**」と定められています。ただし、次の場合は例外となります。

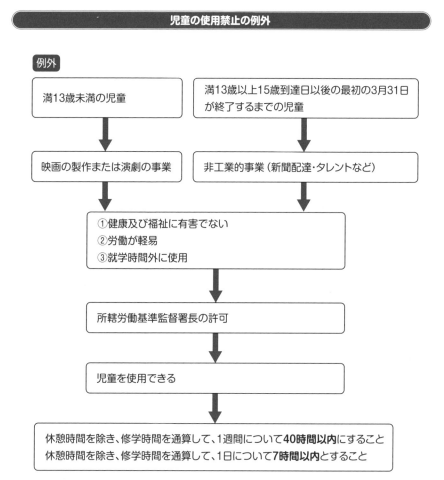

児童の使用禁止の例外

例外

| 満13歳未満の児童 | 満13歳以上15歳到達日以後の最初の3月31日が終了するまでの児童 |

↓ ↓

| 映画の製作または演劇の事業 | 非工業的事業（新聞配達・タレントなど） |

①健康及び福祉に有害でない
②労働が軽易
③就学時間外に使用

↓

所轄労働基準監督署長の許可

↓

児童を使用できる

↓

休憩時間を除き、修学時間を通算して、1週間について**40時間以内**にすること
休憩時間を除き、修学時間を通算して、1日について**7時間以内**とすること

▶▶ 2. 年少者の労働時間及び休憩の原則

　　年少者については、保護の観点から、「法定労働時間(週40時間、1日8時間)」と「休憩の原則」を守って労働させることとし、原則として、変形労働時間制や36協定による時間外労働・休日労働、労働時間や休憩の特例及び高度プロフェッショナル制度の規定は適用されません。

　　年少者に適用されない労働時間・休憩等の規定と例外は、次の通りです。

年少者に適用されない労働時間・休憩等の規定

> ①労働時間の特例
> 　常時使用労働者数10人未満の商業、映画・演劇、保健衛生業及び接客娯楽業の事業に使用される者であっても、年少者については、週40時間を超えて労働させることができません。(44時間の特例は適用されません)
> ②1か月単位の変形労働時間制
> ③1年単位の変形労働時間制
> ④1週間単位の非定型的変形労働時間制
> ⑤フレックスタイム制
> ⑥36協定による時間外・休日労働
> ⑦休憩の特例
> 　休憩を与えないでよいとされている長距離乗務員や日本郵便株式会社の営業所の職員であっても、年少者については、法定通りの休憩を与えなければなりません。
> 　また、休憩を一斉に与える必要のない業種であっても、年少者については労使協定を締結しない限り、休憩は一斉に与えなければなりません。
> ⑧高度プロフェッショナル制度

年少者にも適用される労働時間等の例外規定

> ①4週間を通じ4日以上の休日を与える変形労働時間制
> ②非常災害、公務のための時間外労働・休日労働
> ③法41条該当者に関する労働時間、休憩及び休日に関する適用除外

　　　　年少者OK

▶▶ 3. 年少者の変形労働

　満15歳以上で満18歳未満の者(中学生を除く)については、満18歳に達するまでの間、次の変形労働を認めています。

①1週間の労働時間が40時間を超えない範囲内において、1日の労働時間を**4時間以内**に短縮すれば、他の日の労働時間を**10時間**まで延長できます。

例1

他の日は1日に限らない

日	月	火	水	木	金	土	
休	6	6	6	9	9	4	40時間

例2

4時間以内に短縮した日に該当

日	月	火	水	木	金	土	
休	10	6	7	7	10	休	40時間

②1週間について48時間、1日について8時間を超えない範囲内において、1か月単位の変形労働時間制または1年単位の変形労働時間制の規定の例により、労働させることができます。

		1週の上限	1日の上限
1か月単位	原則		
	年少者	48時間	8時間
1年単位	原則	52時間	10時間
	年少者	48時間	8時間

第6章 年少者

▶▶ 4. 年少者の深夜業

　原則として、**満18歳に満たない者を深夜業(原則午後10時から午前5時まで)に使用してはなりません。**ただし、下記の場合は例外となります。

●例外①

　交替制によって使用する満16歳以上の男性は、深夜業に使用しても差し支えありません。

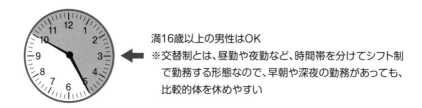

満16歳以上の男性はOK
※交替制とは、昼勤や夜勤など、時間帯を分けてシフト制で勤務する形態なので、早朝や深夜の勤務があっても、比較的体を休めやすい

●例外②

　交替制によって労働させる事業については、**所轄労働基準監督署長の許可**を受けて、**午後10時30分まで**労働させることができます。また、男性・女性を問いません。

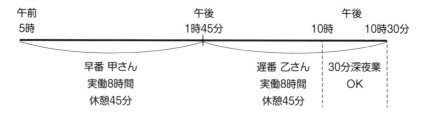

例　午前5時から午後10時30分までのフル操業で2交替制

| 午前 5時 | | 午後 1時45分 | | 午後 10時 | 10時30分 |

早番 甲さん
実働8時間
休憩45分

遅番 乙さん
実働8時間
休憩45分

30分深夜業
OK

●例外③

非常災害の規定によって労働時間を延長し、または休日に労働させる場合も深夜業が認められます。

●例外④

自然条件に左右されたり、利用客に迷惑が掛からないよう、農業、林業、畜産・養蚕業、水産業もしくは保健衛生の事業または電話交換の業務については深夜業が認められています。

 ポイント

例外規定によって使用する児童については、深夜業の時間が2時間早くなります。したがって、**午後8時から午前5時**までが就業禁止になります。

ただし、演劇の事業に使用される児童が演劇を行う業務に従事する場合は、深夜の時間帯が次のように変更されます。

児童の区分	深夜の時間帯（就業禁止時間）	
下記以外の児童	午後8時〜午前5時	
演劇を行う業務（子役）に従事する児童	午後9時〜午前6時	→夜の公演のカーテンコールまで残れる

第 **7** 章

女性

労働基準法では、女性労働者の母体保護や授乳などの観点から、女性についてのさまざまな保護規定を置いています。近年はワークライフ・バランスという視点からも男女雇用機会均等法や育児介護休業法とあわせて、子育てや親の介護をしながら働き続けることができるような環境を整えていくことが重要になってきています。

7-1
女性・妊産婦に対する環境の配慮

女性及び妊産婦に対しては、母体保護等の観点から、女性の労働条件を緩和する規定を置いています。

▶▶ 生理日の休業

使用者は、生理日の就業が著しく困難な女性が休暇を請求したときは、その者を生理日に就業させてはならないため、生理休暇を与えます。

ただし、「生理休暇」という文言に抵抗を感じて、休暇の請求をためらう女性がいます。そのため、最近では、生理休暇という言葉を使わずに「パーソナル休暇」というような言葉にしたり、更年期障害でも取得できるよう会社独自の休暇制度を設けている会社もあります。

> 💡 **ポイント**
>
> 生理休暇中の賃金については、有給・無給の規定がないので、労働協約、就業規則、労働契約等の定めによります。
>
> また、労働者が半日単位または時間単位で請求した場合には、使用者はその範囲で就業させなければ足ります。

▶▶ 妊娠中の業務対応：他の軽易な業務への転換

妊娠した女性の場合、1日中立ち仕事をしていたり、外回りの営業をしているような業務に就いている場合は、妊娠前と同じように業務を行うことが難しいケースが出てきます。そのため、使用者は、**妊娠中の女性が請求**した場合には、**他の軽易な業務に転換**させなければなりません。

ただし、他の軽易な業務がない場合に、新たに軽易な業務を創設して与えることまでは求めていません。しかし、使用者には安全配慮義務がありますので、妊婦の状態に配慮した措置が求められることは当然のことになります。

▶▶ 妊産婦等に関する労働時間等

　使用者は、妊産婦（妊娠中の女性及び産後1年を経過しない女性）が請求した場合には、次のことをさせてはなりません。

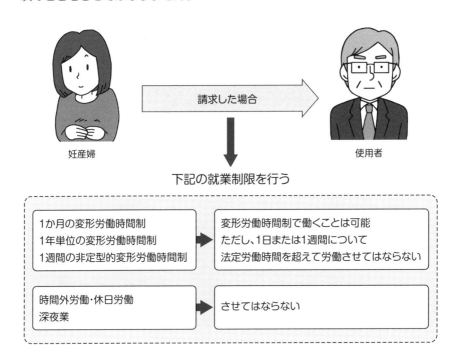

妊産婦　　　　　　　　　　　　　　　　　　　　使用者

請求した場合

下記の就業制限を行う

| 1か月の変形労働時間制
1年単位の変形労働時間制
1週間の非定型的変形労働時間制 | ➡ | 変形労働時間制で働くことは可能
ただし、1日または1週間について
法定労働時間を超えて労働させてはならない |
| 時間外労働・休日労働
深夜業 | ➡ | させてはならない |

 ポイント

　フレックスタイム制は、特に就業制限はありません。また、妊産婦が請求しない場合は、就業制限の規定は適用されません。

第7章 女性

7-2
出産する(した)女性の就業について

・・

出産にあたっては、産前産後の休業と育児時間の確保についての規定があります。

▶▶ 産前産後休業とは

使用者は、**6週間(双子以上は14週間)**以内に出産する予定の女性が**休業を請求した場合**、就業させてはなりません。これを「**産前休業**」といいます。

また、使用者は、**産後8週間**を経過しない女性を就業させてはなりません。これを「**産後休業**」といいます。

産前産後の就業禁止

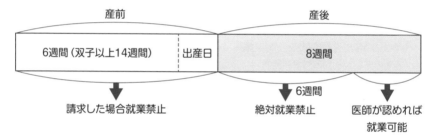

🔍 ポイント

産後休業は、労働者が請求した場合に休ませるのではなく、強制休業であるのが特徴です。

なお、**産後6週間**を経過した女性から就業したいと請求があった場合、医師が支障がないと認めた業務については、就業させても構いません。

▶▶ 出産予定日と出産日について

産前休業は出産予定日を基準に計算し、産後休業は実際の出産日の翌日を基準に計算します。出産予定日から出産までの期間は産前休業となります。たとえば、

出産予定日よりも遅れて出産した場合は、次のように計算します。

予定日より遅れて出産した場合

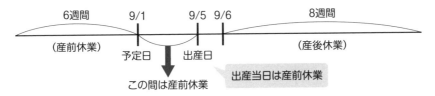

産前産後の休業期間の賃金については、無給・有給の規定はありません。したがって、労働協約、就業規則、労働契約等の定めによります。

なお、無給の場合には、健康保険から「出産手当金」が支給されます。

ポイント

「出産」とは、妊娠4か月以上(85日以上)の分娩をいい、正期産のみならず、早産、流産、死産、妊娠中絶も含まれます。なお、出産当日は産前に入ります。

▶▶ 育児時間の請求

生後満1年に満たない乳児を育てる女性は、休憩時間のほか、**1日2回各々少なくとも30分**、その乳児を育てるための時間を請求することができます。使用者は、当該育児時間中はその女性を使用してはなりません。

育児時間は、授乳その他の子どもの世話に必要な時間であるため、女性に限定しています。

ポイント

育児時間は、勤務時間の始めまたは終わりに請求することができます。また、1日の労働時間が4時間以内であるような場合には、1日1回の育児時間を与えればよいことになります。

第7章　女性

7-3
男女雇用機会均等法における 保護規定

妊産婦の保護規定については、労働基準法のほか、男女雇用機会均等法にも規定があります。

▶▶ 男女雇用機会均等法における妊産婦の保護規定

妊産婦については、男女雇用機会均等法において次の保護規定が定められています。

①保健指導または健康診査を受けるための時間の確保

事業主は、女性労働者が妊産婦のための保健指導または健康診査を受診するために必要な時間を確保することができるようにしなければなりません。

健康診査等を受診するために確保しなければならない回数

• 妊娠中

妊娠23週までは4週間に1回

妊娠24週から35週までは2週間に1回

妊娠36週以後出産までは1週間に1回

• 産後(出産後1年以内)

医師等の指示に従って必要な時間を確保

---

②指導事項を守ることができるようにするための措置

妊娠中及び出産後の女性労働者が、健康診査等を受け、医師等から指導を受けた場合は、その女性労働者が受けた指導を守ることができるようにするために、事業主は勤務時間の変更、勤務の軽減等必要な措置を講じなければなりません。

指導事項を守ることができるようにするための措置

- 妊娠中の通勤緩和(時差通勤、勤務時間の短縮等の措置)
- 妊娠中の休憩に関する措置(休憩時間の延長、休憩回数の増加等の措置)
- 妊娠中または出産後の症状等に対応する措置(作業の制限、休業等の措置)

③妊娠・出産等を理由とする不利益取扱いの禁止

事業主は、女性労働者が妊娠・出産・産前産後休業の取得、妊娠中の時差通勤など男女雇用機会均等法による母性健康管理措置や、深夜業免除など労働基準法による母性保護措置を受けたことなどを理由として、解雇その他の不利益取扱いをしてはなりません。

第7章 女性

不利益な取扱いと考えられる例

- 解雇すること
- 期間を定めて雇用される者について、契約の更新をしないこと
- あらかじめ契約の更新回数の上限が明示されている場合に、当該回数を引き下げること
- 退職または正社員をパートタイム労働者等の非正規社員とするような労働契約内容の変更の強要を行うこと
- 降格させること
- 就業環境を害すること
- 不利益な自宅待機を命ずること
- 減給をし、または賞与等において不利益な算定を行うこと
- 昇進・昇格の人事考課において不利益な評価を行うこと

就業規則

　多くの労働者を雇用する事業においては、労働条件や職場規律を公平・画一的に規制することが企業経営上重要となってきます。就業規則はこのような目的のもとに作られるものです。労働基準法では、使用者の事務能力を考慮して常時10人以上の労働者を使用する使用者に就業規則の作成及び届出を義務付けるとともに、作成・変更につき労働者の意見を反映させること、就業規則を労働者に周知することを規定しています。また、常時10人未満の労働者しか使用しない事業場においては、就業規則の作成義務はありませんが、作成することが望ましいとされています。

8-1
就業規則の作成及び届出義務

常時10人以上の労働者を使用する使用者においては、就業規則を作成し、所轄労働基準監督署長に届出る必要があります。これは規則を変更した場合も同様です。

▶▶ 就業規則とは

就業規則とは、労働者が就業するうえで守らなければならない規律や、賃金、労働時間、休日、休暇等の労働条件について具体的な細目を定めたものです。就業規則は、使用者にとっては多数の労働者との労働契約を集合的に処理するためのものとして、一律に労働条件を定めることや職場規律の維持を図ることを目的として作られています。

常時10人以上の労働者を使用する使用者は、就業規則を作成し、所轄労働基準監督署長に届出なければなりません。一定の事項を変更した場合も同様です。

また、同一の事業場内で、一部の労働者について、その事業場で定められている就業規則とは別の就業規則を作成すること（たとえばパートタイム労働者に適用される就業規則を別に作成する場合など）は差し支えありません。

▶▶ 1. 常時10人以上とは

常時10人以上というのは、ときには10人を下回っても、10人以上使用することが常態であることです。

10人には、パートタイム労働者も含まれます。たとえば正規従業員が7人であっても、その他にパートタイム労働者を常態として3人以上使用している場合、使用者には作成義務があります。

▶▶ 2. 作成の手続き

使用者は就業規則の作成または変更について、当該事業場に、労働者の過半数で組織する労働組合がある場合は、その労働組合、ない場合は、労働者の過半数を代表する者の**意見を聴かなければなりません**。就業規則を届け出るときは、意見を記した書面を添付することが必要です。

意見聴取の方法

①就業規則の一部のみを変更する場合でも、労働者の過半数代表者等の意見を聴く必要があります。

②同一の事業場内で、一部の労働者についてのみ適用される就業規則を別に作成または変更する場合は、当該事業場の全労働者の過半数代表者等の意見を聴かなければなりません。

 労働組合のない事業場で正社員100人、パートタイム労働者50人の場合

パートタイム労働者に適用される就業規則を作成する場合

正社員100人
パートタイム労働者50人 }150人 ⟶ 過半数である76人以上の代表者の意見を聴かなければなりません

第8章　就業規則

ポイント

意見を「聴く」のであって、「同意を得る」必要はありません。

就業規則の作成手続き

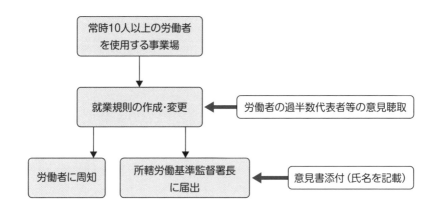

▶▶ 3. 就業規則の記載事項

就業規則に記載すべき事項は、必ず記載しなければならない事項（**絶対的必要記載事項**といいます）と、事業場に定めがある場合には、必ず記載しなければならない事項（**相対的必要記載事項**といいます）とがあります。

絶対的必要記載事項
始業及び終業の時刻、休憩時間、休日、休暇並びに労働者を2組以上に分けて交替に就業させる場合においては就業時転換に関する事項
賃金（臨時の賃金等を除く）の決定、計算及び支払の方法、賃金の締切り及び支払の時期並びに昇給に関する事項
退職に関する事項（解雇の事由を含む）

相対的必要記載事項
退職手当の定めをする場合においては、適用される労働者の範囲、退職手当の決定、計算及び支払の方法並びに退職手当の支払の時期に関する事項
臨時の賃金等（ボーナス等）及び最低賃金額の定めをする場合においては、これに関する事項
労働者に食費・作業用品その他の負担をさせる場合においては、これに関する事項
安全及び衛生に関する定めをする場合においては、これに関する事項
職業訓練に関する定めをする場合においては、これに関する事項
災害補償及び業務外の疾病扶助に関する定めをする場合においては、これに関する事項
表彰及び制裁の定めをする場合においては、その種類及び程度に関する事項
以上のほか、当該事業場の労働者のすべてに適用される定めをする場合においては、これに関する事項

これら以外の事項についても、その内容が法令または労働協約に反しないものであれば任意に記載することができます。

8-2
制裁規定の制限

職場の秩序を維持するにあたり、制裁の規定を定めることがあります。労働基準法では減給の制裁についてのみ制限を設けています。

▶▶「制裁」とは

制裁とは、職場の規律違反や、対外的信用を失墜させるような行為をした労働者に対して、けん責、減給、出勤停止、懲戒解雇等の処分を行うことです。

相対的必要記載事項である制裁について定める場合には、その種類及び程度は、法令、労働協約や公序に反しない限り、使用者が任意に決めることができるのが原則です。

ただし、減給の制裁については、あまりに高額になると、労働者の生活を脅かすことになるため、労働基準法で一定の制限を設けています。

▶▶ 1. 減給の制裁の制限

①1回の事案に対する減給の総額：平均賃金の1日分の半額以内

減給の対象となる事案が1日に2回以上ある場合は、それぞれの事案に対する減給額が平均賃金の1日分の半額以内であれば、合計した減給額が平均賃金の半額を超えても差し支えありません。ただし、1回の事案について、平均賃金の1日分の半額ずつを何日にもわたって減給することはできません。

②一賃金支払期に発生した数事案に対する減給の総額：賃金支払期における賃金総額の10分の1以内

回数と金額について、次の図を参考に見てみましょう。

制裁の減給額の計算例

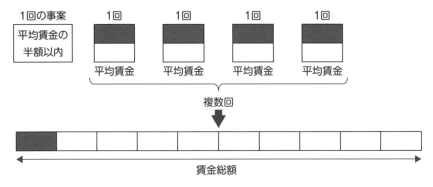

賃金支払期における賃金総額の10分の1以内

計算例	平均賃金が1万円／日、賃金総額が20万円／月
	1か月のうちに20回減給処分を受けた場合
	1回の減給額は、1万円 × 1/2 ＝ 5000円以内

　上記計算例の労働者の場合は、20回減給処分をすると、減給総額は、5000円×20回＝10万円の減給となります。

　しかし、「減給の総額は1賃金支払期における賃金総額の**1/10以内**」にしなければならないので、「20万円×1/10＝2万円」、となり、2万円が減給の限度額となります。

　限度額を超えた8万円は、次期以降の賃金支払期に延ばさなければなりません。

💡 ポイント

　賞与についても、減給の制裁の規定が適用されます。したがって、賞与から減給する場合も1回の事案については平均賃金の半額を超え、総額については賞与額の10分の1を超えてはなりません。

▶▶ 2. 減給の制裁に該当しない場合

　減給の制裁とは、職場規律に違反した労働者に対する制裁として、本来ならその労働者が受けるべき賃金の中から一定額を差し引くことをいいます。したがって、遅刻・早退または欠勤に対して労働の提供のなかった時間に相当する賃金だけを差し引くことは、賃金計算方法であって、減給の制裁には該当しません。

　しかし、遅刻・早退の時間に対する賃金額を超える減給は制裁とみなされ、労働基準法に定める制裁に関する規定の適用を受けることになります。

遅刻・早退における減給の制裁の制限

30分単位において、30分に満たない遅刻早退を常に切り上げる規定を置く

遅刻早退について、時間に比例することなく1回につき、いくらと決めて賃金を差し引く

減給の制裁に該当

減給の制裁の制限の適用

第8章
就業規則

8-3
法令、労働協約、労働契約との関係

就業規則は、法令と労働協約に反してはなりません。

▶▶ 法令、労働協約、就業規則、労働契約の関係

就業規則は、**法令**または当該事業場について適用される**労働協約**に反してはなりません。また、労働契約法では、就業規則で定める基準に達しない労働契約は、その部分については無効とし、無効となった部分は就業規則に定める基準とすると規定しています。

優先の順位

法令 ＞ 労働協約 ＞ 就業規則 ＞ 労働契約

労働組合と使用者との合意によって締結

使用者が一方的に作成（労働者側の意見を聴くだけ）

就業規則を下回る労働契約は、その部分については就業規則で定める基準まで引き上げる（労働契約法第12条）

所轄労働基準監督署長は、法令または労働協約に抵触する就業規則の変更を命じることができます。

法令または労働協約に反する就業規則 ⬅ 就業規則の変更命令 ← 所轄労働基準監督署長

例 「就業規則に男性65歳、女性60歳の定年制を規定する」

➡ 男女雇用機会均等法に違反するので、このような定めをしてはなりません。

労働契約の終了

労働契約は、労働契約の期間の満了、解雇、任意退職(辞職)、合意退職(労使合意による解約)、定年、労働者の死亡、法人の解散などの場合に終了します。

これらの終了事由のうち、労働基準法においては、解雇に関する規制として「①解雇制限」「②解雇の予告」の2つの制限を設けています。

解雇に関する規制 {
①解雇制限
②解雇の予告

9-1
解雇制限

解雇による労働契約の終了については、労働基準法における制限が設けられています。ただし、例外もあります。

▶▶ 解雇できない期間

業務上の負傷・疾病等で**休業する期間とその後30日間**や、**産前産後休業期間とその後30日間**は解雇できません。これを解雇制限といいます。労働者がこの間に解雇された場合、次の就職先を見つけるのが困難であること、また、解雇による精神的なショックも大きくなります。

そのため、労働者が安心して休業することができるように、この期間の解雇は禁止しています。

(1)使用者は、労働者が**業務上負傷**し、または疾病にかかり**療養のために休業する期間及びその後30日間**並びに産前産後の女性が第65条の規定によって休業する期間(**産前産後休業期間**)及びその**後30日間**は、解雇してはなりません。ただし、使用者が、第81条の規定によって**打切補償**を支払う場合または**天災事変**その他やむを得ない事由のために**事業の継続が不可能**となった場合においては、解雇できます。

(2)天災事変その他やむを得ない事由のために事業の継続が不可能となった場合においては、その事由について**所轄労働基準監督署長の認定**を受けなければなりません。

①天災事変その他やむを得ない事由

火災、洪水、地震その他不慮の災厄や、天災事変に準ずる程度の不可抗力に基く突発的な事由をいいます。事業経営上の見通しを誤って資金難に陥った場合や、税金の滞納処分を受けて事業廃止に至った場合等は含まれません。

②事業の継続が不可能

　事業の全部または大部分の継続が不可能となった場合をいいます。事業の主たる部分を保持して継続し得る場合や、一時的に操業中止をやむなくされたものの、近く再開の見込みが明らかであるような場合は含まれません。

解雇制限（解雇禁止）

【原則】
①業務上の傷病により療養のため休業する期間
②産前産後の女性が休業する期間
　　　　　　　　　　　　　　　　及びその後30日間

【例外】
解雇制限期間中であっても、解雇できます。
①上記原則①の場合において、打切補償を支払う場合
②上記原則①②の場合において、天災事変その他やむを得ない事由のために、事業の継続が不可能となった場合で所轄労働基準監督署長の認定を受けた場合

📖「打切補償」とは？

　労働者が業務上負傷し、または疾病にかかり、療養開始後3年を経過しても治らない場合において、使用者が平均賃金の1200日分の打切補償を支払った場合、解雇制限事由に該当していても解雇することができます。

　また、被災労働者が療養開始後3年を経過した日において、労災保険から傷病補償年金を受けている場合またはその日以後同年金を受けることとなった場合は、それぞれ3年を経過した日、または同年金を受ける日において、打切補償が支払われたものとみなされます。したがって、使用者は平均賃金の1200日分以上の金額を支払う必要はありません。

打切補償により解雇が可能となるケース

打切補償を支払ったとみなされる日

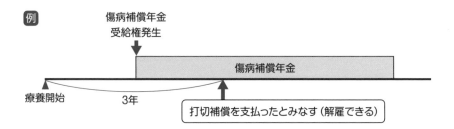

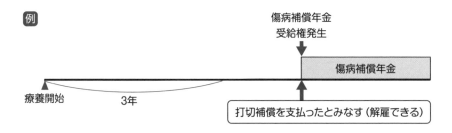

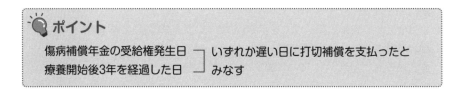

ポイント

傷病補償年金の受給権発生日 ┐ いずれか遅い日に打切補償を支払ったと
療養開始後3年を経過した日 ┘ みなす

9-2
解雇制限の期間

解雇制限が適用されるのは、業務上発生した休業期間及び出産に伴う休業期間についてのみとなります。期間や日数を間違えないよう注意しましょう。

▶▶ 解雇制限期間の考え方

解雇制限期間は、労働者が**業務上**の負傷や疾病により療養のために休業する期間及びその後30日間、または女性の**産前産後休業期間**及び**その後30日間**となっています。

解雇制限期間

業務上の傷病による療養休業期間
または産前産後休業期間

30日間

出勤

解雇禁止

▶▶ 覚えておこう！　解雇制限期間に該当する例、しない例

①私傷病等により休業する期間は解雇制限期間ではありません。

②業務上の傷病により療養する期間及び産前休業の期間において、休業しないで就労している場合は解雇は制限されません。

③療養のための休業が1日だけの場合であっても、当該休業日及びその後30日間は解雇が制限されます。

④療養休業期間中の労働者が治癒し、その後30日間経過した場合は、休業していたとしても解雇は制限されません。

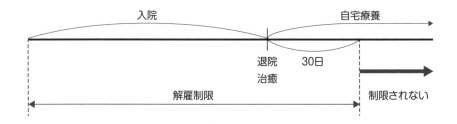

⑤期間の定めのある労働契約は、その期間満了後、引き続き雇用関係が更新されたと認められる事実がない限り、その契約期間満了により終了します。

したがって、解雇制限期間とされる期間にあっても、その契約期間満了により労働契約は終了するものであり、解雇制限は適用されません。

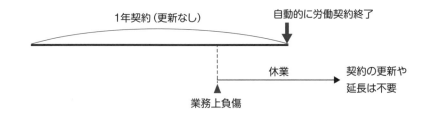

⑥産前休業を取得した場合に、実際の出産日が出産予定日より遅れたときは、出産予定日から実際の出産日の間についても、産前休業期間として解雇が制限されます。

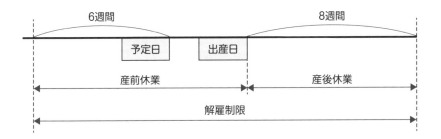

⑦労働者の責に帰すべき事由がある場合であっても、解雇制限期間中は解雇できません。

9-3
解雇の予告

民法と労働基準法では解雇予告期間が異なり、労働基準法においては労働者の生活の保護のため、30日間を解雇予告期間と設定しています。

▶▶ 民法と労働法の解雇予告期間の違い

民法によれば、使用者及び労働者の労働契約の解約予告期間は2週間で足りますが、労働基準法では、使用者が行う解雇については、30日前の予告を義務づけています。これは、労働者が解雇され、次の就職先を確保するには、2週間では足りないという観点から設けられたものです。

(1)使用者は、労働者を解雇しようとする場合においては、少くとも**30日前**にその予告をしなければなりません。30日前に予告をしない使用者は、**30日分以上の平均賃金(解雇予告手当)**を支払わなければなりません。

(2)天災事変その他やむを得ない事由のために**事業の継続が不可能**となった場合または**労働者の責に帰すべき事由に基いて解雇**する場合においては、予告は必要ありません。ただし、所轄労働基準監督署長の認定が必要となります。

労働者の責に帰すべき事由として認定すべき事例
• 極めて軽微なものを除き、社内での盗取、横領、傷害等の刑法犯またはこれに類する行為を行った場合
• 賭博、風紀びん乱等により職場規律を乱し、他の労働者に悪影響を及ぼす場合
• 他の事業場へ転職した場合
• 原則として2週間以上正当な理由なく無断欠勤をし、出勤の督促に応じない場合
• 雇入れの際の重大な経歴詐称

(3)予告の日数は、1日について平均賃金を支払った場合においては、その日数を短縮することができます。

解雇予告期間の原則と例外

原則

①解雇日の少なくとも30日前に予告
②平均賃金の30日分以上の解雇予告手当の支払
｝併用可能

例外

解雇予告及び解雇予告手当の支払をせずに即時解雇できます。
①天災事変その他やむを得ない事由のために事業の継続が不可能となった場合
②労働者の責に帰すべき事由に基いて解雇する場合
ただし、①②の場合、所轄労働基準監督署長の認定を受けなければなりません。

▶▶ 解雇予告をする際の参考例

1. 少なくとも30日前に予告をする場合

6月30日付で解雇➡少なくとも5月31日に予告をする必要があります。

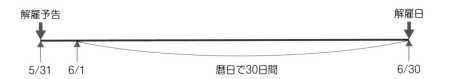

解雇予告　　　　　　　　　　　　　　　　　　　　　　　　　解雇日

5/31　6/1　　　　　　暦日で30日間　　　　　　　　6/30

2. 平均賃金の30日分以上の手当（解雇予告手当）を支払う場合

平均賃金の30日分以上の解雇予告手当を支払えば、即時解雇できます。この解雇予告手当は、解雇の申渡しと同時に支払うべきものとされています。

3. 解雇予告と解雇予告手当を併用する場合

5月31日に解雇予告を行い、6月25日付で解雇する場合
➡25日前の予告になるため、平均賃金の5日分の手当を支払います。

第9章　労働契約の終了

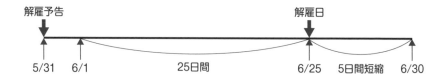

解雇予告　　　　　　　　　　　　　　　　解雇日

5/31　6/1　　　　25日間　　　　6/25　5日間短縮　6/30

💡 ポイント

①使用者が行った解雇予告の意思表示は、一般的には取り消すことはできません。
ただし、労働者が具体的事情の下に自由な判断によって同意を与えた場合には、
取り消すことができます。なお、労働者が同意しないときは、労働者の自己都合
退職とはならず、解雇予告期間の満了によって労働契約は解雇により終了しま
す。

②解雇予告期間満了後、解雇期日を延長することを労働者に伝達し、引き続き使
用した場合には、一般に、同一の労働条件でさらに労働契約がなされたものと
みなされるので、その後に当該労働者を解雇するときは、改めて解雇予告が必
要となります。

9-4
解雇予告が不要の労働者

解雇予告は全ての労働者に適用されるわけではありません。

▶▶ 解雇予告が適用されない労働者

解雇予告の規定は、以下の表の労働者には適用されません。ただし、右欄に該当した場合は、解雇予告が必要となります。

臨時的に短期間就労する労働者は、解雇予告の適用が困難または不適当

形式的に短期の労働契約を繰り返し、解雇予告義務を免れようとすることを防止

解雇予告不要	解雇予告必要
①日々雇い入れられる者	1か月を超えて引き続き使用された場合
②2か月以内の期間を定めて使用される者	所定の期間を超えて引き続き使用された場合
③季節的業務に4か月以内の期間を定めて使用される者	所定の期間を超えて引き続き使用された場合
④試みの使用期間中の者	14日を超えて引き続き使用された場合

 「試みの使用期間」とは？

「試みの使用期間」とは、本採用決定前の試験的使用期間のことです。就業規則等で規定されている試用期間の長さにかかわらず、14日を超えて引き続き使用された場合は、解雇予告の規定が適用されます。

有期労働契約の締結や更新、雇止めに関する紛争の発生を防ぐための基準です。
令和6年4月より基準が一部改正され施行されます。

▶▶ 有期労働契約の締結、更新、雇止めに関する基準

　有期労働契約においては、契約を更新しないという雇止めに関する紛争が発生
する場合があります。そこで、有期労働契約の締結、更新、雇止めに際して発生す
る紛争を防止し、その迅速な解決が図られるように、厚生労働大臣がこれらについ
て基準を設けています。

例　契約期間1年

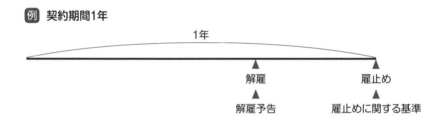

有期労働契約の締結、更新、雇止めに関する基準（令和6年4月1日改正施行）

（1）有期労働契約の変更等に際して更新上限を定める場合等の理由の説明

　使用者は、有期労働契約の締結後、当該有期労働契約の変更または更新に際して、
通算契約期間または有期労働契約の更新回数について、上限を定め、またはこれを
引き下げようとするときは、あらかじめ、その理由を労働者に説明しなければなり
ません。

（2）雇止めの予告

　使用者は、有期労働契約（当該更新を3回以上更新、または雇入れの日から起算し
て1年を超えて継続勤務をしている者に係るものに限り、あらかじめ当該契約を更

新しない旨明示されているものを除きます)を更新しないこととしようとする場合には、少なくとも当該**契約期間の満了する日の30日前までに**、その予告をしなければなりません。また、労働者が更新しないこととする理由について証明書を請求したときは、遅滞なくこれを交付しなければなりません。

(3)雇止めの理由の明示

　有期労働契約が更新されなかった場合において、使用者は、労働者が更新しなかった理由について証明書を請求したときは、遅滞なくこれを交付しなければなりません。

(4)契約期間についての配慮

　使用者は、有期労働契約(当該契約を1回以上更新し、かつ、雇入れの日から起算して1年を超えて継続勤務している者に係るものに限ります)を更新しようとする場合においては、当該契約の実態及び当該労働者の希望に応じて、契約期間をできる限り長くするように努めなければなりません。

(5)無期転換後の労働条件に関する説明

　使用者は、労働基準法第15条第1項の規定(第2章2-6労働条件の明示を参照)により、労働者に対して無期転換後の労働条件を明示する場合においては、当該労働条件に関する定めをするに当たって労働契約法第3条第2項の規定の趣旨を踏まえて就業の実態に応じて均衡を考慮した事項について、当該労働者に説明するように努めなければなりません。

ポイント

労働契約法第3条第2項
　「労働契約は、労働者及び使用者が、就業の実態に応じて、均衡を考慮しつつ締結し、または変更すべきものとする。」と規定されています。

使用者には、労働者から請求があった場合に退職時の使用期間や業種、雇用条件、退職理由等を説明する証明書を交付する義務があります。

▶▶ 退職証明書とは

　労働者が退職した場合において、使用者に対して退職証明書を請求してくる場合があります。一般的には、再就職活動に使用する場合が多いですが、解雇等の退職をめぐる紛争に利用することもあります。労働基準法では、この退職時の証明書について次の規定を置いています。

(1)労働者が、退職の場合において、使用期間、業務の種類、その事業における地位、賃金または退職の事由（退職の事由が解雇の場合にあっては、その理由を含む）について証明書を請求した場合においては、使用者は、遅滞なくこれを交付しなければなりません。

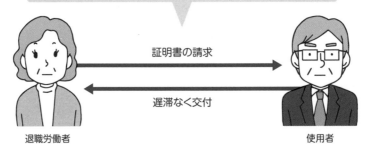

使用期間、業務の種類、地位、賃金、退職の事由（解雇の理由を含む）
※労働者の請求しない事項は記入してはなりません。

証明書の請求

遅滞なく交付

退職労働者　　　　　　　　　　　　　　　　　使用者

(2)労働者が、解雇の予告がされた日から退職の日までの間に、当該解雇の理由について証明書を請求した場合においては、使用者は、遅滞なくこれを交付しなければなりません。ただし、解雇の予告がされた日以後に労働者が当該解雇以外の事由により退職した場合においては、使用者は、当該退職の日以後、これを交付する必要はありません。

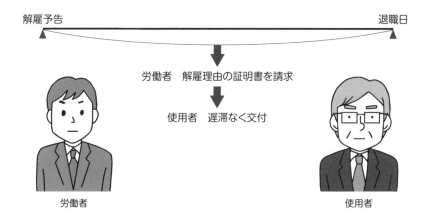

解雇予告　　　　　　　　　　　　　　　　退職日

労働者　解雇理由の証明書を請求

使用者　遅滞なく交付

労働者　　　　　　　　　　　　　　　　使用者

第9章　労働契約の終了

金品の返還

労働基準法では、退職した労働者や労働者の家族の生活を困窮させないため、また、労働者の足留策に利用させないよう、早期に金品を返還する規定を置いています。

▶▶「金品の返還」に関する規定について

労働基準法では、退職した労働者や死亡した労働者の遺族の生活を不安定にさせたり、労働者の足止め策に利用されることを防止し、賃金の不払い等を予防するため、金品等の返還に関する規定を置いています。

(1)使用者は、労働者の死亡または退職の場合において、**権利者**の請求があった場合においては、7日以内に賃金を支払い、積立金、保証金、貯蓄金その他名称の如何を問わず、労働者の権利に属する金品を返還しなければなりません。

(2)賃金または金品に関して争いがある場合においては、使用者は、異議のない部分を、上記(1)の期間中に支払い、または返還しなければなりません。

💡 ポイント

①賃金について、権利者からの請求がなければ、所定の賃金支払日に支払うことで足ります。
②所定の賃金支払日が権利者からの請求があった日から7日目より前の日であるときは、賃金はその所定の賃金支払日に支払わなければなりません。
③退職手当については、請求があっても7日以内に支払う必要はなく、あらかじめ就業規則で定められた支払い時期に支払うことで足ります。

📖「権利者」とは？

退職の場合は労働者本人、死亡の場合は労働者の遺産相続人であって、一般債権者は含まれません。

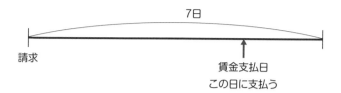

権利者の請求があった場合の賃金支払日

7日

請求　　　　　　　　　　賃金支払日
　　　　　　　　　　　　この日に支払う

7日目より前に賃金支払日がある場合は賃金支払日に支払う

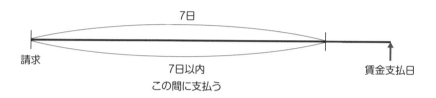

7日

請求　　　　　　　　　　　　　　　賃金支払日
　　　　　7日以内
　　　　　この間に支払う

7日目より後に賃金支払日がある場合は7日以内に支払う

第9章　労働契約の終了

労働契約法

労働契約の締結、労働条件の変更、解雇等についての基本的なルールを定めた労働契約法が平成20年3月1日から施行されています。

その後、有期労働契約の雇止めなどに対する不安を解消し、働く人が安心して働き続けることができるようにするため、平成24年8月10日に雇止め法理に関する規定が、平成25年4月1日には無期転換制度などの有期労働契約の適正な利用のための規定が、それぞれ施行されました。無期転換制度とは、有期労働契約が反復更新されて通算5年を超えたときに、労働者の申込みによって、有期労働契約が無期労働契約に転換される労働契約法第18条に基づくルールです。

第10章10-6で詳しくみていくことにしましょう。

10-1
労働契約法制定の背景

労働契約法は、就業形態の多様化、個別労働関係紛争の増加等に対応し、個別の労働者及び使用者の労働関係が良好なものとなるように民事的なルールを整える目的で制定されました。

▶▶ かつては体系化されておらず個別の判例頼りに

労働関係を取り巻く状況をみると、就業形態が多様化し、労働者の労働条件が個別に決定され、または変更される場合が増えるとともに、個別労働関係紛争が増加しています。

しかし、かつて我が国においては、最低の労働条件については労働基準法に規定されていましたが、個別労働関係紛争を解決するための労働契約に関する民事的なルールについては、民法及び個別の法律において部分的に規定されているのみであり、体系的な成文法は存在していませんでした。このため、個別労働関係紛争が生じた場合には、それぞれの事案の判例が蓄積されて形成された判例法理を当てはめて判断することが一般的となっていましたが、このような判例法理による解決は、必ずしも予測可能性が高いとはいえず、また、判例法理は労働者及び使用者の多くにとって十分には知られていないものでした。

▶▶ 労働基準法の体系化とその目的

個別の労働関係の安定に資するため、労働契約に関する民事的なルールの必要性は一層高まり、労働契約の基本的な理念及び労働契約に共通する原則や、判例法理に沿った労働契約の内容の決定及び変更に関する民事的なルール等を一つの体系としてまとめるべく、平成19年に**労働契約法**が制定され、平成20年より施行されています。

この法律により、労働契約に関する民事的なルールが明らかになり、労働者及び使用者が労働契約法によって示された民事的なルールに沿った合理的な行動をとることが促されることを通じて、個別労働関係紛争が防止されるとともに、労働者の保護と労働関係の安定に繋がることが期待されています。

10-2
労働基準法と労働契約法の関係

労働基準法は労働条件の基準を定めたものであり、それに基づく労働条件を円滑に定めるためのルールを設けたのが労働契約法です。

▶▶ 労働基準法と労働契約法

労働基準法は、罰則をもって担保する労働条件の基準（最低労働基準）を設定しているものですが、労働契約法は、これを前提として、労働条件が定められる労働契約について、合意の原則その他基本的事項を定め、労働契約に関する民事的なルールを明らかにするものであり（第2章労働契約参照）、その締結当事者である労働者及び使用者の合理的な行動による円滑な労働条件の決定または変更を促すものです。

また、労働基準法については労働基準監督官による監督指導及び罰則により最低労働基準の履行が確保されるものですが、労働契約法については労働基準監督官による監督指導及び罰則による履行確保は行われません。

労働基準法と労働契約法の違い

労働基準法
労働条件の最低基準を定める

労使の関係に国が介入し実効性を確保
罰則、労働基準監督官による監督指導

労働契約法
労働契約の民事的ルールを定める

判例と民法がベース、労使が合理的な行動をとるように促す
罰則、労働基準監督官による監督指導なし

労働基準法の労働者	労働契約法の労働者
職業の種類を問わず、事業または事務所に**使用される者で賃金を支払われる者**	使用者に**使用されて**労働し、**賃金を支払われる者**

労働基準法の使用者	労働契約法の使用者
①**事業主** 　個人企業➡企業主個人 　法　　人➡法人そのもの ②**事業の経営担当者** ③その事業の労働者に関する事項について、**事業主のために行為をするすべての者**	・その使用する労働者に対して賃金を支払う者 　{ 個人企業➡企業主個人 　　法　　人➡法人そのもの **労働基準法の①事業主にあたるもの②③**は使用者にあたりません

10-3
労働契約の原則

....

労働契約法では、労働契約の原則について定めています。

▶▶ 労働契約の原則について

労働契約法では、労働契約の原則について次のように定めています。

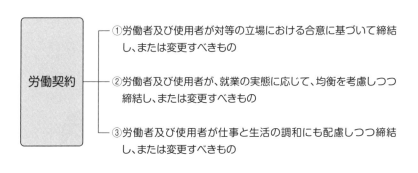

労働契約
- ①労働者及び使用者が対等の立場における合意に基づいて締結し、または変更すべきもの
- ②労働者及び使用者が、就業の実態に応じて、均衡を考慮しつつ締結し、または変更すべきもの
- ③労働者及び使用者が仕事と生活の調和にも配慮しつつ締結し、または変更すべきもの

労働者及び使用者
- ①労働契約を遵守するとともに、信義に従い誠実に、権利を行使し、及び義務を履行しなければなりません
- ②労働契約に基づく権利の行使に当たっては、それを濫用することがあってはなりません
- ③労働契約の内容（期間の定めのある労働契約に関する事項を含む）について、できる限り書面により確認するものとします

使用者
→ 労働者に提示する労働条件及び労働契約の内容について、労働者の理解を深めるようにするものとします

10-4
労働者への安全の配慮

労働契約の基本として、使用者は労働者の安全を確保する必要があります。

▶▶ 労働契約における安全配慮の義務

使用者は、労働契約に伴い、労働者がその**生命、身体等の安全**を確保しつつ労働することができるよう、必要な配慮をするものとします。

使用者は、労働契約に基づいてその本来の債務として「賃金支払義務」を負うほか、労働契約に特段の根拠規定がなくとも、労働契約上の付随的義務として、信義則上当然に安全配慮義務を負うことを規定したものです。

使用者　　　　　　　　　　　　　　　　　　　　　　　　労働者

安全配慮義務
賃金支払義務

ポイント

「生命、身体等の安全」には、心身の健康も含まれます。

10-5
労働契約の継続及び終了

労働契約の継続及び終了に際し、場合によっては無効とみなされることもあります。

▶▶ 労働契約の継続及び終了が無効とみなされる場合

権利濫用に該当するものとして無効となる出向、懲戒、解雇について規定しています。

①出向

使用者が労働者に出向（在籍出向）を命ずることができる場合において、当該出向の命令が、その必要性、対象労働者の選定に係る事情その他の事情に照らして、その権利を濫用したものと認められる場合には、当該命令は、無効とします。

②懲戒

使用者が労働者を懲戒することができる場合において、当該懲戒が、当該懲戒に係る労働者の行為の性質及び態様その他の事情に照らして、客観的に合理的な理由を欠き、社会通念上相当であると認められない場合は、その権利を濫用したものとして、当該懲戒は、無効とします。

※懲戒とは、労働基準法に規定する就業規則の相対的必要記載事項である制裁と同義です

③解雇

解雇は、客観的に合理的な理由を欠き、社会通念上相当であると認められない場合は、その権利を濫用したものとして、無効とします。

10-6
期間の定めのある労働契約

期間の定めのある労働契約については、契約内容の変更や更新、解雇に関する規定が定められています。

▶▶ 1. 契約期間中の解雇等

①使用者は、期間の定めのある労働契約(以下「有期労働契約」といいます)について、やむを得ない事由がある場合でなければ、その契約期間が満了するまでの間において、労働者を解雇することはできません。

例 契約期間1年

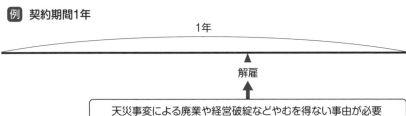

天災事変による廃業や経営破綻などやむを得ない事由が必要
やむを得ない事由にあたるか否かは個別具体的な事案に応じて判断

②使用者は、有期労働契約について、その有期労働契約により労働者を使用する目的に照らして、必要以上に短い期間を定めることにより、その有期労働契約を反復して更新することのないよう配慮しなければなりません。

例 1年使用するつもり

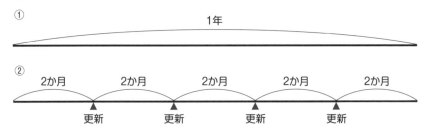

①の形で契約するように配慮してください。

▶▶ 2.有期労働契約の期間の定めのない労働契約への転換(無期転換ルール)

　有期労働契約については、契約期間の満了時に当該有期労働契約が更新されずに終了する場合がある一方で、労働契約が反復更新され、長期間にわたり雇用が継続する場合も少なくありません。

　こうした中で、有期契約労働者については、雇止めの不安があることによって、年次有給休暇の取得など労働者としての正当な権利行使が抑制されるといった問題が指摘されていました。

　この現状を踏まえ、労働契約法第18条において、有期労働契約が5年を超えて反復更新された場合は、有期契約労働者の申込みにより期間の定めのない労働契約(以下「無期労働契約」といいます)に転換させる仕組み(以下「無期転換ルール」といいます)を設けています。

　これにより、有期労働契約の濫用的な利用を抑制し、労働者の雇用の安定を図ることとしています。

①無期転換ルールの内容

　同一の使用者との間で締結された**2以上**の有期労働契約の契約期間を通算した期間(以下「通算契約期間」といいます)が**5年を超える**有期契約労働者が、使用者に対し、現に締結している有期労働契約の契約期間が満了する日までの間に、無期労働契約の締結の**申込みをしたとき**は、使用者が当該申込みを**承諾したもの**とみなされ、現に締結している有期労働契約の契約期間が満了する日の翌日から労務が提供される無期労働契約が成立します。

第10章
労働契約法

契約期間が1年の場合の例

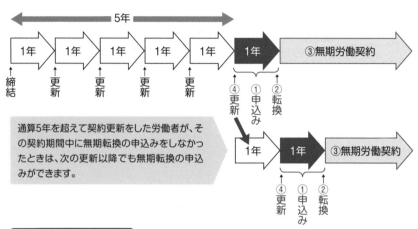

通算5年を超えて契約更新をした労働者が、その契約期間中に無期転換の申込みをしなかったときは、次の更新以降でも無期転換の申込みができます。

契約期間が3年の場合の例

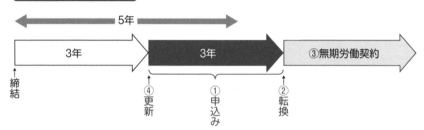

契約期間が5年の場合の例

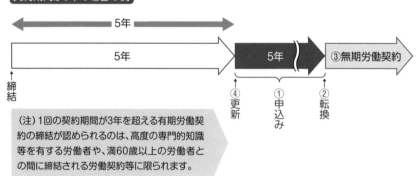

（注）1回の契約期間が3年を超える有期労働契約の締結が認められるのは、高度の専門的知識等を有する労働者や、満60歳以上の労働者との間に締結される労働契約等に限られます。

出典：厚生労働省 改正労働契約法のあらまし

②通算契約期間の計算について（クーリング）

　通算契約期間の計算に当たり、有期労働契約が不存在の期間（以下「無契約期間」といいます）が一定以上続いた場合には、当該通算契約期間の計算がリセット（いわゆる「クーリング」）されます。

カウントの対象となる契約期間が1年以上の場合

■ 契約がない期間（6か月以上）が間にあるとき

　有期労働契約とその次の有期労働契約の間に、契約がない期間が6か月以上あるときは、その空白期間より前の有期労働契約は通算契約期間に含めません。これをクーリングといいます。

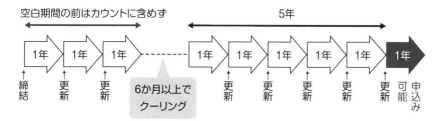

■ 契約がない期間はあるが、6か月未満のとき

　有期労働契約とその次の有期労働契約の間に、契約がない期間があっても、その長さが6か月未満の場合は、前後の有期労働契約の期間を通算します（クーリングされません）。

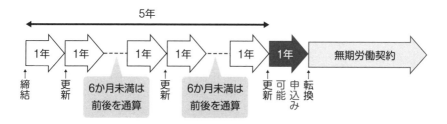

出典：厚生労働省　改正労働契約法のあらまし

カウントの対象となる契約期間が1年未満の場合

　「カウントの対象となる有期労働契約の契約期間(2つ以上の有期労働契約があるときは通算した期間)」の区分に応じて、「契約がない期間」がそれぞれ次の表の右欄に掲げる期間に該当するときは、契約期間の通算がリセットされます(クーリングされます)。

　その次の有期労働契約の契約期間から、通算契約期間のカウントが再度スタートします。

カウントの対象となる有期労働契約の契約期間	契約がない期間
2か月以下	1か月以上
2か月超〜4か月以下	2か月以上
4か月超〜6か月以下	3か月以上
6か月超〜8か月以下	4か月以上
8か月超〜10か月以下	5か月以上
10か月超〜	6か月以上

出典:厚生労働省　改正労働契約法のあらまし

③無期転換後の労働条件

　労働契約法の規定による無期労働契約への転換は期間の定めのみを変更するものですが、「別段の定め」をすることにより、期間の定め以外の労働条件(賃金等)を変更することは可能です。

　この「別段の定め」とは、労働協約、就業規則及び個々の労働契約(無期労働契約への転換にあたり、従前の有期労働契約から労働条件を変更することについての有期契約労働者と使用者との間の個別の合意)をいうものです。

 ポイント

　労働基準法の改正により、令和6年4月1日からは有期労働契約を締結する際に明示しなければならない労働条件の絶対的明示事項に、無期転換を申し込むことができる旨(無期転換申込機会)及び無期転換後の労働条件についての明示が必要になります(第2章2-6参照)。

▶▶ 3.有期労働契約の更新等

　有期労働契約は契約期間の満了によって終了するものですが、契約が反復更新された後に雇止めされることによる紛争がみられます。

　そこで、有期労働契約の更新等に関するルールをあらかじめ明らかにすることにより、雇止めに際して発生する紛争を防止し、その解決を図るため、労働契約法第19条において、最高裁判所判決で確立している雇止めに関する判例法理（いわゆる雇止め法理）を規定し、一定の場合に雇止めを認めず、有期労働契約が締結または更新されたものとみなすことにしています。

●有期労働契約の更新に関するルール

　契約の形式が有期労働契約であっても、当該契約が以下の①または②のいずれかに該当し、労働者が当該契約の更新の申込みをした場合であって、使用者が当該申込みを拒絶することが、**客観的に合理的な理由を欠き、社会通念上相当であると認められないとき**は、雇止めは認められず、従前と同一の労働条件で、当該契約が更新されます。

> ①過去に反復して更新されたことがあるものであって、その雇止めが無期労働契約の解雇と社会通念上同視できると認められるもの

または

> ②労働者において、有期労働契約の契約期間満了時にその有期労働契約が更新されるものと期待することについて合理的な理由があると認められるもの

> 使用者が雇止めすることが、客観的に合理的な理由を欠き、社会通念上相当であると認められないときは無効となります（いわゆる解雇権濫用法理）

> 従前と同一の労働条件で、当該契約が更新

ポイント

　労働契約法第19条は、次に掲げる最高裁判所判決で確立している雇止めに関する判例法理(いわゆる雇止め法理)の内容を適用範囲を変更することなく規定したものです。

　上記①は、有期労働契約が期間の満了ごとに当然更新を重ねてあたかも期間の定めのない契約と実質的に異ならない状態で存在していた場合には、**解雇に関する法理**を類推すべきであると判示した東芝柳町工場事件最高裁判決(最高裁昭和49年7月22日第一小法廷判決)の要件を規定したものです。

　上記②は、有期労働契約の期間満了後も雇用関係が継続されるものと期待することに合理性が認められる場合には、解雇に関する法理が類推されるものと解せられると判示した日立メディコ事件最高裁判決(最高裁昭和61年12月4日第一小法廷判決)の要件を規定したものです。

　①または②の要件に該当するか否かは、これまでの裁判例と同様、当該雇用の臨時性・常用性、更新の回数、雇用の通算期間、契約期間管理の状況、雇用継続の期待をもたせる使用者の言動の有無などを総合考慮して、個々の事案ごとに判断されるものです。

「解雇に関する法理」とは?

　解雇が「客観的に合理的な理由を欠き、社会通念上相当であると認められない場合」には、権利濫用に該当するものとして無効となるとしたものです。労働契約法第16条に規定されています。

労働基準法の法改正情報
労働条件通知書
36協定届の記載例
労働基準法
労働契約法
モデル就業規則

労働基準法の法改正情報

令和6年4月1日に改正施行される主な内容

1. 労働条件の明示事項

労働契約の締結・更新のタイミングの**労働条件明示事項が追加されます**	
明示のタイミング	新しく追加される明示事項
全ての労働契約の締結時と 有期労働契約の更新時	**1. 就業場所・業務の変更の範囲**
有期労働契約の 締結時と更新時	**2. 更新上限(通算契約期間または更新回数の上限)の有無と内容** 併せて、最初の労働契約の締結より後に更新上限を新設・短縮 する場合は、その理由を労働者に**あらかじめ説明すること**が 必要になります。
無期転換ルール※に基づく 無期転換申込権が発生する 契約の更新時	**3. 無期転換申込機会** **4. 無期転換後の労働条件** 併せて、無期転換後の労働条件を決定するに当たって、就業 の実態に応じて、正社員等とのバランスを考慮した事項につ いて、有期契約労働者に説明するよう努めなければならない こととなります。

※同一の使用者との間で、有期労働契約が通算5年を超えるときは、労働者の申込みにより、期間の 定めのない労働契約(無期労働契約)に転換する制度です。

2. 裁量労働制

　2024年4月1日以降、新たに、または継続して裁量労働制を導入するためには、裁 量労働制を導入する**全ての事業場で、必ず、**

- 専門業務型裁量労働制の労使協定に下記①を追加
- 企画業務型裁量労働制の労使委員会の運営規程に下記②③④を追加後、決議 に下記①②を追加し、

裁量労働制を導入・適用するまで(継続導入する事業場では2024年3月末まで)に **労働基準監督署に協定届・決議届の届出**を行う必要があります。

①本人同意を得る・同意の撤回の手続きを定める 〔専門型〕〔企画型〕

【専門業務型裁量労働制】

• **本人同意を得る**ことや、同意をしなかった場合に**不利益取り扱いをしないこと**を**労使協定**に定める※1必要があります。

（※1 企画業務型裁量労働制では、これらを労使委員会の決議に定めることがすでに義務づけられています。）

【専門業務型裁量労働制・企画業務型裁量労働制】

• 同意の撤回の手続きと、**同意とその撤回に関する記録を保存すること**を**労使協定・労使委員会の決議**に定める※2必要があります。

（※2 企画業務型裁量労働制では、同意に関する記録を保存することを労使委員会の決議に定めることがすでに義務づけられています。）

②労使委員会に賃金・評価制度を説明する 〔企画型〕

【企画業務型裁量労働制】

• 対象労働者に適用される賃金・評価制度の内容についての使用者から労使委員会に対する**説明に関する事項**（説明を事前に行うことや説明項目など）を**労使委員会の運営規程**に定める必要があります。

• 対象労働者に適用される賃金・評価制度を変更する場合に、**労使委員会に変更内容の説明を行うこと**を**労使委員会の決議**に定める必要があります。

③労使委員会は制度の実施状況の把握と運用改善を行う 〔企画型〕

【企画業務型裁量労働制】

• **制度の趣旨に沿った適正な運用の確保に関する事項**（制度の実施状況の把握の頻度や方法など）を**労使委員会の運営規程**に定める必要があります。

④労使委員会は6か月以内ごとに1回開催する 〔企画型〕

【企画業務型裁量労働制】

• 労使委員会の開催頻度を**6か月以内ごとに1回**とすることを**労使委員会の運営規程**に定める必要があります。

⑤定期報告の頻度が変わります 〔企画型〕

【企画業務型裁量労働制】

• 定期報告の頻度について、労使委員会の決議の有効期間の始期から起算して**初回は6か月以内に1回**、その後**1年以内ごとに1回**になります。

出典：厚生労働省HP

労働条件通知書

イメージ

（一般労働者用：常用、有期雇用型）

労働条件通知書

	年　　月　　日

殿

事業場名称・所在地
使用者職氏名

契約期間	期間の定めなし、期間の定めあり（　　年　月　日～　　年　月　日）
	※以下は、「契約期間」について「期間の定めあり」とした場合に記入 1　契約の更新の有無 ［自動的に更新する・更新する場合があり得る・契約の更新はしない・その他（　　　）］ 2　契約の更新は次により判断する。 ・契約期間満了時の業務量　　・勤務成績、態度　　　　・能力 ・会社の経営状況　・従事している業務の進捗状況 ・その他（　　　　　　　　　　　　　　　　　　　　　　　　　） 3　更新上限の有無（無・有（更新　回まで／通算契約期間　年まで）） 【労働契約法に定める同一の企業との間での通算契約期間が5年を超える有期労働契約の締結の場合】 　　本契約期間中に会社に対して期間の定めのない労働契約（無期労働契約）の締結の申込みをしたときは、本契約期間の末日の翌日（　年　月　日）から、無期労働契約での雇用に転換することができる。この場合の本契約からの労働条件の変更の有無（　無　・有（別紙のとおり）　） 【有期雇用特別措置法による特例の対象者の場合】 無期転換申込権が発生しない期間：Ⅰ（高度専門）・Ⅱ（定年後の高齢者） 　Ⅰ　特定有期業務の開始から完了までの期間（　　年　　か月（上限10年）） 　Ⅱ　定年後引き続いて雇用されている期間
就業の場所	（雇入れ直後）　　　　　　　　　　　　（変更の範囲）
従事すべき 業務の内容	（雇入れ直後）　　　　　　　　　　　　（変更の範囲） 【有期雇用特別措置法による特例の対象者（高度専門）の場合】 ・特定有期業務（　　　　　　　　　開始日：　　　　完了日：　　　　）
始業、終業の時刻、休憩時間、就業時転換（(1)～(5)のうち該当するもの一つに○を付けること。）、所定時間外労働の有無に関する事項	1　始業・終業の時刻等 (1) 始業（　　時　　分）　終業（　　時　　分） 【以下のような制度が労働者に適用される場合】 (2) 変形労働時間制等；（　　　）単位の変形労働時間制・交替制として、次の勤務時間の組み合わせによる。 ・始業（　時　分）終業（　時　分）　（適用日　　　　） ・始業（　時　分）終業（　時　分）　（適用日　　　　） ・始業（　時　分）終業（　時　分）　（適用日　　　　） (3) フレックスタイム制；始業及び終業の時刻は労働者の決定に委ねる。 　　　　　（ただし、フレキシブルタイム（始業）　時　分から　時　分、 　　　　　　　　　　　　　　　　　　（終業）　時　分から　時　分、 　　　　　　　　　　コアタイム　　　　時　分から　時　分） (4) 事業場外みなし労働時間制；始業（　時　分）終業（　時　分） (5) 裁量労働制；始業（　時　分）終業（　時　分）を基本とし、労働者の決定に委ねる。 ○詳細は、就業規則第　条～第　条、第　条～第　条、第　条～第　条 2　休憩時間（　　　）分 3　所定時間外労働の有無（　有　,　　無　）
休　日	・定例日；毎週　　曜日、国民の祝日、その他（　　　　　　　　　　） ・非定例日；週・月当たり　　　日、その他（　　　　　　　　　　） ・1年単位の変形労働時間制の場合－年間　　　日 ○詳細は、就業規則第　条～第　条、第　条～第　条

休　　　暇	1　年次有給休暇　6か月継続勤務した場合→　　　　　　　　日
	継続勤務6か月以内の年次有給休暇　（有・無）
	→　　か月経過で　　　日
	時間単位年休（有・無）
	2　代替休暇（有・無）
	3　その他の休暇　有給（　　　　　　　　　）　無給（　　　　　　　　　）
	○詳細は、就業規則第　条〜第　条、第　条〜第　条
賃　　　金	1　基本賃金　イ　月給（　　　　　　円）、ロ　日給（　　　　　　円）
	ハ　時間給（　　　　　円）、
	ニ　出来高給（基本単価　　　　円、保障給　　　　円）
	ホ　その他（　　　　　　　　円）
	ヘ　就業規則に規定されている賃金等級等
	2　諸手当の額又は計算方法
	イ（　　　手当　　　　円　／計算方法：　　　　　　　）
	ロ（　　　手当　　　　円　／計算方法：　　　　　　　）
	ハ（　　　手当　　　　円　／計算方法：　　　　　　　）
	ニ（　　　手当　　　　円　／計算方法：　　　　　　　）
	3　所定時間外、休日又は深夜労働に対して支払われる割増賃金率
	イ　所定時間外、法定超　月60時間以内（　　　）％
	月60時間超　（　　　）％
	所定超　（　　　）％
	ロ　休日　法定休日（　　　）％、法定外休日（　　　）％
	ハ　深夜（　　　）％
	4　賃金締切日（　　　）−毎月　　日、（　　　）−毎月　　日
	5　賃金支払日（　　　）−毎月　　日、（　　　）−毎月　　日
	6　賃金の支払方法（　　　　　　　　　）
	7　労使協定に基づく賃金支払時の控除（無　,　有（　　　））
	8　昇給（　有（時期、金額等　　　　　）　,　無　）
	9　賞与（　有（時期、金額等　　　　　）　,　無　）
	10　退職金（　有（時期、金額等　　　　　）　,　無　）
退職に関する事項	1　定年制　（　有（　　歳）　,　無　）
	2　継続雇用制度（　有（　　歳まで）　,　無　）
	3　自己都合退職の手続（退職する　　日以上前に届け出ること）
	4　解雇の事由及び手続
	［　　　　　　　　　　　　　　　　　　　　　　　　　　］
	○詳細は、就業規則第　条〜第　条、第　条〜第　条
その他	・社会保険の加入状況（　厚生年金　健康保険　厚生年金基金　その他（　　　））
	・雇用保険の適用（　有　,　無　）
	・雇用管理の改善等に関する事項に係る相談窓口
	部署名　　　　　　　担当者職氏名　　　　　　　（連絡先　　　　　）
	・その他［　　　　　　　　　　　　　　　　　　　　　　　　　　　　　］
	※以下は、「契約期間」について「期間の定めあり」とした場合についての説明です。
	労働契約法第18条の規定により、有期労働契約（平成25年4月1日以降に開始するもの）の契約期間が通算5年を超える場合には、労働契約の期間の末日までに労働者から申込みをすることにより、当該労働契約の期間の末日の翌日から期間の定めのない労働契約に転換されます。ただし、有期雇用特別措置法による特例の対象となる場合は、この「5年」という期間は、本通知書の「契約期間」欄に明示したとおりとなります。

以上のほかは、当社就業規則による。就業規則を確認できる場所や方法（　　　　　　　　　）

※　労働条件通知書については、労使間の紛争の未然防止のため、保存しておくことをお勧めします。

出典：厚生労働省HP

資料

36協定届　1枚目（表面）

36協定届の記載例（特別条項）
（様式第9号の2（第16条第1項関係））

◆臨時的に限度時間を超えて労働させる場合には様式第9号の2の
　協定届の届出が必要です。
◆様式第9号の2は、
　・限度時間内の時間外労働についての届出書（1枚目）と、
　・限度時間を超える時間外労働についての届出書（2枚目）
　の2枚の記載が必要です。

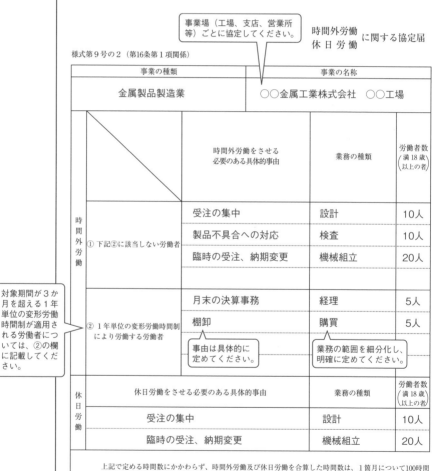

様式第9号の2（第16条第1項関係）

事業場（工場、支店、営業所
等）ごとに協定してください。

時間外労働
休日労働
に関する協定届

事業の種類	事業の名称		
金属製品製造業	○○金属工業株式会社　○○工場		

		時間外労働をさせる必要のある具体的事由	業務の種類	労働者数（満18歳以上の者）
時間外労働	① 下記②に該当しない労働者	受注の集中	設計	10人
		製品不具合への対応	検査	10人
		臨時の受注、納期変更	機械組立	20人
	② 1年単位の変形労働時間制により労働する労働者	月末の決算事務	経理	5人
		棚卸	購買	5人

事由は具体的に
定めてください。

業務の範囲を細分化し、
明確に定めてください。

対象期間が3か月を超える1年単位の変形労働時間制が適用される労働者については、②の欄に記載してください。

	休日労働をさせる必要のある具体的事由	業務の種類	労働者数（満18歳以上の者）
休日労働	受注の集中	設計	10人
	臨時の受注、納期変更	機械組立	20人

上記で定める時間数にかかわらず、時間外労働及び休日労働を合算した時間数は、1箇月について100時間

労働時間の延長及び休日の労働は必要最小限にとどめられるべきであり、労使当事者はこのことに十分留意した上で協定するようにしてください。
なお、使用者は協定した時間数の範囲内で労働させた場合であっても、労働契約法第5条に基づく安全配慮義務を負います。

◆36協定で締結した内容を協定届（本様式）に転記して届け出てください。
　−36協定届（本様式）を用いて36協定を締結することもできます。
　　その場合には、記名押印又は署名など労使双方の合意があることが明らかとなるような方法により締結することが必要です。
　−必要事項の記載があれば、協定届様式以外の形式でも届出できます。

◆36協定の届出は電子申請でも行うことができます。
◆（任意）の欄は、記載しなくても構いません。

労働保険番号	都道府県 / 所掌 / 管轄 / 基幹番号 / 枝番号 / 被一括事業場番号
法人番号	

労働保険番号・法人番号を記載してください。

事業の所在地（電話番号）	協定の有効期間
（〒 ○○○ −○○○○ ） ○○市○○町1−2−3 　　　　　　（電話番号： ○○○ − ○○○○ − ○○○○ ）	○○○○年4月1日から1年間

この協定が有効となる期間を定めてください。1年間とすることが望ましいです。

延長することができる時間数

所定労働時間 （1日） （任意）	1日		1箇月（①については45時間まで、②については42時間まで）		1年（①については360時間まで、②については320時間まで） 起算日（年月日）　○○○○年4月1日	
	法定労働時間を超える時間数	所定労働時間を超える時間数（任意）	法定労働時間を超える時間数	所定労働時間を超える時間数（任意）	法定労働時間を超える時間数	所定労働時間を超える時間数（任意）
7.5時間	3時間	3.5時間	30時間	40時間	250時間	370時間
7.5時間	2時間	2.5時間	15時間	25時間	150時間	270時間
7.5時間	2時間	2.5時間	15時間	25時間	150時間	270時間
7.5時間	3時間	3.5時間	20時間	30時間	200時間	320時間
7.5時間	3時間	3.5時間	20時間	30時間	200時間	320時間

1年間の上限時間を計算する際の起算日を記載してください。その1年間においては協定の有効期間にかかわらず、起算日は同一の日である必要があります。

1日の法定労働時間を超える時間数を定めてください。

1か月の法定労働時間を超える時間数を定めてください。①は45時間以内、②は42時間以内です。

1年の法定労働時間を超える時間数を定めてください。①は360時間以内、②は320時間以内です。

所定休日 （任意）	労働させることができる法定休日の日数	労働させることができる法定休日における始業及び終業の時刻
土日祝日	1か月に1日	8：30〜17：30
土日祝日	1か月に1日	8：30〜17：30

未満でなければならず、かつ2箇月から6箇月までを平均して80時間を超過しないこと。　☑

（チェックボックスに要チェック）

時間外労働と法定休日労働を合計した時間数は、月100時間未満、2〜6か月平均80時間以内でなければいけません。これを労使で確認の上、必ずチェックを入れてください。チェックボックスにチェックがない場合には、有効な協定届とはなりません。

出典：厚生労働省HP

36協定届　1枚目（裏面）

様式第9号の2（第16条第1項関係）（裏面）

（記載心得）

1　「業務の種類」の欄には、時間外労働又は休日労働をさせる必要のある業務を具体的に記入し、労働基準法第36条第6項第1号の健康上特に有害な業務について協定をした場合には、当該業務を他の業務と区別して記入すること。なお、業務の種類を記入するに当つては、業務の区分を細分化することにより当該業務の範囲を明確にしなければならないことに留意すること。

2　「労働者数（満18歳以上の者）」の欄には、時間外労働又は休日労働をさせることができる労働者の数を記入すること。

3　「延長することができる時間数」の欄の記入に当つては、次のとおりとすること。時間数は労働基準法第32条から第32条の5まで又は第40条の規定により労働させることができる最長の労働時間（以下「法定労働時間」という。）を超える時間数を記入すること。なお、本欄に記入する時間数にかかわらず、時間外労働及び休日労働を合算した時間数が1箇月について100時間以上となつた場合、及び2箇月から6箇月までを平均して80時間を超えた場合には労働基準法違反（同法第119条の規定により6箇月以下の懲役又は30万円以下の罰金）となることに留意すること。

（1）「1日」の欄には、法定労働時間を超えて延長することができる時間数であつて、1日についての延長することができる限度となる時間数を記入すること。なお、所定労働時間を超える時間数についても協定する場合においては、所定労働時間を超える時間数を併せて記入することができる。

（2）「1箇月」の欄には、法定労働時間を超えて延長することができる時間数であつて、「1年」の欄に記入する「起算日」において定める日から1箇月ごとについての延長することができる限度となる時間数を45時間（対象期間が3箇月を超える1年単位の変形労働時間制により労働する者については、42時間）の範囲内で記入すること。なお、所定労働時間を超える時間数についても協定する場合においては、所定労働時間を超える時間数を併せて記入することができる。

（3）「1年」の欄には、法定労働時間を超えて延長することができる時間数であつて、「起算日」において定める日から1年についての延長することができる限度となる時間数を360時間（対象期間が3箇月を超える1年単位の変形労働時間制により労働する者については、320時間）の範囲内で記入すること。なお、所定労働時間を超える時間数についても協定する場合においては、所定労働時間を超える時間数を併せて記入することができる。

4 　②の欄は、労働基準法第32条の４の規定による労働時間により労働する労働者（対象期間が３箇月を超える１年単位の変形労働時間制により労働する者に限る。）について記入すること。なお、延長することができる時間の上限は①の欄の労働者よりも短い（１箇月42時間、１年320時間）ことに留意すること。

5 　「労働させることができる法定休日の日数」の欄には、労働基準法第35条の規定による休日（１週１休又は４週４休であることに留意すること。）に労働させることができる日数を記入すること。

6 　「労働させることができる法定休日における始業及び終業の時刻」の欄には、労働基準法第35条の規定による休日であつて労働させることができる日の始業及び終業の時刻を記入すること。

7 　労働基準法第36条第６項第２号及び第３号の要件を遵守する趣旨のチェックボックスについて、「２箇月から６箇月まで」とは、起算日をまたぐケースも含め、連続した２箇月から６箇月までの期間を指すことに留意すること。また、チェックボックスにチェックがない場合には有効な協定とはならないことに留意すること。

8 　協定については、労働者の過半数で組織する労働組合がある場合はその労働組合と、労働者の過半数で組織する労働組合がない場合は労働者の過半数を代表する者と協定すること。なお、労働者の過半数を代表する者は、労働基準法施行規則第６条の２第１項の規定により、労働基準法第41条第２号に規定する監督又は管理の地位にある者でなく、かつ、同法に規定する協定等をする者を選出することを明らかにして実施される投票、挙手等の方法による手続により選出された者であつて、使用者の意向に基づき選出されたものでないこと。これらの要件を満たさない場合には、有効な協定とはならないことに留意すること。

9 　本様式をもつて協定とする場合においても、協定の当事者たる労使双方の合意があることが、協定上明らかとなるような方法により締結するよう留意すること。

10 　本様式で記入部分が足りない場合は同一様式を使用すること。この場合、必要のある事項のみ記入することで差し支えない。

（備考）
　労働基準法施行規則第24条の２第４項の規定により、労働基準法第38条の２第２項の協定（事業場外で従事する業務の遂行に通常必要とされる時間を協定する場合の当該協定）の内容を本様式に付記して届け出る場合においては、事業場外労働の対象業務については他の業務とは区別し、事業場外労働の対象業務である旨を括弧書きした上で、「所定労働時間」の欄には当該業務の遂行に通常必要とされる時間を括弧書きすること。また、「協定の有効期間」の欄には事業場外労働に関する協定の有効期間を括弧書きすること。

36協定届　2枚目（表面）

時間外労働　に関する協定届（特別条項）
休　日　労　働

様式第9号の2（第16条第1項関係）

臨時的に限度時間を超えて労働させることができる場合	業務の種類	労働者数（満18歳以上の者）	1日（任意）延長することができる時間数	
			法定労働時間を超える時間数	所定労働時間を超える時間数（任意）
突発的な仕様変更	設計	10人	6時間	6.5時間
製品トラブル・大規模なクレームへの対応	検査	10人	6時間	6.5時間
機械トラブルへの対応	機械組立	20人	6時間	6.5時間

事由は一時的又は突発的に時間外労働を行わせる必要のあるものに限り、できる限り具体的に定めなければなりません。
「業務の都合上必要なとき」「業務上やむを得ないとき」など恒常的な長時間労働を招くおそれがあるものは認められません。

業務の範囲を細分化し、明確に定めてください。

限度時間を超えて労働させる場合における手続	労働者代表者に対する事前申し入れ	
限度時間を超えて労働させる労働者に対する健康及び福祉を確保するための措置	（該当する番号）①、③、⑩	（具体的内容）

限度時間を超えて労働させる場合にとる手続について定めてください。

限度時間を超えた労働者に対し、裏面の記載心得1（9）①〜⑩の健康確保措置のいずれかの措置を講ずることを定めてください。
該当する番号を記入し、右欄に具体的内容を記載してください。

上記で定める時間数にかかわらず、時間外労働及び休日労働を合算した時間数は、1箇月について100時間未満

協定の成立年月日　○○○○　年　3　月　12　日

協定の当事者である労働組合（事業場の労働者の過半数で組織する労働組合）の名称又は労働者の過半数を

協定の当事者（労働者の過半数を代表する者の場合）の選出方法（投票による選挙

上記協定の当事者である労働組合が事業場の全ての労働者の過半数で組織する労働組合である又は上記協定の

上記労働者の過半数を代表する者が、労働基準法第41条第2号に規定する監督又は管理の地位にある者で法による手続により選出された者であつて使用者の意向に基づき選出されたものでないこと。

○○○○　年　3　月　15　日

○○　労働基準監督署長殿

臨時的な特別の事情がなければ、限度時間（月45時間又は42時間・年360時間又は320時間）を超えることはできません。
限度時間を超えて労働させる必要がある場合でも、時間外労働は限度時間にできる限り近づけるように努めてください。

限度時間（月45時間又は42時間）を超えて労働させる場合の、1か月の**時間外労働**と**休日労働の合計の時間数を定めてください。月100時間未満**に限ります。
なお、この時間数を満たしていても、**2～6か月平均で月80時間**を超えてはいけません。

1年間の上限時間を計算する際の起算日を記載してください。その1年間においては協定の有効期間にかかわらず、起算日は同一の日である必要があります。

	1箇月 （時間外労働及び休日労働を合算した時間数。100時間未満に限る。）			1年 （時間外労働のみの時間数。720時間以内に限る。） 起算日 （年月日）　○○○○年4月1日		
限度時間を超えて労働させることができる回数 （6回以内に限る。）	延長することができる時間数及び休日労働の時間数		限度時間を超えた労働に係る割増賃金率	延長することができる時間数		限度時間を超えた労働に係る割増賃金率
	法定労働時間を超える時間数と休日労働の時間数を合算した時間数	所定労働時間を超える時間数と休日労働の時間数を合算した時間数 （任意）		法定労働時間を超える時間数	所定労働時間を超える時間数 （任意）	
4回	60時間	70時間	35%	550時間	670時間	35%
3回	60時間	70時間	35%	500時間	620時間	35%
3回	55時間	65時間	35%	450時間	570時間	35%

月の時間外労働の限度時間（月45時間又は42時間）を超えて労働させる回数を定めてください。年6回以内に限ります。

限度時間を超えて時間外労働をさせる場合の割増賃金率を定めてください。この場合、法定の割増率（25%）を超える割増率となるよう努めてください。

限度時間（年360時間又は320時間）を超えて労働させる1年の**時間外労働（休日労働は含みません）**の時間数を定めてください。**年720時間以内**に限ります。

限度時間を超えて時間外労働をさせる場合の割増賃金率を定めてください。この場合、法定の割増率（25%）を超える割増率となるよう努めてください。

時間外労働と法定休日労働を合計した時間数は、月100時間未満、2～6か月平均80時間以内でなければいけません。これを労使で確認の上、必ずチェックを入れてください。チェックボックスにチェックがない場合には、有効な協定届とはなりません。

対象労働者への医師による面接指導の実施、対象労働者に11時間の勤務間インターバルを設定、職場での時短対策会議の開催
でなければならず、かつ2箇月から6箇月までを平均して80時間を超過しないこと。☑（チェックボックスに要チェック）

代表する者の　職名　検査課主任　｜　管理監督者は労働者代表にはなれません。
　　　　　　　　氏名　山田花子
　　　　　　　　　　　　｜協定書を兼ねる場合には、労働者代表の署名又は記名・押印などが必要です。

当事者である労働者の過半数を代表する者が事業場の全ての労働者の過半数を代表する者であること。☑（チェックボックスに要チェック）
なく、かつ、同法に規定する協定等をする者を選出することを明らかにして実施される投票、挙手等の方
☑（チェックボックスに要チェック）
使用者　職名　工場長　｜協定書を兼ねる場合には、使用者の署名又は記名・押印などが必要です。
　　　　　氏名　田中太郎

労働者の過半数で組織する労働組合が無い場合には、36協定の締結をする者を選ぶことを明確にした上で、投票・挙手等の方法で労働者の過半数代表者を選出し、選出方法を記載してください。
使用者による指名や、使用者の意向に基づく選出は認められません。
チェックボックスにチェックがない場合には、形式上の要件に適合している協定届とはなりません。

資料

36協定届　2枚目（裏面）

様式第９号の２（第16条第１項関係）（裏面）

（記載心得）

1　労働基準法第36条第１項の協定において同条第５項に規定する事項に関する定めを締結した場合における本様式の記入に当たつては、次のとおりとすること。

（１）「臨時的に限度時間を超えて労働させることができる場合」の欄には、当該事業場における通常予見することのできない業務量の大幅な増加等に伴い臨時的に限度時間を超えて労働させる必要がある場合をできる限り具体的に記入すること。なお、業務の都合上必要な場合、業務上やむを得ない場合等恒常的な長時間労働を招くおそれがあるものを記入することは認められないことに留意すること。

（２）「業務の種類」の欄には、時間外労働又は休日労働をさせる必要のある業務を具体的に記入し、労働基準法第36条第６項第１号の健康上特に有害な業務について協定をした場合には、当該業務を他の業務と区別して記入すること。なお、業務の種類を記入するに当たつては、業務の区分を細分化することにより当該業務の範囲を明確にしなければならないことに留意すること。

（３）「労働者数（満18歳以上の者）」の欄には、時間外労働又は休日労働をさせることができる労働者の数を記入すること。

（４）「起算日」の欄には、本様式における「時間外労働・休日労働に関する協定届」の起算日と同じ年月日を記入すること。

（５）「延長することができる時間数及び休日労働の時間数」の欄には、労働基準法第32条から第32条の５まで又は第40条の規定により労働させることができる最長の労働時間（以下「法定労働時間」という。）を超える時間数と休日労働の時間数を合算した時間数であつて、「起算日」において定める日から１箇月ごとについての延長することができる限度となる時間数を100時間未満の範囲内で記入すること。なお、所定労働時間を超える時間数についても協定する場合においては、所定労働時間を超える時間数と休日労働の時間数を合算した時間数を併せて記入することができる。

「延長することができる時間数」の欄には、法定労働時間を超えて延長することができる時間数を記入すること。「１年」にあつては、「起算日」において定める日から１年についての延長することができる限度となる時間数を720時間の範囲内で記入すること。なお、所定労働時間を超える時間数についても協定する場合においては、所定労働時間を超える時間数を併せて記入することができる。

なお、これらの欄に記入する時間数にかかわらず、時間外労働及び休日労働を合算した時間数が１箇月について100時間以上となつた場合、及び２箇月から６箇月までを平均して80時間を超えた場合には労働基準法違反（同法第119条の規定により６箇月以下の懲役又は30万円以下の罰金）となることに留意すること。

（６）「限度時間を超えて労働させることができる回数」の欄には、限度時間（１箇月45時間（対象期間が３箇月を超える１年単位の変形労働時間制により労働する者については、42時間））を超えて労働させることができる回数を６回の範囲内で記入すること。

（７）「限度時間を超えた労働に係る割増賃金率」の欄には、限度時間を超える時間外労働に係る割増賃金の率を記入すること。なお、当該割増賃金の率は、法定割増賃金率を超える率とするよう努めること。

（８）「限度時間を超えて労働させる場合における手続」の欄には、協定の締結当事者間の手続として、「協議」、「通告」等具体的な内容を記入すること。

（９）「限度時間を超えて労働させる労働者に対する健康及び福祉を確保するための措置」の欄には、以下の番号を「（該当する番号）」に選択して記入した上で、その具体的内容を「（具体的内容）」に記入すること。

① 労働時間が一定時間を超えた労働者に医師による面接指導を実施すること。

② 労働基準法第37条第４項に規定する時刻の間において労働させる回数を１箇月について一定回数以内とすること。

③ 終業から始業までに一定時間以上の継続した休息時間を確保すること。

④ 労働者の勤務状況及びその健康状態に応じて、代償休日又は特別な休暇を付与すること。

⑤ 労働者の勤務状況及びその健康状態に応じて、健康診断を実施すること。

⑥　年次有給休暇についてまとまった日数連続して取得することを含めてその取得を促進すること。

⑦　心とからだの健康問題についての相談窓口を設置すること。

⑧　労働者の勤務状況及びその健康状態に配慮し、必要な場合には適切な部署に配置転換をすること。

⑨　必要に応じて、産業医等による助言・指導を受け、又は労働者に産業医等による保健指導を受けさせること。

⑩　その他

2　労働基準法第36条第6項第2号及び第3号の要件を遵守する趣旨のチェックボックスについて、「2箇月から6箇月まで」とは、起算日をまたぐケースも含め、連続した2箇月から6箇月までの期間を指すことに留意すること。また、チェックボックスにチェックがない場合には有効な協定とはならないことに留意すること。

3　協定については、労働者の過半数で組織する労働組合がある場合はその労働組合と、労働者の過半数で組織する労働組合がない場合は労働者の過半数を代表する者と協定すること。なお、労働者の過半数を代表する者は、労働基準法施行規則第6条の2第1項の規定により、労働基準法第41条第2号に規定する監督又は管理の地位にある者でなく、かつ、同法に規定する協定等をする者を選出することを明らかにして実施される投票、挙手等の方法による手続により選出された者であって、使用者の意向に基づき選出されたものでないこと。これらの要件を満たさない場合には、有効な協定とはならないことに留意すること。また、これらの要件を満たしていても、当該要件に係るチェックボックスにチェックがない場合には、届出の形式上の要件に適合していないことに留意すること。

4　本様式をもって協定とする場合においても、協定の当事者たる労使双方の合意があることが、協定上明らかとなるような方法により締結するよう留意すること。

5　本様式で記入部分が足りない場合は同一様式を使用すること。この場合、必要のある事項のみ記入することで差し支えない。

（備考）

1　労働基準法第38条の4第5項の規定により、労使委員会が設置されている事業場において、本様式を労使委員会の決議として届け出る場合においては、委員の5分の4以上の多数による議決により行われたものである旨、委員会の委員数、委員の氏名を記入した用紙を別途提出することとし、本様式中「協定」とあるのは「労使委員会の決議」と、「協定の当事者である労働組合」とあるのは「委員会の委員の半数について任期を定めて指名した労働組合」と、「協定の当事者（労働者の過半数を代表する者の場合）の選出方法」とあるのは「委員会の委員の半数について任期を定めて指名した者（労働者の過半数を代表する者の場合）の選出方法」と読み替えるものとする。なお、委員の氏名を記入するに当たつては、任期を定めて指名された委員とその他の委員とで区別することとし、任期を定めて指名された委員の氏名を記入するに当たつては、同条第2項第1号の規定により、労働者の過半数で組織する労働組合がある場合においてはその労働組合、労働者の過半数で組織する労働組合がない場合においては労働者の過半数を代表する者に任期を定めて指名された委員の氏名を記入することに留意すること。

2　労働時間等の設定の改善に関する特別措置法第7条の規定により、労働時間等設定改善委員会が設置されている事業場において、本様式を労働時間等設定改善委員会の決議として届け出る場合においては、委員の5分の4以上の多数による議決により行われたものである旨、委員会の委員数、委員の氏名を記入した用紙を別途提出することとし、本様式中「協定」とあるのは「労働時間等設定改善委員会の決議」と、「協定の当事者である労働組合」とあるのは「委員会の委員の半数の推薦者である労働組合」と、「協定の当事者（労働者の過半数を代表する者の場合）の選出方法」とあるのは「委員会の委員の半数を代表する者（労働者の過半数を代表する者の場合）の選出方法」と読み替えるものとする。なお、委員の氏名を記入するに当たつては、推薦に基づき指名された委員とその他の委員とで区別することとし、推薦に基づき指名された委員の氏名を記入するに当たつては、同条第1号の規定により、労働者の過半数で組織する労働組合がある場合においてはその労働組合、労働者の過半数で組織する労働組合がない場合においては労働者の過半数を代表する者の推薦に基づき指名された委員の氏名を記入することに留意すること。

昭和二十二年法律第四十九号
労働基準法

第一章　総則
（労働条件の原則）
第一条　労働条件は、労働者が人たるに値する生活を営むための必要を充たすべきものでなければならない。
②　この法律で定める労働条件の基準は最低のものであるから、労働関係の当事者は、この基準を理由として労働条件を低下させてはならないことはもとより、その向上を図るように努めなければならない。
（労働条件の決定）
第二条　労働条件は、労働者と使用者が、対等の立場において決定すべきものである。
②　労働者及び使用者は、労働協約、就業規則及び労働契約を遵守し、誠実に各々その義務を履行しなければならない。
（均等待遇）
第三条　使用者は、労働者の国籍、信条又は社会的身分を理由として、賃金、労働時間その他の労働条件について、差別的取扱をしてはならない。
（男女同一賃金の原則）
第四条　使用者は、労働者が女性であることを理由として、賃金について、男性と差別的取扱いをしてはならない。
（強制労働の禁止）
第五条　使用者は、暴行、脅迫、監禁その他精神又は身体の自由を不当に拘束する手段によつて、労働者の意思に反して労働を強制してはならない。
（中間搾取の排除）
第六条　何人も、法律に基いて許される場合の外、業として他人の就業に介入して利益を得てはならない。
（公民権行使の保障）
第七条　使用者は、労働者が労働時間中に、選挙権その他公民としての権利を行使し、又は公の職務を執行するために必要な時間を請求した場合においては、拒んではならない。但し、権利の行使又は公の職務の執行に妨げがない限り、請求された時刻を変更することができる。
第八条　削除
（定義）
第九条　この法律で「労働者」とは、職業の種類を問わず、事業又は事務所（以下「事業」という。）に使用される者で、賃金を支払われる者をいう。
第十条　この法律で使用者とは、事業主又は事業の経営担当者その他その事業の労働者に関する事項について、事業主のために行為をするすべての者をいう。
第十一条　この法律で賃金とは、賃金、給料、手当、賞与その他名称の如何を問わず、労働の対償として使用者が労働者に支払うすべてのものをいう。
第十二条　この法律で平均賃金とは、これを算定すべき事由の発生した日以前三箇月間にその労働者に対し支払われた賃金の総額を、その期間の総日数で除した金額をいう。ただし、その金額は、次の各号の一によつて計算した金額を下つてはならない。
　　一　賃金が、労働した日若しくは時間によつて算定され、又は出来高払制その他の請負制によつて定められた場合においては、賃金の総額をその期間中に労働した日数で除した金額の百分の六十
　　二　賃金の一部が、月、週その他一定の期間によつて定められた場合においては、その部分の総額をその期間の総日数で除した金額と前号の金額の合算額
②　前項の期間は、賃金締切日がある場合においては、直前の賃金締切日から起算する。
③　前二項に規定する期間中に、次の各号のいずれかに該当する期間がある場合においては、その日数及びその期間中の賃金は、前二項の期間及び賃金の総額から控除する。
　　一　業務上負傷し、又は疾病にかかり療養のために休業した期間
　　二　産前産後の女性が第六十五条の規定によつて休業した期間
　　三　使用者の責めに帰すべき事由によつて休業した期間

四　育児休業、介護休業等育児又は家族介護を行う労働者の福祉に関する法律（平成三年法律第七十六号）第二条第一号に規定する育児休業又は同条第二号に規定する介護休業（同法第六十一条第三項（同条第六項において準用する場合を含む。）に規定する介護をするための休業を含む。第三十九条第十項において同じ。）をした期間

五　試みの使用期間

④　第一項の賃金の総額には、臨時に支払われた賃金及び三箇月を超える期間ごとに支払われる賃金並びに通貨以外のもので支払われた賃金で一定の範囲に属しないものは算入しない。

⑤　賃金が通貨以外のもので支払われる場合、第一項の賃金の総額に算入すべきものの範囲及び評価に関し必要な事項は、厚生労働省令で定める。

⑥　雇入後三箇月に満たない者については、第一項の期間は、雇入後の期間とする。

⑦　日日雇い入れられる者については、その従事する事業又は職業について、厚生労働大臣の定める金額を平均賃金とする。

⑧　第一項乃至第六項によつて算定し得ない場合の平均賃金は、厚生労働大臣の定めるところによる。

第二章　労働契約

（この法律違反の契約）

第十三条　この法律で定める基準に達しない労働条件を定める労働契約は、その部分については無効とする。この場合において、無効となつた部分は、この法律で定める基準による。

（契約期間等）

第十四条　労働契約は、期間の定めのないものを除き、一定の事業の完了に必要な期間を定めるもののほかは、三年（次の各号のいずれかに該当する労働契約にあつては、五年）を超える期間について締結してはならない。

一　専門的な知識、技術又は経験（以下この号及び第四十一条の二第一項第一号において「専門的知識等」という。）であつて高度のものとして厚生労働大臣が定める基準に該当する専門的知識等を有する労働者（当該高度の専門的知識等を必要とする業務に就く者に限る。）との間に締結される労働契約

二　満六十歳以上の労働者との間に締結される労働契約（前号に掲げる労働契約を除く。）

②　厚生労働大臣は、期間の定めのある労働契約の締結時及び当該労働契約の期間の満了時において労働者と使用者との間に紛争が生ずることを未然に防止するため、使用者が講ずべき労働契約の期間の満了に係る通知に関する事項その他必要な事項についての基準を定めることができる。

③　行政官庁は、前項の基準に関し、期間の定めのある労働契約を締結する使用者に対し、必要な助言及び指導を行うことができる。

（労働条件の明示）

第十五条　使用者は、労働契約の締結に際し、労働者に対して賃金、労働時間その他の労働条件を明示しなければならない。この場合において、賃金及び労働時間に関する事項その他の厚生労働省令で定める事項については、厚生労働省令で定める方法により明示しなければならない。

②　前項の規定によつて明示された労働条件が事実と相違する場合においては、労働者は、即時に労働契約を解除することができる。

③　前項の場合、就業のために住居を変更した労働者が、契約解除の日から十四日以内に帰郷する場合においては、使用者は、必要な旅費を負担しなければならない。

（賠償予定の禁止）

第十六条　使用者は、労働契約の不履行について違約金を定め、又は損害賠償額を予定する契約をしてはならない。

（前借金相殺の禁止）

第十七条　使用者は、前借金その他労働することを条件とする前貸の債権と賃金を相殺してはならない。

（強制貯金）

第十八条　使用者は、労働契約に附随して貯蓄の契約をさせ、又は貯蓄金を管理する契約をしてはならない。

②　使用者は、労働者の貯蓄金をその委託を受けて管理しようとする場合においては、当該事業場に、労働者の過半数で組織する労働組合があるときはその労働組合、労働者の過半数で組織する労働組合がないときは労働者の過半数を代表する者との書面による協定をし、これを行政官庁に届け出なければならない。

③　使用者は、労働者の貯蓄金をその委託を受けて管理する場合においては、貯蓄金の管理に関する規

程を定め、これを労働者に周知させるため作業場に備え付ける等の措置をとらなければならない。

④ 使用者は、労働者の貯蓄金をその委託を受けて管理する場合において、貯蓄金の管理が労働者の預金の受入であるときは、利子をつけなければならない。この場合において、その利子が、金融機関の受け入れる預金の利率を考慮して厚生労働省令で定める利率による利子を下るときは、その厚生労働省令で定める利率による利子をつけたものとみなす。

⑤ 使用者は、労働者の貯蓄金をその委託を受けて管理する場合において、労働者がその返還を請求したときは、遅滞なく、これを返還しなければならない。

⑥ 使用者が前項の規定に違反した場合において、当該貯蓄金の管理を継続することが労働者の利益を著しく害すると認められるときは、行政官庁は、使用者に対して、その必要な限度の範囲内で、当該貯蓄金の管理を中止すべきことを命ずることができる。

⑦ 前項の規定により貯蓄金の管理を中止すべきことを命ぜられた使用者は、遅滞なく、その管理に係る貯蓄金を労働者に返還しなければならない。

（解雇制限）

第十九条 使用者は、労働者が業務上負傷し、又は疾病にかかり療養のために休業する期間及びその後三十日間並びに産前産後の女性が第六十五条の規定によつて休業する期間及びその後三十日間は、解雇してはならない。ただし、使用者が、第八十一条の規定によつて打切補償を支払う場合又は天災事変その他やむを得ない事由のために事業の継続が不可能となつた場合においては、この限りでない。

② 前項但書後段の場合においては、その事由について行政官庁の認定を受けなければならない。

（解雇の予告）

第二十条 使用者は、労働者を解雇しようとする場合においては、少くとも三十日前にその予告をしなければならない。三十日前に予告をしない使用者は、三十日分以上の平均賃金を支払わなければならない。但し、天災事変その他やむを得ない事由のために事業の継続が不可能となつた場合又は労働者の責に帰すべき事由に基いて解雇する場合においては、この限りでない。

② 前項の予告の日数は、一日について平均賃金を支払つた場合においては、その日数を短縮することができる。

③ 前条第二項の規定は、第一項但書の場合にこれを準用する。

第二十一条 前条の規定は、左の各号の一に該当する労働者については適用しない。但し、第一号に該当する者が一箇月を超えて引き続き使用されるに至つた場合、第二号若しくは第三号に該当する者が所定の期間を超えて引き続き使用されるに至つた場合又は第四号に該当する者が十四日を超えて引き続き使用されるに至つた場合においては、この限りでない。

一　日日雇い入れられる者
二　二箇月以内の期間を定めて使用される者
三　季節的業務に四箇月以内の期間を定めて使用される者
四　試の使用期間中の者

（退職時等の証明）

第二十二条 労働者が、退職の場合において、使用期間、業務の種類、その事業における地位、賃金又は退職の事由（退職の事由が解雇の場合にあつては、その理由を含む。）について証明書を請求した場合においては、使用者は、遅滞なくこれを交付しなければならない。

② 労働者が、第二十条第一項の解雇の予告がされた日から退職の日までの間において、当該解雇の理由について証明書を請求した場合においては、使用者は、遅滞なくこれを交付しなければならない。ただし、解雇の予告がされた日以後に労働者が当該解雇以外の事由により退職した場合においては、使用者は、当該退職の日以後、これを交付することを要しない。

③ 前二項の証明書には、労働者の請求しない事項を記入してはならない。

④ 使用者は、あらかじめ第三者と謀り、労働者の就業を妨げることを目的として、労働者の国籍、信条、社会的身分若しくは労働組合運動に関する通信をし、又は第一項及び第二項の証明書に秘密の記号を記入してはならない。

（金品の返還）

第二十三条 使用者は、労働者の死亡又は退職の場合において、権利者の請求があつた場合においては、七日以内に賃金を支払い、積立金、保証金、貯蓄金その他名称の如何を問わず、労働者の権利に属する金品を返還しなければならない。

② 前項の賃金又は金品に関して争がある場合においては、使用者は、異議のない部分を、同項の期間中に支払い、又は返還しなければならない。

第三章　賃金

（賃金の支払）

第二十四条　賃金は、通貨で、直接労働者に、その全額を支払わなければならない。ただし、法令若しくは労働協約に別段の定めがある場合又は厚生労働省令で定める賃金について確実な支払の方法で厚生労働省令で定めるものによる場合においては、通貨以外のもので支払い、また、法令に別段の定めがある場合又は当該事業場の労働者の過半数で組織する労働組合があるときはその労働組合、労働者の過半数で組織する労働組合がないときは労働者の過半数を代表する者との書面による協定がある場合においては、賃金の一部を控除して支払うことができる。

②　賃金は、毎月一回以上、一定の期日を定めて支払わなければならない。ただし、臨時に支払われる賃金、賞与その他これに準ずるもので厚生労働省令で定める賃金（第八十九条において「臨時の賃金等」という。）については、この限りでない。

（非常時払）

第二十五条　使用者は、労働者が出産、疾病、災害その他厚生労働省令で定める非常の場合の費用に充てるために請求する場合においては、支払期日前であつても、既往の労働に対する賃金を支払わなければならない。

（休業手当）

第二十六条　使用者の責に帰すべき事由による休業の場合においては、使用者は、休業期間中当該労働者に、その平均賃金の百分の六十以上の手当を支払わなければならない。

（出来高払制の保障給）

第二十七条　出来高払制その他の請負制で使用する労働者については、使用者は、労働時間に応じ一定額の賃金の保障をしなければならない。

（最低賃金）

第二十八条　賃金の最低基準に関しては、最低賃金法（昭和三十四年法律第百三十七号）の定めるところによる。

第二十九条から第三十一条まで　削除

第四章　労働時間、休憩、休日及び年次有給休暇

（労働時間）

第三十二条　使用者は、労働者に、休憩時間を除き一週間について四十時間を超えて、労働させてはならない。

②　使用者は、一週間の各日については、労働者に、休憩時間を除き一日について八時間を超えて、労働させてはならない。

第三十二条の二　使用者は、当該事業場に、労働者の過半数で組織する労働組合がある場合においてはその労働組合、労働者の過半数で組織する労働組合がない場合においては労働者の過半数を代表する者との書面による協定により、又は就業規則その他これに準ずるものにより、一箇月以内の一定の期間を平均し一週間当たりの労働時間が前条第一項の労働時間を超えない定めをしたときは、同条の規定にかかわらず、その定めにより、特定された週において同項の労働時間又は特定された日において同条第二項の労働時間を超えて、労働させることができる。

②　使用者は、厚生労働省令で定めるところにより、前項の協定を行政官庁に届け出なければならない。

第三十二条の三　使用者は、就業規則その他これに準ずるものにより、その労働者に係る始業及び終業の時刻をその労働者の決定に委ねることとした労働者については、当該事業場の労働者の過半数で組織する労働組合がある場合においてはその労働組合、労働者の過半数で組織する労働組合がない場合においては労働者の過半数を代表する者との書面による協定により、次に掲げる事項を定めたときは、その協定で第二号の清算期間として定められた期間を平均し一週間当たりの労働時間が第三十二条第一項の労働時間を超えない範囲内において、同条の規定にかかわらず、一週間において同項の労働時間又は一日において同条第二項の労働時間を超えて、労働させることができる。

一　この項の規定による労働時間により労働させることができることとされる労働者の範囲

二　清算期間（その期間を平均し一週間当たりの労働時間が第三十二条第一項の労働時間を超えない範囲内において労働させる期間をいい、三箇月以内の期間に限るものとする。以下この条及び次条において同じ。）

三　清算期間における総労働時間

四　その他厚生労働省令で定める事項

②　清算期間が一箇月を超えるものである場合における前項の規定の適用については、同項各号列記以

外の部分中「労働時間を超えない」とあるのは「労働時間を超えず、かつ、当該清算期間をその開始の日以後一箇月ごとに区分した各期間（最後に一箇月未満の期間を生じたときは、当該期間。以下この項において同じ。）ごとに当該各期間を平均し一週間当たりの労働時間が五十時間を超えない」と、「同項」とあるのは「同条第一項」とする。

③　一週間の所定労働日数が五日の労働者について第一項の規定により労働させる場合における同項の規定の適用については、同項各号列記以外の部分（前項の規定により読み替えて適用する場合を含む。）中「第三十二条第一項の労働時間」とあるのは「第三十二条第一項の労働時間（当該事業場の労働者の過半数で組織する労働組合がある場合においてはその労働組合、労働者の過半数で組織する労働組合がない場合においては労働者の過半数を代表する者との書面による協定により、労働時間の限度について、当該清算期間における所定労働日数を同条第二項の労働時間に乗じて得た時間とする旨を定めたときは、当該清算期間における日数を七で除して得た数をもつてその時間を除して得た時間）」と、「同項」とあるのは「同条第一項」とする。

④　前条第二項の規定は、第一項各号に掲げる事項を定めた協定について準用する。ただし、清算期間が一箇月以内のものであるときは、この限りでない。

第三十二条の三の二　使用者が、清算期間が一箇月を超えるものであるときの当該清算期間中の前条第一項の規定により労働させた期間が当該清算期間より短い労働者について、当該労働させた期間を平均し一週間当たり四十時間を超えて労働させた場合においては、その超えた時間（第三十三条又は第三十六条第一項の規定により延長し、又は休日に労働させた時間を除く。）の労働については、第三十七条の規定の例により割増賃金を支払わなければならない。

第三十二条の四　使用者は、当該事業場に、労働者の過半数で組織する労働組合がある場合においてはその労働組合、労働者の過半数で組織する労働組合がない場合においては労働者の過半数を代表する者との書面による協定により、次に掲げる事項を定めたときは、第三十二条の規定にかかわらず、その協定で第二号の対象期間として定められた期間を平均し一週間当たりの労働時間が四十時間を超えない範囲内において、当該協定（次項の規定による定めをした場合においては、その定めを含む。）で定めるところにより、特定された週において同条第一項の労働時間又は特定された日において同条第二項の労働時間を超えて、労働させることができる。

一　この条の規定による労働時間により労働させることができることとされる労働者の範囲

二　対象期間（その期間を平均し一週間当たりの労働時間が四十時間を超えない範囲内において労働させる期間をいい、一箇月を超え一年以内の期間に限るものとする。以下この条及び次条において同じ。）

三　特定期間（対象期間中の特に業務が繁忙な期間をいう。第三項において同じ。）

四　対象期間における労働日及び当該労働日ごとの労働時間（対象期間を一箇月以上の期間ごとに区分することとした場合においては、当該区分による各期間のうち当該対象期間の初日の属する期間（以下この条において「最初の期間」という。）における労働日及び当該労働日ごとの労働時間並びに当該最初の期間を除く各期間における労働日数及び総労働時間）

五　その他厚生労働省令で定める事項

②　使用者は、前項の協定で同項第四号の区分をし当該区分による各期間のうち最初の期間を除く各期間における労働日数及び総労働時間を定めたときは、当該各期間の初日の少なくとも三十日前に、当該事業場に、労働者の過半数で組織する労働組合がある場合においてはその労働組合、労働者の過半数で組織する労働組合がない場合においては労働者の過半数を代表する者の同意を得て、厚生労働省令で定めるところにより、当該労働日数を超えない範囲内において当該各期間における労働日及び当該総労働時間を超えない範囲内において当該各期間における労働日ごとの労働時間を定めなければならない。

③　厚生労働大臣は、労働政策審議会の意見を聴いて、厚生労働省令で、対象期間における労働日数の限度並びに一日及び一週間の労働時間の限度並びに対象期間（第一項の協定で特定期間として定められた期間を除く。）及び同項の協定で特定期間として定められた期間における連続して労働させる日数の限度を定めることができる。

④　第三十二条の二第二項の規定は、第一項の協定について準用する。

第三十二条の四の二　使用者が、対象期間中の前条の規定により労働させた期間が当該対象期間より短い労働者について、当該労働させた期間を平均し一週間当たり四十時間を超えて労働させた場合においては、その超えた時間（第三十三条又は第三十六条第一項の規定により延長し、又は休日に労働させた時間を除く。）の労働については、第三十七条の規定の例により割増賃金を支払わなければならな

い。

第三十二条の五 使用者は、日ごとの業務に著しい繁閑の差が生ずることが多く、かつ、これを予測した上で就業規則その他これに準ずるものにより各日の労働時間を特定することが困難であると認められる厚生労働省令で定める事業であつて、常時使用する労働者の数が厚生労働省令で定める数未満のものに従事する労働者については、当該事業場に、労働者の過半数で組織する労働組合がある場合においてはその労働組合、労働者の過半数で組織する労働組合がない場合においては労働者の過半数を代表する者との書面による協定があるときは、第三十二条第二項の規定にかかわらず、一日について十時間まで労働させることができる。

② 使用者は、前項の規定により労働者に労働させる場合においては、厚生労働省令で定めるところにより、当該労働させる一週間の各日の労働時間を、あらかじめ、当該労働者に通知しなければならない。

③ 第三十二条の二第二項の規定は、第一項の協定について準用する。

（災害等による臨時の必要がある場合の時間外労働等）

第三十三条 災害その他避けることのできない事由によつて、臨時の必要がある場合においては、使用者は、行政官庁の許可を受けて、その必要の限度において第三十二条から前条まで若しくは第四十条の労働時間を延長し、又は第三十五条の休日に労働させることができる。ただし、事態急迫のために行政官庁の許可を受ける暇がない場合においては、事後に遅滞なく届け出なければならない。

② 前項ただし書の規定による届出があつた場合において、行政官庁がその労働時間の延長又は休日の労働を不適当と認めるときは、その後にその時間に相当する休憩又は休日を与えるべきことを、命ずることができる。

③ 公務のために臨時の必要がある場合においては、第一項の規定にかかわらず、官公署の事業（別表第一に掲げる事業を除く。）に従事する国家公務員及び地方公務員については、第三十二条から前条まで若しくは第四十条の労働時間を延長し、又は第三十五条の休日に労働させることができる。

（休憩）

第三十四条 使用者は、労働時間が六時間を超える場合においては少くとも四十五分、八時間を超える場合においては少くとも一時間の休憩時間を労働時間の途中に与えなければならない。

② 前項の休憩時間は、一斉に与えなければならない。ただし、当該事業場に、労働者の過半数で組織する労働組合がある場合においてはその労働組合、労働者の過半数で組織する労働組合がない場合においては労働者の過半数を代表する者との書面による協定があるときは、この限りでない。

③ 使用者は、第一項の休憩時間を自由に利用させなければならない。

（休日）

第三十五条 使用者は、労働者に対して、毎週少くとも一回の休日を与えなければならない。

② 前項の規定は、四週間を通じ四日以上の休日を与える使用者については適用しない。

（時間外及び休日の労働）

第三十六条 使用者は、当該事業場に、労働者の過半数で組織する労働組合がある場合においてはその労働組合、労働者の過半数で組織する労働組合がない場合においては労働者の過半数を代表する者との書面による協定をし、厚生労働省令で定めるところによりこれを行政官庁に届け出た場合においては、第三十二条から第三十二条の五まで若しくは第四十条の労働時間（以下この条において「労働時間」という。）又は前条の休日（以下この条において「休日」という。）に関する規定にかかわらず、その協定で定めるところによつて労働時間を延長し、又は休日に労働させることができる。

② 前項の協定においては、次に掲げる事項を定めるものとする。

　一　この条の規定により労働時間を延長し、又は休日に労働させることができることとされる労働者の範囲

　二　対象期間（この条の規定により労働時間を延長し、又は休日に労働させることができる期間をいい、一年間に限るものとする。第四号及び第六項第三号において同じ。）

　三　労働時間を延長し、又は休日に労働させることができる場合

　四　対象期間における一日、一箇月及び一年のそれぞれの期間について労働時間を延長して労働させることができる時間又は労働させることができる休日の日数

　五　労働時間の延長及び休日の労働を適正なものとするために必要な事項として厚生労働省令で定める事項

③ 前項第四号の労働時間を延長して労働させることができる時間は、当該事業場の業務量、時間外労働の動向その他の事情を考慮して通常予見される時間外労働の範囲内において、限度時間を超えない

時間に限る。

④ 前項の限度時間は、一箇月について四十五時間及び一年について三百六十時間（第三十二条の四第一項第二号の対象期間として三箇月を超える期間を定めて同条の規定により労働させる場合にあつては、一箇月について四十二時間及び一年について三百二十時間）とする。

⑤ 第一項の協定においては、第二項各号に掲げるもののほか、当該事業場における通常予見することのできない業務量の大幅な増加等に伴い臨時的に第三項の限度時間を超えて労働させる必要がある場合において、一箇月について労働時間を延長して労働させ、及び休日において労働させることができる時間（第二項第四号に関して協定した時間を含み百時間未満の範囲内に限る。）並びに一年について労働時間を延長して労働させることができる時間（同号に関して協定した時間を含み七百二十時間を超えない範囲内に限る。）を定めることができる。この場合において、第一項の協定に、併せて第二項第二号の対象期間において労働時間を延長して労働させる時間が一箇月について四十五時間（第三十二条の四第一項第二号の対象期間として三箇月を超える期間を定めて同条の規定により労働させる場合にあつては、一箇月について四十二時間）を超えることができる月数（一年について六箇月以内に限る。）を定めなければならない。

⑥ 使用者は、第一項の協定で定めるところによつて労働時間を延長して労働させ、又は休日において労働させる場合であつても、次の各号に掲げる時間について、当該各号に定める要件を満たすものとしなければならない。

一　坑内労働その他厚生労働省令で定める健康上特に有害な業務について、一日について労働時間を延長して労働させた時間　二時間を超えないこと。

二　一箇月について労働時間を延長して労働させ、及び休日において労働させた時間　百時間未満であること。

三　対象期間の初日から一箇月ごとに区分した各期間に当該各期間の直前の一箇月、二箇月、三箇月、四箇月及び五箇月の期間を加えたそれぞれの期間における労働時間を延長して労働させ、及び休日において労働させた時間の一箇月当たりの平均時間　八十時間を超えないこと。

⑦ 厚生労働大臣は、労働時間の延長及び休日の労働を適正なものとするため、第一項の協定で定める労働時間の延長及び休日の労働について留意すべき事項、当該労働時間の延長に係る割増賃金の率その他の必要な事項について、労働者の健康、福祉、時間外労働の動向その他の事情を考慮して指針を定めることができる。

⑧ 第一項の協定をする使用者及び労働組合又は労働者の過半数を代表する者は、当該協定で労働時間の延長及び休日の労働を定めるに当たり、当該協定の内容が前項の指針に適合したものとなるようにしなければならない。

⑨ 行政官庁は、第七項の指針に関し、第一項の協定をする使用者及び労働組合又は労働者の過半数を代表する者に対し、必要な助言及び指導を行うことができる。

⑩ 前項の助言及び指導を行うに当たつては、労働者の健康が確保されるよう特に配慮しなければならない。

⑪ 第三項から第五項まで及び第六項（第二号及び第三号に係る部分に限る。）の規定は、新たな技術、商品又は役務の研究開発に係る業務については適用しない。

（時間外、休日及び深夜の割増賃金）

第三十七条　使用者が、第三十三条又は前条第一項の規定により労働時間を延長し、又は休日に労働させた場合においては、その時間又はその日の労働については、通常の労働時間又は労働日の賃金の計算額の二割五分以上五割以下の範囲内でそれぞれ政令で定める率以上の率で計算した割増賃金を支払わなければならない。ただし、当該延長して労働させた時間が一箇月について六十時間を超えた場合においては、その超えた時間の労働については、通常の労働時間の賃金の計算額の五割以上の率で計算した割増賃金を支払わなければならない。

② 前項の政令は、労働者の福祉、時間外又は休日の労働の動向その他の事情を考慮して定めるものとする。

③ 使用者が、当該事業場に、労働者の過半数で組織する労働組合があるときはその労働組合、労働者の過半数で組織する労働組合がないときは労働者の過半数を代表する者との書面による協定により、第一項ただし書の規定により割増賃金を支払うべき労働者に対して、当該割増賃金の支払に代えて、通常の労働時間の賃金が支払われる休暇（第三十九条の規定による有給休暇を除く。）を厚生労働省令で定めるところにより与えることを定めた場合において、当該労働者が当該休暇を取得したときは、当該労働者の同項ただし書に規定する時間を超えた時間の労働のうち当該取得した休暇に対応するも

のとして厚生労働省令で定める時間の労働については、同項ただし書の規定による割増賃金を支払うことを要しない。

④　使用者が、午後十時から午前五時まで（厚生労働大臣が必要であると認める場合においては、その定める地域又は期間については午後十一時から午前六時まで）の間において労働させた場合においては、その時間の労働については、通常の労働時間の賃金の計算額の二割五分以上の率で計算した割増賃金を支払わなければならない。

⑤　第一項及び前項の割増賃金の基礎となる賃金には、家族手当、通勤手当その他厚生労働省令で定める賃金は算入しない。

（時間計算）

第三十八条　労働時間は、事業場を異にする場合においても、労働時間に関する規定の適用については通算する。

②　坑内労働については、労働者が坑口に入つた時刻から坑口を出た時刻までの時間を、休憩時間を含め労働時間とみなす。但し、この場合においては、第三十四条第二項及び第三項の休憩に関する規定は適用しない。

第三十八条の二　労働者が労働時間の全部又は一部について事業場外で業務に従事した場合において、労働時間を算定し難いときは、所定労働時間労働したものとみなす。ただし、当該業務を遂行するためには通常所定労働時間を超えて労働することが必要となる場合においては、当該業務に関しては、厚生労働省令で定めるところにより、当該業務の遂行に通常必要とされる時間労働したものとみなす。

②　前項ただし書の場合において、当該業務に関し、当該事業場に、労働者の過半数で組織する労働組合があるときはその労働組合、労働者の過半数で組織する労働組合がないときは労働者の過半数を代表する者との書面による協定があるときは、その協定で定める時間を同項ただし書の当該業務の遂行に通常必要とされる時間とする。

③　使用者は、厚生労働省令で定めるところにより、前項の協定を行政官庁に届け出なければならない。

第三十八条の三　使用者が、当該事業場に、労働者の過半数で組織する労働組合があるときはその労働組合、労働者の過半数で組織する労働組合がないときは労働者の過半数を代表する者との書面による協定により、次に掲げる事項を定めた場合において、労働者を第一号に掲げる業務に就かせたときは、当該労働者は、厚生労働省令で定めるところにより、第二号に掲げる時間労働したものとみなす。

一　業務の性質上その遂行の方法を大幅に当該業務に従事する労働者の裁量にゆだねる必要があるため、当該業務の遂行の手段及び時間配分の決定等に関し使用者が具体的な指示をすることが困難なものとして厚生労働省令で定める業務のうち、労働者に就かせることとする業務（以下この条において「対象業務」という。）

二　対象業務に従事する労働者の労働時間として算定される時間

三　対象業務の遂行の手段及び時間配分の決定等に関し、当該対象業務に従事する労働者に対し使用者が具体的な指示をしないこと。

四　対象業務に従事する労働者の労働時間の状況に応じた当該労働者の健康及び福祉を確保するための措置を当該協定で定めるところにより使用者が講ずること。

五　対象業務に従事する労働者からの苦情の処理に関する措置を当該協定で定めるところにより使用者が講ずること。

六　前各号に掲げるもののほか、厚生労働省令で定める事項

②　前条第三項の規定は、前項の協定について準用する。

第三十八条の四　賃金、労働時間その他の当該事業場における労働条件に関する事項を調査審議し、事業主に対し当該事項について意見を述べることを目的とする委員会（使用者及び当該事業場の労働者を代表する者を構成員とするものに限る。）が設置された事業場において、当該委員会がその委員の五分の四以上の多数による議決により次に掲げる事項に関する決議をし、かつ、使用者が、厚生労働省令で定めるところにより当該決議を行政官庁に届け出た場合において、第二号に掲げる労働者の範囲に属する労働者を当該事業場における第一号に掲げる業務に就かせたときは、当該労働者は、厚生労働省令で定めるところにより、第三号に掲げる時間労働したものとみなす。

一　事業の運営に関する事項についての企画、立案、調査及び分析の業務であつて、当該業務の性質上これを適切に遂行するにはその遂行の方法を大幅に労働者の裁量に委ねる必要があるため、当該業務の遂行の手段及び時間配分の決定等に関し使用者が具体的な指示をしないこととする業務（以下この条において「対象業務」という。）

二　対象業務を適切に遂行するための知識、経験等を有する労働者であつて、当該対象業務に就かせ

たときは当該決議で定める時間労働したものとみなされることとなるものの範囲

三　対象業務に従事する前号に掲げる労働者の範囲に属する労働者の労働時間として算定される時間

四　対象業務に従事する第二号に掲げる労働者の範囲に属する労働者の労働時間の状況に応じた当該労働者の健康及び福祉を確保するための措置を当該決議で定めるところにより使用者が講ずること。

五　対象業務に従事する第二号に掲げる労働者の範囲に属する労働者からの苦情の処理に関する措置を当該決議で定めるところにより使用者が講ずること。

六　使用者は、この項の規定により第二号に掲げる労働者の範囲に属する労働者を対象業務に就かせたときは第三号に掲げる時間労働したものとみなすことについて当該労働者の同意を得なければならないこと及び当該同意をしなかつた当該労働者に対して解雇その他不利益な取扱いをしてはならないこと。

七　前各号に掲げるもののほか、厚生労働省令で定める事項

② 前項の委員会は、次の各号に適合するものでなければならない。

一　当該委員会の委員の半数については、当該事業場に、労働者の過半数で組織する労働組合がある場合においてはその労働組合、労働者の過半数で組織する労働組合がない場合においては労働者の過半数を代表する者に厚生労働省令で定めるところにより任期を定めて指名されていること。

二　当該委員会の議事について、厚生労働省令で定めるところにより、議事録が作成され、かつ、保存されるとともに、当該事業場の労働者に対する周知が図られていること。

三　前二号に掲げるもののほか、厚生労働省令で定める要件

③ 厚生労働大臣は、対象業務に従事する労働者の適正な労働条件の確保を図るために、労働政策審議会の意見を聴いて、第一項各号に掲げる事項その他同項の委員会が決議する事項について指針を定め、これを公表するものとする。

④ 第一項の規定による届出をした使用者は、厚生労働省令で定めるところにより、定期的に、同項第四号に規定する措置の実施状況を行政官庁に報告しなければならない。

⑤ 第一項の委員会においてその委員の五分の四以上の多数による議決により第三十二条の二第一項、第三十二条の三第一項、第三十二条の四第一項及び第二項、第三十二条の五第一項、第三十四条第二項ただし書、第三十六条第一項、第二項及び第五項、第三十七条第三項、第三十八条の二第一項並びに次条第四項、第六項及び第九項ただし書に規定する事項について決議が行われた場合における第三十二条の二第一項、第三十二条の三第一項、第三十二条の四第一項から第三項まで、第三十二条の五第一項、第三十四条第二項ただし書、第三十六条、第三十七条第三項、第三十八条の二第二項、前条第一項並びに次条第四項、第六項及び第九項ただし書の規定の適用については、第三十二条の二第一項中「協定」とあるのは「協定若しくは第三十八条の四第一項に規定する委員会の決議（第百六条第一項を除き、以下「決議」という。）」と、第三十二条の三第一項、第三十二条の四第一項から第三項まで、第三十二条の五第一項、第三十四条第二項ただし書、第三十六条第二項及び第五項から第七項まで、第三十七条第三項、第三十八条の二第二項、前条第一項並びに次条第四項、第六項及び第九項ただし書中「協定」とあるのは「協定又は決議」と、第三十二条の四第二項中「同意を得て」とあるのは「同意を得て、又は決議に基づき」と、第三十六条第一項中「届け出た場合」とあるのは「届け出た場合又は決議を行政官庁に届け出た場合」と、「その協定」とあるのは「その協定又は決議」と、同条第八項中「又は労働者の過半数を代表する者」とあるのは「若しくは労働者の過半数を代表する者又は同項の決議をする委員」と、「当該協定」とあるのは「当該協定又は当該決議」と、同条第九項中「又は労働者の過半数を代表する者」とあるのは「若しくは労働者の過半数を代表する者又は同項の決議をする委員」とする。

（年次有給休暇）

第三十九条 使用者は、その雇入れの日から起算して六箇月間継続勤務し全労働日の八割以上出勤した労働者に対して、継続し、又は分割した十労働日の有給休暇を与えなければならない。

② 使用者は、一年六箇月以上継続勤務した労働者に対しては、雇入れの日から起算して六箇月を超えて継続勤務する日（以下「六箇月経過日」という。）から起算した継続勤務年数一年ごとに、前項の日数に、次の表の上欄に掲げる六箇月経過日から起算した継続勤務年数の区分に応じ同表の下欄に掲げる労働日を加算した有給休暇を与えなければならない。ただし、継続勤務した期間を六箇月経過日から一年ごとに区分した各期間（最後に一年未満の期間を生じたときは、当該期間）の初日の前日の属する期間において出勤した日数が全労働日の八割未満である者に対しては、当該初日以後の一年間においては有給休暇を与えることを要しない。

六箇月経過日から起算した継続勤務年数	労働日
一年	一労働日
二年	二労働日
三年	四労働日
四年	六労働日
五年	八労働日
六年以上	十労働日

③ 次に掲げる労働者（一週間の所定労働時間が厚生労働省令で定める時間以上の者を除く。）の有給休暇の日数については、前二項の規定にかかわらず、これらの規定による有給休暇の日数を基準とし、通常の労働者の一週間の所定労働日数として厚生労働省令で定める日数（第一号において「通常の労働者の週所定労働日数」という。）と当該労働者の一週間の所定労働日数又は一週間当たりの平均所定労働日数との比率を考慮して厚生労働省令で定める日数とする。

　一　一週間の所定労働日数が通常の労働者の週所定労働日数に比し相当程度少ないものとして厚生労働省令で定める日数以下の労働者

　二　週以外の期間によつて所定労働日数が定められている労働者については、一年間の所定労働日数が、前号の厚生労働省令で定める日数に一日を加えた日数を一週間の所定労働日数とする労働者の一年間の所定労働日数その他の事情を考慮して厚生労働省令で定める日数以下の労働者

④ 使用者は、当該事業場に、労働者の過半数で組織する労働組合があるときはその労働組合、労働者の過半数で組織する労働組合がないときは労働者の過半数を代表する者との書面による協定により、次に掲げる事項を定めた場合において、第一号に掲げる労働者の範囲に属する労働者が有給休暇を時間を単位として請求したときは、前三項の規定による有給休暇の日数のうち第二号に掲げる日数については、これらの規定にかかわらず、当該協定で定めるところにより時間を単位として有給休暇を与えることができる。

　一　時間を単位として有給休暇を与えることができることとされる労働者の範囲

　二　時間を単位として与えることができることとされる有給休暇の日数（五日以内に限る。）

　三　その他厚生労働省令で定める事項

⑤ 使用者は、前各項の規定による有給休暇を労働者の請求する時季に与えなければならない。ただし、請求された時季に有給休暇を与えることが事業の正常な運営を妨げる場合においては、他の時季にこれを与えることができる。

⑥ 使用者は、当該事業場に、労働者の過半数で組織する労働組合がある場合においてはその労働組合、労働者の過半数で組織する労働組合がない場合においては労働者の過半数を代表する者との書面による協定により、第一項から第三項までの規定による有給休暇を与える時季に関する定めをしたときは、これらの規定による有給休暇の日数のうち五日を超える部分については、前項の規定にかかわらず、その定めにより有給休暇を与えることができる。

⑦ 使用者は、第一項から第三項までの規定による有給休暇（これらの規定により使用者が与えなければならない有給休暇の日数が十労働日以上である労働者に係るものに限る。以下この項及び次項において同じ。）の日数のうち五日については、基準日（継続勤務した期間を六箇月経過日から一年ごとに区分した各期間（最後に一年未満の期間を生じたときは、当該期間）の初日をいう。以下この項において同じ。）から一年以内の期間に、労働者ごとにその時季を定めることにより与えなければならない。ただし、第一項から第三項までの規定による有給休暇を当該有給休暇に係る基準日より前の日から与えることとしたときは、厚生労働省令で定めるところにより、労働者ごとにその時季を定めることにより与えなければならない。

⑧ 前項の規定にかかわらず、第五項又は第六項の規定により第一項から第三項までの規定による有給休暇を与えた場合においては、当該与えた有給休暇の日数（当該日数が五日を超える場合には、五日とする。）分については、時季を定めることにより与えることを要しない。

⑨ 使用者は、第一項から第三項までの規定による有給休暇の期間又は第四項の規定による有給休暇の時間については、就業規則その他これに準ずるもので定めるところにより、それぞれ、平均賃金若しくは所定労働時間労働した場合に支払われる通常の賃金又はこれらの額を基準として厚生労働省令で定めるところにより算定した額の賃金を支払わなければならない。ただし、当該事業場に、労働者の過半数で組織する労働組合がある場合においてはその労働組合、労働者の過半数で組織する労働組合

がない場合においては労働者の過半数を代表する者との書面による協定により、その期間又はその時間について、それぞれ、健康保険法（大正十一年法律第七十号）第四十条第一項に規定する標準報酬月額の三十分の一に相当する金額（その金額に、五円未満の端数があるときは、これを切り捨て、五円以上十円未満の端数があるときは、これを十円に切り上げるものとする。）又は当該金額を基準として厚生労働省令で定めるところにより算定した金額を支払う旨を定めたときは、これによらなければならない。

⑩　労働者が業務上負傷し、又は疾病にかかり療養のために休業した期間及び育児休業、介護休業等育児又は家族介護を行う労働者の福祉に関する法律第二条第一号に規定する育児休業又は同条第二号に規定する介護休業をした期間並びに産前産後の女性が第六十五条の規定によつて休業した期間は、第一項及び第二項の規定の適用については、これを出勤したものとみなす。

（労働時間及び休憩の特例）

第四十条　別表第一第一号から第三号まで、第六号及び第七号に掲げる事業以外の事業で、公衆の不便を避けるために必要なものその他特殊の必要あるものについては、その必要避くべからざる限度で、第三十二条から第三十二条の五までの労働時間及び第三十四条の休憩に関する規定について、厚生労働省令で別段の定めをすることができる。

②　前項の規定による別段の定めは、この法律で定める基準に近いものであつて、労働者の健康及び福祉を害しないものでなければならない。

（労働時間等に関する規定の適用除外）

第四十一条　この章、第六章及び第六章の二で定める労働時間、休憩及び休日に関する規定は、次の各号の一に該当する労働者については適用しない。

一　別表第一第六号（林業を除く。）又は第七号に掲げる事業に従事する者

二　事業の種類にかかわらず監督若しくは管理の地位にある者又は機密の事務を取り扱う者

三　監視又は断続的労働に従事する者で、使用者が行政官庁の許可を受けたもの

第四十一条の二　賃金、労働時間その他の当該事業場における労働条件に関する事項を調査審議し、事業主に対し当該事項について意見を述べることを目的とする委員会（使用者及び当該事業場の労働者を代表する者を構成員とするものに限る。）が設置された事業場において、当該委員会がその委員の五分の四以上の多数による議決により次に掲げる事項に関する決議をし、かつ、使用者が、厚生労働省令で定めるところにより当該決議を行政官庁に届け出た場合において、第二号に掲げる労働者の範囲に属する労働者（以下この項において「対象労働者」という。）であつて書面その他の厚生労働省令で定める方法によりその同意を得たものを当該事業場における第一号に掲げる業務に就かせたときは、この章で定める労働時間、休憩、休日及び深夜の割増賃金に関する規定は、対象労働者については適用しない。ただし、第三号から第五号までに規定する措置のいずれかを使用者が講じていない場合は、この限りでない。

一　高度の専門的知識等を必要とし、その性質上従事した時間と従事して得た成果との関連性が通常高くないと認められるものとして厚生労働省令で定める業務のうち、労働者に就かせることとする業務（以下この項において「対象業務」という。）

二　この項の規定により労働する期間において次のいずれにも該当する労働者であつて、対象業務に就かせようとするものの範囲

　　イ　使用者との間の書面その他の厚生労働省令で定める方法による合意に基づき職務が明確に定められていること。

　　ロ　労働契約により使用者から支払われると見込まれる賃金の額を一年間当たりの賃金の額に換算した額が基準年間平均給与額（厚生労働省において作成する毎月勤労統計における毎月きまって支給する給与の額を基礎として厚生労働省令で定めるところにより算定した労働者一人当たりの給与の平均額をいう。）の三倍の額を相当程度上回る水準として厚生労働省令で定める額以上であること。

三　対象業務に従事する対象労働者の健康管理を行うために当該対象労働者が事業場内にいた時間（この項の委員会が厚生労働省令で定める労働時間以外の時間を除くことを決議したときは、当該決議に係る時間を除いた時間）と事業場外において労働した時間との合計の時間（第五号ロ及びニ並びに第六号において「健康管理時間」という。）を把握する措置（厚生労働省令で定める方法に限る。）を当該決議で定めるところにより使用者が講ずること。

四　対象業務に従事する対象労働者に対し、一年間を通じ百四日以上、かつ、四週間を通じ四日以上の休日を当該決議及び就業規則その他これに準ずるもので定めるところにより使用者が与えること。

五　対象業務に従事する対象労働者に対し、次のいずれかに該当する措置を当該決議及び就業規則その他これに準ずるもので定めるところにより使用者が講ずること。

イ　労働者ごとに始業から二十四時間を経過するまでに厚生労働省令で定める時間以上の継続した休息時間を確保し、かつ、第三十七条第四項に規定する時刻の間において労働させる回数を一箇月について厚生労働省令で定める回数以内とすること。

ロ　健康管理時間を一箇月又は三箇月についてそれぞれ厚生労働省令で定める時間を超えない範囲内とすること。

ハ　一年に一回以上の継続した二週間（労働者が請求した場合においては、一年に二回以上の継続した一週間）（使用者が当該期間において、第三十九条の規定による有給休暇を与えたときは、当該有給休暇を与えた日を除く。）について、休日を与えること。

ニ　健康管理時間の状況その他の事項が労働者の健康の保持を考慮して厚生労働省令で定める要件に該当する労働者に健康診断（厚生労働省令で定める項目を含むものに限る。）を実施すること。

六　対象業務に従事する対象労働者の健康管理時間の状況に応じた当該対象労働者の健康及び福祉を確保するための措置であつて、当該対象労働者に対する有給休暇（第三十九条の規定による有給休暇を除く。）の付与、健康診断の実施その他の厚生労働省令で定める措置のうち当該決議で定めるものを使用者が講ずること。

七　対象労働者のこの項の規定による同意の撤回に関する手続

八　対象業務に従事する対象労働者からの苦情の処理に関する措置を当該決議で定めるところにより使用者が講ずること。

九　使用者は、この項の規定による同意をしなかつた対象労働者に対して解雇その他不利益な取扱いをしてはならないこと。

十　前各号に掲げるもののほか、厚生労働省令で定める事項

②　前項の規定による届出をした使用者は、厚生労働省令で定めるところにより、同項第四号から第六号までに規定する措置の実施状況を行政官庁に報告しなければならない。

③　第三十八条の四第二項、第三項及び第五項の規定は、第一項の委員会について準用する。

④　第一項の決議をする委員は、当該決議の内容が前項において準用する第三十八条の四第三項の指針に適合したものとなるようにしなければならない。

⑤　行政官庁は、第三項において準用する第三十八条の四第三項の指針に関し、第一項の決議をする委員に対し、必要な助言及び指導を行うことができる。

第五章　安全及び衛生

第四十二条　労働者の安全及び衛生に関しては、労働安全衛生法（昭和四十七年法律第五十七号）の定めるところによる。

第四十三条から第五十五条まで　削除

第六章　年少者

（最低年齢）

第五十六条　使用者は、児童が満十五歳に達した日以後の最初の三月三十一日が終了するまで、これを使用してはならない。

②　前項の規定にかかわらず、別表第一第一号から第五号までに掲げる事業以外の事業に係る職業で、児童の健康及び福祉に有害でなく、かつ、その労働が軽易なものについては、行政官庁の許可を受けて、満十三歳以上の児童をその者の修学時間外に使用することができる。映画の製作又は演劇の事業については、満十三歳に満たない児童についても、同様とする。

（年少者の証明書）

第五十七条　使用者は、満十八才に満たない者について、その年齢を証明する戸籍証明書を事業場に備え付けなければならない。

②　使用者は、前条第二項の規定によつて使用する児童については、修学に差し支えないことを証明する学校長の証明書及び親権者又は後見人の同意書を事業場に備え付けなければならない。

（未成年者の労働契約）

第五十八条　親権者又は後見人は、未成年者に代つて労働契約を締結してはならない。

②　親権者若しくは後見人又は行政官庁は、労働契約が未成年者に不利であると認める場合においては、将来に向つてこれを解除することができる。

第五十九条　未成年者は、独立して賃金を請求することができる。親権者又は後見人は、未成年者の賃金を代つて受け取つてはならない。

（労働時間及び休日）

第六十条　第三十二条の二から第三十二条の五まで、第三十六条、第四十条及び第四十一条の二の規定は、満十八才に満たない者については、これを適用しない。

② 　第五十六条第二項の規定によつて使用する児童についての第三十二条の規定の適用については、同条第一項中「一週間について四十時間」とあるのは「、修学時間を通算して一週間について四十時間」と、同条第二項中「一日について八時間」とあるのは「、修学時間を通算して一日について七時間」とする。

③ 　使用者は、第三十二条の規定にかかわらず、満十五歳以上で満十八歳に満たない者については、満十八歳に達するまでの間（満十五歳に達した日以後の最初の三月三十一日までの間を除く。）、次に定めるところにより、労働させることができる。

一 　一週間の労働時間が第三十二条第一項の労働時間を超えない範囲内において、一週間のうち一日の労働時間を四時間以内に短縮する場合において、他の日の労働時間を十時間まで延長すること。

二 　一週間について四十八時間以下の範囲内で厚生労働省令で定める時間、一日について八時間を超えない範囲内において、第三十二条の二又は第三十二条の四及び第三十二条の四の二の規定の例により労働させること。

（深夜業）

第六十一条　使用者は、満十八才に満たない者を午後十時から午前五時までの間において使用してはならない。ただし、交替制によつて使用する満十六才以上の男性については、この限りでない。

② 　厚生労働大臣は、必要であると認める場合においては、前項の時刻を、地域又は期間を限つて、午後十一時及び午前六時とすることができる。

③ 　交替制によつて労働させる事業については、行政官庁の許可を受けて、第一項の規定にかかわらず午後十時三十分まで労働させ、又は前項の規定にかかわらず午前五時三十分から労働させることができる。

④ 　前三項の規定は、第三十三条第一項の規定によつて労働時間を延長し、若しくは休日に労働させる場合又は別表第一第六号、第七号若しくは第十三号に掲げる事業若しくは電話交換の業務については、適用しない。

⑤ 　第一項及び第二項の時刻は、第五十六条第二項の規定によつて使用する児童については、第一項の時刻は、午後八時及び午前五時とし、第二項の時刻は、午後九時及び午前六時とする。

（危険有害業務の就業制限）

第六十二条　使用者は、満十八才に満たない者に、運転中の機械若しくは動力伝導装置の危険な部分の掃除、注油、検査若しくは修繕をさせ、運転中の機械若しくは動力伝導装置にベルト若しくはロープの取付け若しくは取りはずしをさせ、動力によるクレーンの運転をさせ、その他厚生労働省令で定める危険な業務に就かせ、又は厚生労働省令で定める重量物を取り扱う業務に就かせてはならない。

② 　使用者は、満十八才に満たない者を、毒劇薬、毒劇物その他有害な原料若しくは材料又は爆発性、発火性若しくは引火性の原料若しくは材料を取り扱う業務、著しくじんあい若しくは粉末を飛散し、若しくは有害ガス若しくは有害放射線を発散する場所又は高温若しくは高圧の場所における業務その他安全、衛生又は福祉に有害な場所における業務に就かせてはならない。

③ 　前項に規定する業務の範囲は、厚生労働省令で定める。

（坑内労働の禁止）

第六十三条　使用者は、満十八才に満たない者を坑内で労働させてはならない。

（帰郷旅費）

第六十四条　満十八才に満たない者が解雇の日から十四日以内に帰郷する場合においては、使用者は、必要な旅費を負担しなければならない。ただし、満十八才に満たない者がその責めに帰すべき事由に基づいて解雇され、使用者がその事由について行政官庁の認定を受けたときは、この限りでない。

　　　第六章の二　妊産婦等

（坑内業務の就業制限）

第六十四条の二　使用者は、次の各号に掲げる女性を当該各号に定める業務に就かせてはならない。

一 　妊娠中の女性及び坑内で行われる業務に従事しない旨を使用者に申し出た産後一年を経過しない女性　坑内で行われるすべての業務

二 　前号に掲げる女性以外の満十八歳以上の女性　坑内で行われる業務のうち人力により行われる掘削の業務その他の女性に有害な業務として厚生労働省令で定めるもの

（危険有害業務の就業制限）

第六十四条の三　使用者は、妊娠中の女性及び産後一年を経過しない女性（以下「妊産婦」という。）を、重量物を取り扱う業務、有害ガスを発散する場所における業務その他妊産婦の妊娠、出産、哺育等に有害な業務に就かせてはならない。

②　前項の規定は、同項に規定する業務のうち女性の妊娠又は出産に係る機能に有害である業務につき、厚生労働省令で、妊産婦以外の女性に関して、準用することができる。

③　前二項に規定する業務の範囲及びこれらの規定によりこれらの業務に就かせてはならない者の範囲は、厚生労働省令で定める。

（産前産後）

第六十五条　使用者は、六週間（多胎妊娠の場合にあつては、十四週間）以内に出産する予定の女性が休業を請求した場合においては、その者を就業させてはならない。

②　使用者は、産後八週間を経過しない女性を就業させてはならない。ただし、産後六週間を経過した女性が請求した場合において、その者について医師が支障がないと認めた業務に就かせることは、差し支えない。

③　使用者は、妊娠中の女性が請求した場合においては、他の軽易な業務に転換させなければならない。

第六十六条　使用者は、妊産婦が請求した場合においては、第三十二条の二第一項、第三十二条の四第一項及び第三十二条の五第一項の規定にかかわらず、一週間について第三十二条第一項の労働時間、一日について同条第二項の労働時間を超えて労働させてはならない。

②　使用者は、妊産婦が請求した場合においては、第三十三条第一項及び第三項並びに第三十六条第一項の規定にかかわらず、時間外労働をさせてはならず、又は休日に労働させてはならない。

③　使用者は、妊産婦が請求した場合においては、深夜業をさせてはならない。

（育児時間）

第六十七条　生後満一年に達しない生児を育てる女性は、第三十四条の休憩時間のほか、一日二回各々少なくとも三十分、その生児を育てるための時間を請求することができる。

②　使用者は、前項の育児時間中は、その女性を使用してはならない。

（生理日の就業が著しく困難な女性に対する措置）

第六十八条　使用者は、生理日の就業が著しく困難な女性が休暇を請求したときは、その者を生理日に就業させてはならない。

第七章　技能者の養成

（徒弟の弊害排除）

第六十九条　使用者は、徒弟、見習、養成工その他名称の如何を問わず、技能の習得を目的とする者であることを理由として、労働者を酷使してはならない。

②　使用者は、技能の習得を目的とする労働者を家事その他技能の習得に関係のない作業に従事させてはならない。

（職業訓練に関する特例）

第七十条　職業能力開発促進法（昭和四十四年法律第六十四号）第二十四条第一項（同法第二十七条の二第二項において準用する場合を含む。）の認定を受けて行う職業訓練を受ける労働者について必要がある場合においては、その必要の限度で、第十四条第一項の契約期間、第六十二条及び第六十四条の三の年少者及び妊産婦等の危険有害業務の就業制限、第六十三条の年少者の坑内労働の禁止並びに第六十四条の二の妊産婦等の坑内業務の就業制限に関する規定について、厚生労働省令で別段の定めをすることができる。ただし、第六十三条の年少者の坑内労働の禁止に関する規定については、満十六歳に満たない者に関しては、この限りでない。

第七十一条　前条の規定に基いて発する厚生労働省令は、当該厚生労働省令によつて労働者を使用することについて行政官庁の許可を受けた使用者に使用される労働者以外の労働者については、適用しない。

第七十二条　第七十条の規定に基づく厚生労働省令の適用を受ける未成年者についての第三十九条の規定の適用については、同条第一項中「十労働日」とあるのは「十二労働日」と、同条第二項の表六年以上の項中「十労働日」とあるのは「八労働日」とする。

第七十三条　第七十一条の規定による許可を受けた使用者が第七十条の規定に基いて発する厚生労働省令に違反した場合においては、行政官庁は、その許可を取り消すことができる。

第七十四条　削除

第八章　災害補償

（療養補償）

第七十五条 労働者が業務上負傷し、又は疾病にかかつた場合においては、使用者は、その費用で必要な療養を行い、又は必要な療養の費用を負担しなければならない。

② 前項に規定する業務上の疾病及び療養の範囲は、厚生労働省令で定める。

（休業補償）

第七十六条 労働者が前条の規定による療養のため、労働することができないために賃金を受けない場合においては、使用者は、労働者の療養中平均賃金の百分の六十の休業補償を行わなければならない。

② 使用者は、前項の規定により休業補償を行つている労働者と同一の事業場における同種の労働者に対して所定労働時間労働した場合に支払われる通常の賃金の、一月から三月まで、四月から六月まで、七月から九月まで及び十月から十二月までの各区分による期間（以下四半期という。）ごとの一箇月一人当り平均（常時百人未満の労働者を使用する事業場については、厚生労働省において作成する毎月勤労統計における当該事業場の属する産業に係る毎月きまつて支給する給与の四半期の労働者一人当りの一箇月平均額。以下平均給与額という。）が、当該労働者が業務上負傷し、又は疾病にかかつた日の属する四半期における平均給与額の百分の百二十をこえ、又は百分の八十を下るに至つた場合においては、使用者は、その上昇し又は低下した比率に応じて、その上昇し又は低下するに至つた四半期の次の次の四半期において、前項の規定により当該労働者に対して行つている休業補償の額を改訂し、その改訂をした四半期に属する最初の月から改訂された額により休業補償を行わなければならない。改訂後の休業補償の額の改訂についてもこれに準ずる。

③ 前項の規定により難い場合における改訂の方法その他同項の規定による改訂について必要な事項は、厚生労働省令で定める。

（障害補償）

第七十七条 労働者が業務上負傷し、又は疾病にかかり、治つた場合において、その身体に障害が存するときは、使用者は、その障害の程度に応じて、平均賃金に別表第二に定める日数を乗じて得た金額の障害補償を行わなければならない。

（休業補償及び障害補償の例外）

第七十八条 労働者が重大な過失によつて業務上負傷し、又は疾病にかかり、且つ使用者がその過失について行政官庁の認定を受けた場合においては、休業補償又は障害補償を行わなくてもよい。

（遺族補償）

第七十九条 労働者が業務上死亡した場合においては、使用者は、遺族に対して、平均賃金の千日分の遺族補償を行わなければならない。

（葬祭料）

第八十条 労働者が業務上死亡した場合においては、使用者は、葬祭を行う者に対して、平均賃金の六十日分の葬祭料を支払わなければならない。

（打切補償）

第八十一条 第七十五条の規定によつて補償を受ける労働者が、療養開始後三年を経過しても負傷又は疾病がなおらない場合においては、使用者は、平均賃金の千二百日分の打切補償を行い、その後はこの法律の規定による補償を行わなくてもよい。

（分割補償）

第八十二条 使用者は、支払能力のあることを証明し、補償を受けるべき者の同意を得た場合においては、第七十七条又は第七十九条の規定による補償に替え、平均賃金に別表第三に定める日数を乗じて得た金額を、六年にわたり毎年補償することができる。

（補償を受ける権利）

第八十三条 補償を受ける権利は、労働者の退職によつて変更されることはない。

② 補償を受ける権利は、これを譲渡し、又は差し押えてはならない。

（他の法律との関係）

第八十四条 この法律に規定する災害補償の事由について、労働者災害補償保険法（昭和二十二年法律第五十号）又は厚生労働省令で指定する法令に基づいてこの法律の災害補償に相当する給付が行なわれるべきものである場合においては、使用者は、補償の責を免れる。

② 使用者は、この法律による補償を行つた場合においては、同一の事由については、その価額の限度において民法による損害賠償の責を免れる。

（審査及び仲裁）

第八十五条 業務上の負傷、疾病又は死亡の認定、療養の方法、補償金額の決定その他補償の実施に関して異議のある者は、行政官庁に対して、審査又は事件の仲裁を申し立てることができる。

② 行政官庁は、必要があると認める場合においては、職権で審査又は事件の仲裁をすることができる。

③ 第一項の規定により審査若しくは仲裁の申立てがあつた事件又は前項の規定により行政官庁が審査若しくは仲裁を開始した事件について民事訴訟が提起されたときは、行政官庁は、当該事件については、審査又は仲裁をしない。

④ 行政官庁は、審査又は仲裁のために必要であると認める場合においては、医師に診断又は検案をさせることができる。

⑤ 第一項の規定による審査又は仲裁の申立て及び第二項の規定による審査又は仲裁の開始は、時効の完成猶予及び更新に関しては、これを裁判上の請求とみなす。

第八十六条　前条の規定による審査及び仲裁の結果に不服のある者は、労働者災害補償保険審査官の審査及び仲裁を申し立てることができる。

② 前条第三項の規定は、前項の規定により審査又は仲裁の申立てがあつた場合に、これを準用する。

（請負事業に関する例外）

第八十七条　厚生労働省令で定める事業が数次の請負によつて行われる場合においては、災害補償については、その元請負人を使用者とみなす。

② 前項の場合、元請負人が書面による契約で下請負人に補償を引き受けさせた場合においては、その下請負人もまた使用者とする。但し、二以上の下請負人に、同一の事業について重複して補償を引き受けさせてはならない。

③ 前項の場合、元請負人が補償の請求を受けた場合においては、補償を引き受けた下請負人に対して、まづ催告すべきことを請求することができる。ただし、その下請負人が破産手続開始の決定を受け、又は行方が知れない場合においては、この限りでない。

（補償に関する細目）

第八十八条　この章に定めるものの外、補償に関する細目は、厚生労働省令で定める。

第九章　就業規則

（作成及び届出の義務）

第八十九条　常時十人以上の労働者を使用する使用者は、次に掲げる事項について就業規則を作成し、行政官庁に届け出なければならない。次に掲げる事項を変更した場合においても、同様とする。

一　始業及び終業の時刻、休憩時間、休日、休暇並びに労働者を二組以上に分けて交替に就業させる場合においては就業時転換に関する事項

二　賃金（臨時の賃金等を除く。以下この号において同じ。）の決定、計算及び支払の方法、賃金の締切り及び支払の時期並びに昇給に関する事項

三　退職に関する事項（解雇の事由を含む。）

三の二　退職手当の定めをする場合においては、適用される労働者の範囲、退職手当の決定、計算及び支払の方法並びに退職手当の支払の時期に関する事項

四　臨時の賃金等（退職手当を除く。）及び最低賃金額の定めをする場合においては、これに関する事項

五　労働者に食費、作業用品その他の負担をさせる定めをする場合においては、これに関する事項

六　安全及び衛生に関する定めをする場合においては、これに関する事項

七　職業訓練に関する定めをする場合においては、これに関する事項

八　災害補償及び業務外の傷病扶助に関する定めをする場合においては、これに関する事項

九　表彰及び制裁の定めをする場合においては、その種類及び程度に関する事項

十　前各号に掲げるもののほか、当該事業場の労働者のすべてに適用される定めをする場合においては、これに関する事項

（作成の手続）

第九十条　使用者は、就業規則の作成又は変更について、当該事業場に、労働者の過半数で組織する労働組合がある場合においてはその労働組合、労働者の過半数で組織する労働組合がない場合においては労働者の過半数を代表する者の意見を聴かなければならない。

② 使用者は、前条の規定により届出をなすについて、前項の意見を記した書面を添付しなければならない。

（制裁規定の制限）

第九十一条　就業規則で、労働者に対して減給の制裁を定める場合においては、その減給は、一回の額が平均賃金の一日分の半額を超え、総額が一賃金支払期における賃金の総額の十分の一を超えてはならない。

資料

（法令及び労働協約との関係）

第九十二条　就業規則は、法令又は当該事業場について適用される労働協約に反してはならない。

②　行政官庁は、法令又は労働協約に牴触する就業規則の変更を命ずることができる。

（労働契約との関係）

第九十三条　労働契約と就業規則との関係については、労働契約法（平成十九年法律第百二十八号）第十二条の定めるところによる。

第十章　寄宿舎

（寄宿舎生活の自治）

第九十四条　使用者は、事業の附属寄宿舎に寄宿する労働者の私生活の自由を侵してはならない。

②　使用者は、寮長、室長その他寄宿舎生活の自治に必要な役員の選任に干渉してはならない。

（寄宿舎生活の秩序）

第九十五条　事業の附属寄宿舎に労働者を寄宿させる使用者は、左の事項について寄宿舎規則を作成し、行政官庁に届け出なければならない。これを変更した場合においても同様である。

一　起床、就寝、外出及び外泊に関する事項

二　行事に関する事項

三　食事に関する事項

四　安全及び衛生に関する事項

五　建設物及び設備の管理に関する事項

②　使用者は、前項第一号乃至第四号の事項に関する規定の作成又は変更については、寄宿舎に寄宿する労働者の過半数を代表する者の同意を得なければならない。

③　使用者は、第一項の規定により届出をなすについて、前項の同意を証明する書面を添附しなければならない。

④　使用者及び寄宿舎に寄宿する労働者は、寄宿舎規則を遵守しなければならない。

（寄宿舎の設備及び安全衛生）

第九十六条　使用者は、事業の附属寄宿舎について、換気、採光、照明、保温、防湿、清潔、避難、定員の収容、就寝に必要な措置その他労働者の健康、風紀及び生命の保持に必要な措置を講じなければならない。

②　使用者が前項の規定によつて講ずべき措置の基準は、厚生労働省令で定める。

（監督上の行政措置）

第九十六条の二　使用者は、常時十人以上の労働者を就業させる事業、厚生労働省令で定める危険な事業又は衛生上有害な事業の附属寄宿舎を設置し、移転し、又は変更しようとする場合においては、前条の規定に基づいて発する厚生労働省令で定める危害防止等に関する基準に従い定めた計画を、工事着手十四日前までに、行政官庁に届け出なければならない。

②　行政官庁は、労働者の安全及び衛生に必要であると認める場合においては、工事の着手を差し止め、又は計画の変更を命ずることができる。

第九十六条の三　労働者を就業させる事業の附属寄宿舎が、安全及び衛生に関し定められた基準に反する場合においては、行政官庁は、使用者に対して、その全部又は一部の使用の停止、変更その他必要な事項を命ずることができる。

②　前項の場合において行政官庁は、使用者に命じた事項について必要な事項を労働者に命ずることができる。

第十一章　監督機関

（監督機関の職員等）

第九十七条　労働基準主管局（厚生労働省の内部部局として置かれる局で労働条件及び労働者の保護に関する事務を所掌するものをいう。以下同じ。）、都道府県労働局及び労働基準監督署に労働基準監督官を置くほか、厚生労働省令で定める必要な職員を置くことができる。

②　労働基準主管局の局長（以下「労働基準主管局長」という。）、都道府県労働局長及び労働基準監督署長は、労働基準監督官をもつてこれに充てる。

③　労働基準監督官の資格及び任免に関する事項は、政令で定める。

④　厚生労働省に、政令で定めるところにより、労働基準監督官分限審議会を置くことができる。

⑤　労働基準監督官を罷免するには、労働基準監督官分限審議会の同意を必要とする。

⑥　前二項に定めるもののほか、労働基準監督官分限審議会の組織及び運営に関し必要な事項は、政令で定める。

第九十八条　削除
（労働基準主管局長等の権限）
第九十九条　労働基準主管局長は、厚生労働大臣の指揮監督を受けて、都道府県労働局長を指揮監督
　し、労働基準に関する法令の制定改廃、労働基準監督官の任免教養、監督方法についての規程の制定
　及び調整、監督年報の作成並びに労働政策審議会及び労働基準監督官分限審議会に関する事項（労働
　政策審議会に関する事項については、労働条件及び労働者の保護に関するものに限る。）その他この法
　律の施行に関する事項をつかさどり、所属の職員を指揮監督する。
②　都道府県労働局長は、労働基準主管局長の指揮監督を受けて、管内の労働基準監督署長を指揮監督
　し、監督方法の調整に関する事項その他この法律の施行に関する事項をつかさどり、所属の職員を指
　揮監督する。
③　労働基準監督署長は、都道府県労働局長の指揮監督を受けて、この法律に基く臨検、尋問、許可、
　認定、審査、仲裁その他この法律の実施に関する事項をつかさどり、所属の職員を指揮監督する。
④　労働基準主管局長及び都道府県労働局長は、下級官庁の権限を自ら行い、又は所属の労働基準監督
　官をして行わせることができる。
（女性主管局長の権限）
第百条　厚生労働省の女性主管局長（厚生労働省の内部部局として置かれる局で女性労働者の特性に係
　る労働問題に関する事務を所掌するものの局長をいう。以下同じ。）は、厚生労働大臣の指揮監督を受
　けて、この法律中女性に特殊の規定の制定、改廃及び解釈に関する事項をつかさどり、その施行に関
　する事項については、労働基準主管局長及びその下級の官庁の長に勧告を行うとともに、労働基準主
　管局長が、その下級の官庁に対して行う指揮監督について援助を与える。
②　女性主管局長は、自ら又はその指定する所属官吏をして、女性に関し労働基準主管局長若しくはその
　下級の官庁又はその所属官吏の行つた監督その他に関する文書を閲覧し、又は閲覧せしめることがで
　きる。
③　第百一条及び第百五条の規定は、女性主管局長又はその指定する所属官吏が、この法律中女性に特
　殊の規定の施行に関して行う調査の場合に、これを準用する。
（労働基準監督官の権限）
第百一条　労働基準監督官は、事業場、寄宿舎その他の附属建設物に臨検し、帳簿及び書類の提出を求
　め、又は使用者若しくは労働者に対して尋問を行うことができる。
②　前項の場合において、労働基準監督官は、その身分を証明する証票を携帯しなければならない。
第百二条　労働基準監督官は、この法律違反の罪について、刑事訴訟法に規定する司法警察官の職務を
　行う。
第百三条　労働者を就業させる事業の附属寄宿舎が、安全及び衛生に関して定められた基準に反し、且
　つ労働者に急迫した危険がある場合においては、労働基準監督官は、第九十六条の三の規定による行
　政官庁の権限を即時に行うことができる。
（監督機関に対する申告）
第百四条　事業場に、この法律又はこの法律に基いて発する命令に違反する事実がある場合において
　は、労働者は、その事実を行政官庁又は労働基準監督官に申告することができる。
②　使用者は、前項の申告をしたことを理由として、労働者に対して解雇その他不利益な取扱をしては
　ならない。
（報告等）
第百四条の二　行政官庁は、この法律を施行するため必要があると認めるときは、厚生労働省令で定め
　るところにより、使用者又は労働者に対し、必要な事項を報告させ、又は出頭を命ずることができる。
②　労働基準監督官は、この法律を施行するため必要があると認めるときは、使用者又は労働者に対
　し、必要な事項を報告させ、又は出頭を命ずることができる。
（労働基準監督官の義務）
第百五条　労働基準監督官は、職務上知り得た秘密を漏してはならない。労働基準監督官を退官した後
　においても同様である。
　　　　第十二章　雑則
（国の援助義務）
第百五条の二　厚生労働大臣又は都道府県労働局長は、この法律の目的を達成するために、労働者及び
　使用者に対して資料の提供その他必要な援助をしなければならない。
（法令等の周知義務）

資料

第百六条　使用者は、この法律及びこれに基づく命令の要旨、就業規則、第十八条第二項、第二十四条第一項ただし書、第三十二条の二第一項、第三十二条の三第一項、第三十二条の四第一項、第三十二条の五第一項、第三十四条第二項ただし書、第三十六条第一項、第三十七条第三項、第三十八条の二第二項、第三十八条の三第一項並びに第三十九条第四項、第六項及び第九項ただし書に規定する協定並びに第三十八条の四第一項及び同条第五項（第四十一条の二第三項において準用する場合を含む。）並びに第四十一条の二第一項に規定する決議を、常時各作業場の見やすい場所へ掲示し、又は備え付けること、書面を交付することその他の厚生労働省令で定める方法によつて、労働者に周知させなければならない。

②　使用者は、この法律及びこの法律に基いて発する命令のうち、寄宿舎に関する規定及び寄宿舎規則を、寄宿舎の見易い場所に掲示し、又は備え付ける等の方法によつて、寄宿舎に寄宿する労働者に周知させなければならない。

（労働者名簿）

第百七条　使用者は、各事業場ごとに労働者名簿を、各労働者（日日雇い入れられる者を除く。）について調製し、労働者の氏名、生年月日、履歴その他厚生労働省令で定める事項を記入しなければならない。

②　前項の規定により記入すべき事項に変更があつた場合においては、遅滞なく訂正しなければならない。

（賃金台帳）

第百八条　使用者は、各事業場ごとに賃金台帳を調製し、賃金計算の基礎となる事項及び賃金の額その他厚生労働省令で定める事項を賃金支払の都度遅滞なく記入しなければならない。

（記録の保存）

第百九条　使用者は、労働者名簿、賃金台帳及び雇入れ、解雇、災害補償、賃金その他労働関係に関する重要な書類を五年間保存しなければならない。

第百十条　削除

（無料証明）

第百十一条　労働者及び労働者になろうとする者は、その戸籍に関して戸籍事務を掌る者又はその代理者に対して、無料で証明を請求することができる。使用者が、労働者及び労働者になろうとする者の戸籍に関して証明を請求する場合においても同様である。

（国及び公共団体についての適用）

第百十二条　この法律及びこの法律に基いて発する命令は、国、都道府県、市町村その他これに準ずべきものについても適用あるものとする。

（命令の制定）

第百十三条　この法律に基いて発する命令は、その草案について、公聴会で労働者を代表する者、使用者を代表する者及び公益を代表する者の意見を聴いて、これを制定する。

（付加金の支払）

第百十四条　裁判所は、第二十条、第二十六条若しくは第三十七条の規定に違反した使用者又は第三十九条第九項の規定による賃金を支払わなかつた使用者に対して、労働者の請求により、これらの規定により使用者が支払わなければならない金額についての未払金のほか、これと同一額の付加金の支払を命ずることができる。ただし、この請求は、違反のあつた時から五年以内にしなければならない。

（時効）

第百十五条　この法律の規定による賃金の請求権はこれを行使することができる時から五年間、この法律の規定による災害補償その他の請求権（賃金の請求権を除く。）はこれを行使することができる時から二年間行わない場合においては、時効によつて消滅する。

（経過措置）

第百十五条の二　この法律の規定に基づき命令を制定し、又は改廃するときは、その命令で、その制定又は改廃に伴い合理的に必要と判断される範囲内において、所要の経過措置（罰則に関する経過措置を含む。）を定めることができる。

（適用除外）

第百十六条　第一条から第十一条まで、次項、第百十七条から第百十九条まで及び第百二十一条の規定を除き、この法律は、船員法（昭和二十二年法律第百号）第一条第一項に規定する船員については、適用しない。

② この法律は、同居の親族のみを使用する事業及び家事使用人については、適用しない。

第十三章　罰則

第百十七条　第五条の規定に違反した者は、これを一年以上十年以下の懲役又は二十万円以上三百万円以下の罰金に処する。

第百十八条　第六条、第五十六条、第六十三条又は第六十四条の二の規定に違反した者は、これを一年以下の懲役又は五十万円以下の罰金に処する。

②　第七十条の規定に基づいて発する厚生労働省令（第六十三条又は第六十四条の二の規定に係る部分に限る。）に違反した者についても前項の例による。

第百十九条　次の各号のいずれかに該当する者は、六箇月以下の懲役又は三十万円以下の罰金に処する。

一　第三条、第四条、第七条、第十六条、第十七条、第十八条第一項、第十九条、第二十条、第二十二条第四項、第三十二条、第三十四条、第三十五条、第三十六条第六項、第三十七条、第三十九条（第七項を除く。）、第六十一条、第六十二条、第六十四条の三から第六十七条まで、第七十二条、第七十五条から第七十七条まで、第七十九条、第八十条、第九十四条第二項、第九十六条又は第百四条第二項の規定に違反した者

二　第三十三条第二項、第九十六条の二第二項又は第九十六条の三第一項の規定による命令に違反した者

三　第四十条の規定に基づいて発する厚生労働省令に違反した者

四　第七十条の規定に基づいて発する厚生労働省令（第六十二条又は第六十四条の三の規定に係る部分に限る。）に違反した者

第百二十条　次の各号のいずれかに該当する者は、三十万円以下の罰金に処する。

一　第十四条、第十五条第一項若しくは第三項、第十八条第七項、第二十二条第一項から第三項まで、第二十三条から第二十七条まで、第三十二条の二第二項（第三十二条の三第四項、第三十二条の四第四項及び第三十二条の五第三項において準用する場合を含む。）、第三十二条の五第二項、第三十三条第一項ただし書、第三十八条の二第三項（第三十八条の三第二項において準用する場合を含む。）、第三十九条第七項、第五十七条から第五十九条まで、第六十四条、第六十八条、第八十九条、第九十条第一項、第九十一条、第九十五条第一項若しくは第二項、第九十六条の二第一項、第百五条（第百条第三項において準用する場合を含む。）又は第百六条から第百九条までの規定に違反した者

二　第七十条の規定に基づいて発する厚生労働省令（第十四条の規定に係る部分に限る。）に違反した者

三　第九十二条第二項又は第九十六条の三第二項の規定による命令に違反した者

四　第百一条（第百条第三項において準用する場合を含む。）の規定による労働基準監督官又は女性主管局長若しくはその指定する所属官吏の臨検を拒み、妨げ、若しくは忌避し、その尋問に対して陳述をせず、若しくは虚偽の陳述をし、帳簿書類の提出をせず、又は虚偽の記載をした帳簿書類の提出をした者

五　第百四条の二の規定による報告をせず、若しくは虚偽の報告をし、又は出頭しなかつた者

第百二十一条　この法律の違反行為をした者が、当該事業の労働者に関する事項について、事業主のために行為した代理人、使用人その他の従業者である場合においては、事業主に対しても各本条の罰金刑を科する。ただし、事業主（事業主が法人である場合においてはその代表者、事業主が営業に関し成年者と同一の行為能力を有しない未成年者又は成年被後見人である場合においてはその法定代理人（法定代理人が法人であるときは、その代表者）を事業主とする。次項において同じ。）が違反の防止に必要な措置をした場合においては、この限りでない。

②　事業主が違反の計画を知りその防止に必要な措置を講じなかつた場合、違反行為を知り、その是正に必要な措置を講じなかつた場合又は違反を教唆した場合においては、事業主も行為者として罰する。

附　則　抄

第百二十二条　この法律施行の期日は、勅令で、これを定める。

第百二十三条　工場法、工業労働者最低年齢法、労働者災害扶助法、商店法、黄燐燐寸製造禁止法及び昭和十四年法律第八十七号は、これを廃止する。

第百二十九条　この法律施行前、労働者が業務上負傷し、疾病にかかり、又は死亡した場合における災害補償については、なお旧法の扶助に関する規定による。

第百三十一条　命令で定める規模以下の事業又は命令で定める業種の事業に係る第三十二条第一項（第六十条第二項の規定により読み替えて適用する場合を除く。）の規定の適用については、平成九年三月

三十一日までの間は、第三十二条第一項中「四十時間」とあるのは、「四十時間を超え四十四時間以下の範囲内において命令で定める時間」とする。

② 前項の規定により読み替えて適用する第三十二条第一項の命令は、労働者の福祉、労働時間の動向その他の事情を考慮して定めるものとする。

③ 第一項の規定により読み替えて適用する第三十二条第一項の命令を制定し、又は改正する場合においては、当該命令で、一定の規模以下の事業又は一定の業種の事業については、一定の期間に限り、当該命令の制定前又は改正前の例による旨の経過措置（罰則に関する経過措置を含む。）を定めることができる。

④ 労働大臣は、第一項の規定により読み替えて適用する第三十二条第一項の命令の制定又は改正の立案をしようとするときは、あらかじめ、中央労働基準審議会の意見を聴かなければならない。

第百三十二条 前条第一項の規定が適用される間における同項に規定する事業に係る第三十二条の四第一項の規定の適用については、同項各号列記以外の部分中「次に掲げる事項を定めたときは、第三十二条の規定にかかわらず、その協定で」とあるのは「次に掲げる事項及び」と、「労働時間が四十時間」とあるのは「労働時間を四十時間（命令で定める規模以下の事業にあつては、四十時間を超え四十二時間以下の範囲内において命令で定める時間）以内とし、当該時間を超えて労働させたときはその超えた時間（第三十七条第一項の規定の適用を受ける時間を除く。）の労働について同条の規定の例により割増賃金を支払う定めをしたときは、第三十二条の規定にかかわらず、当該期間を平均し一週間当たりの労働時間が同条第一項の労働時間」と、「労働させることができる」とあるのは「労働させることができる。この場合において、使用者は、当該期間を平均し一週間当たり四十時間（前段の命令で定める規模以下の事業にあつては、前段の命令で定める時間）を超えて労働させたときは、その超えた時間（第三十七条第一項の規定の適用を受ける時間を除く。）の労働について、第三十七条の規定の例により割増賃金を支払わなければならない」と、同項第二号中「四十時間」とあるのは「第三十二条第一項の労働時間」とする。

② 前条第一項の規定が適用される間における同項に規定する事業に係る第三十二条の五第一項の規定の適用については、同項中「協定がある」とあるのは「協定により、一週間の労働時間を四十時間（命令で定める規模以下の事業にあつては、四十時間を超え四十二時間以下の範囲内において命令で定める時間）以内とし、当該時間を超えて労働させたときはその超えた時間（第三十七条第一項の規定の適用を受ける時間を除く。）の労働について同条の規定の例により割増賃金を支払う定めをした」と、「一日について」とあるのは「一週間について同条第一項の労働時間を超えない範囲内において、一日について」と、「労働させることができる」とあるのは「労働させることができる。この場合において、使用者は、一週間について四十時間（前段の命令で定める規模以下の事業にあつては、前段の命令で定める時間）を超えて労働させたときは、その超えた時間（第三十七条第一項の規定の適用を受ける時間を除く。）の労働について、第三十七条の規定の例により割増賃金を支払わなければならない」とする。

③ 前条第四項の規定は、前二項の規定により読み替えて適用する第三十二条の四第一項及び第三十二条の五第一項（第二項の規定により読み替えた部分に限る。）の命令について準用する。

第百三十三条 厚生労働大臣は、第三十六条第二項の基準を定めるに当たつては、満十八歳以上の女性のうち雇用の分野における男女の均等な機会及び待遇の確保等のための労働省関係法律の整備に関する法律（平成九年法律第九十二号）第四条の規定による改正前の第六十四条の二第四項に規定する命令で定める者に該当しない者について平成十一年四月一日以後同条第一項及び第二項の規定が適用されなくなつたことにかんがみ、当該者のうち子の養育又は家族の介護を行う労働者（厚生労働省令で定める者に限る。以下この条において「特定労働者」という。）の職業生活の著しい変化がその家庭生活に及ぼす影響を考慮して、厚生労働省令で定める期間、特定労働者（その者に係る時間外労働を短いものとすることを使用者に申し出た者に限る。）に係る第三十六条第一項の協定で定める労働時間の延長の限度についての基準は、当該特定労働者以外の者に係る同項の協定で定める労働時間の延長の限度についての基準とは別に、これより短いものとして定めるものとする。この場合において、一年についての労働時間の延長の限度についての基準は、百五十時間を超えないものとしなければならない。

第百三十四条 常時三百人以下の労働者を使用する事業に係る第三十九条の規定の適用については、昭和六十六年三月三十一日までの間は同条第一項中「十労働日」とあるのは「六労働日」と、同年四月一日から昭和六十九年三月三十一日までの間は同項中「十労働日」とあるのは「八労働日」とする。

第百三十五条 六箇月経過日から起算した継続勤務年数が四年から八年までのいずれかの年数に達する

日の翌日が平成十一年四月一日から平成十二年三月三十一日までの間にある労働者に関する第三十九条の規定の適用については、同日までの間は、次の表の上欄に掲げる当該六箇月経過日から起算した継続勤務年数の区分に応じ、同条第二項の表中次の表の中欄に掲げる字句は、同表の下欄に掲げる字句とする。

四年	六労働日	五労働日
五年	八労働日	六労働日
六年	十労働日	七労働日
七年	十労働日	八労働日
八年	十労働日	九労働日

② 六箇月経過日から起算した継続勤務年数が五年から七年までのいずれかの年数に達する日の翌日が平成十二年四月一日から平成十三年三月三十一日までの間にある労働者に関する第三十九条の規定の適用については、平成十二年四月一日から平成十三年三月三十一日までの間は、次の表の上欄に掲げる当該六箇月経過日から起算した継続勤務年数の区分に応じ、同条第二項の表中次の表の中欄に掲げる字句は、同表の下欄に掲げる字句とする。

五年	八労働日	七労働日
六年	十労働日	八労働日
七年	十労働日	九労働日

③ 前二項の規定は、第七十二条に規定する未成年者については、適用しない。

第百三十六条 使用者は、第三十九条第一項から第四項までの規定による有給休暇を取得した労働者に対して、賃金の減額その他不利益な取扱いをしないようにしなければならない。

第百三十七条 期間の定めのある労働契約（一定の事業の完了に必要な期間を定めるものを除き、その期間が一年を超えるものに限る。）を締結した労働者（第十四条第一項各号に規定する労働者を除く。）は、労働基準法の一部を改正する法律（平成十五年法律第百四号）附則第三条に規定する措置が講じられるまでの間、民法第六百二十八条の規定にかかわらず、当該労働契約の期間の初日から一年を経過した日以後においては、その使用者に申し出ることにより、いつでも退職することができる。

第百三十九条 工作物の建設の事業（災害時における復旧及び復興の事業に限る。）その他これに関連する事業として厚生労働省令で定める事業に関する第三十六条の規定の適用については、当分の間、同条第五項中「時間（第二項第四号に関して協定した時間を含め百時間未満の範囲内に限る。）」とあるのは「時間」と、「同号」とあるのは「第二項第四号」とし、同条第六項（第二号及び第三号に係る部分に限る。）の規定は適用しない。

② 前項の規定にかかわらず、工作物の建設の事業その他これに関連する事業として厚生労働省令で定める事業については、令和六年三月三十一日（同日及びその翌日を含む期間を定めている第三十六条第一項の協定に関しては、当該協定に定める期間の初日から起算して一年を経過する日）までの間、同条第二項第四号中「一箇月及び」とあるのは、「一日を超え三箇月以内の範囲で前項の協定をする使用者及び労働組合若しくは労働者の過半数を代表する者が定める期間並びに」とし、同条第三項から第五項まで及び第六項（第二号及び第三号に係る部分に限る。）の規定は適用しない。

第百四十条 一般乗用旅客自動車運送事業（道路運送法（昭和二十六年法律第百八十三号）第三条第一号ハに規定する一般乗用旅客自動車運送事業をいう。）の業務、貨物自動車運送事業（貨物自動車運送事業法（平成元年法律第八十三号）第二条第一項に規定する貨物自動車運送事業をいう。）の業務その他の自動車の運転の業務として厚生労働省令で定める業務に関する第三十六条の規定の適用については、当分の間、同条第五項中「時間（第二項第四号に関して協定した時間を含め百時間未満の範囲内に限る。）並びに一年について労働時間を延長して労働させることができる時間（同号に関して協定した時間を含め七百二十時間を超えない範囲内に限る。）」とあるのは「時間並びに一年について労働時間を延長して労働させることができる時間（第二項第四号に関して協定した時間を含め七百二十時間を超えない範囲内に限る。）」とし、この場合において、第一項の協定に、併せて第二項第二号の対象期間において労働時間を延長して労働させる時間が一箇月について四十五時間（第三十二条の四第一項第二号の対象期間として三箇月を超える期間を定めて同条の規定により労働させる場合にあつては、一箇月について四十二時間）を超えることができる月数（一年について六箇月以内に限る。）を定めなければならない」とあるのは、「時間並びに一年について労働時間を延長して労働させることができる時間（第二項第四号に関して協定した時間を含め

九百六十時間を超えない範囲内に限る。）を定めることができる」とし、同条第六項（第二号及び第三号に係る部分に限る。）の規定は適用しない。

② 前項の規定にかかわらず、同項に規定する業務については、令和六年三月三十一日（同日及びその翌日を含む期間を定めている第三十六条第一項の協定に関しては、当該協定に定める期間の初日から起算して一年を経過する日）までの間、同条第二項第四号中「一箇月及び」とあるのは、「一日を超え三箇月以内の範囲で前項の協定をする使用者及び労働組合若しくは労働者の過半数を代表する者が定める期間並びに」とし、同条第三項から第五項まで及び第六項（第二号及び第三号に係る部分に限る。）の規定は適用しない。

第百四十一条 医業に従事する医師（医療提供体制の確保に必要な者として厚生労働省令で定める者に限る。）に関する第三十六条の規定の適用については、当分の間、同条第二項第四号中「における一日、一箇月及び一年のそれぞれの期間について」とあるのは「における」とし、同条第三項中「限度時間」とあるのは「限度時間並びに労働者の健康及び福祉を勘案して厚生労働省令で定める時間」とし、同条第五項及び第六項（第二号及び第三号に係る部分に限る。）の規定は適用しない。

② 前項の場合において、第三十六条第一項の協定に、同条第二項各号に掲げるもののほか、当該事業場における通常予見することのできない業務量の大幅な増加等に伴い臨時的に前項の規定により読み替えて適用する同条第三項の厚生労働省令で定める時間を超えて労働させる必要がある場合において、同条第二項第四号に関して協定した時間を超えて労働させることができる時間（同号に関して協定した時間を含め、同条第五項に定める時間及び月数並びに労働者の健康及び福祉を勘案して厚生労働省令で定める時間を超えない範囲内に限る。）その他厚生労働省令で定める事項を定めることができる。

③ 使用者は、第一項の場合において、第三十六条第一項の協定で定めるところによつて労働時間を延長して労働させ、又は休日において労働させる場合であつても、同条第六項に定める要件並びに労働者の健康及び福祉を勘案して厚生労働省令で定める時間を超えて労働させてはならない。

④ 前三項の規定にかかわらず、医業に従事する医師については、令和六年三月三十一日（同日及びその翌日を含む期間を定めている第三十六条第一項の協定に関しては、当該協定に定める期間の初日から起算して一年を経過する日）までの間、同条第二項第四号中「一箇月及び」とあるのは、「一日を超え三箇月以内の範囲で前項の協定をする使用者及び労働組合若しくは労働者の過半数を代表する者が定める期間並びに」とし、同条第三項から第五項まで及び第六項（第二号及び第三号に係る部分に限る。）の規定は適用しない。

⑤ 第三項の規定に違反した者は、六箇月以下の懲役又は三十万円以下の罰金に処する。

第百四十二条 鹿児島県及び沖縄県における砂糖を製造する事業に関する第三十六条の規定の適用については、令和六年三月三十一日（同日及びその翌日を含む期間を定めている同条第一項の協定に関しては、当該協定に定める期間の初日から起算して一年を経過する日）までの間、同条第五項中「時間（第二項第四号に関して協定した時間を含め百時間未満の範囲内に限る。）」とあるのは「時間」と、「同号」とあるのは「第二項第四号」とし、同条第六項（第二号及び第三号に係る部分に限る。）の規定は適用しない。

第百四十三条 第百九条の規定の適用については、当分の間、同条中「五年間」とあるのは、「三年間」とする。

② 第百十四条の規定の適用については、当分の間、同条ただし書中「五年」とあるのは、「三年」とする。

③ 第百十五条の規定の適用については、当分の間、同条中「賃金の請求権はこれを行使することができる時から五年間」とあるのは、「退職手当の請求権はこれを行使することができる時から五年間、この法律の規定による賃金（退職手当を除く。）の請求権はこれを行使することができる時から三年間」とする。

　　　附　則　（昭和二二年八月三一日法律第九七号）　抄

第十三条 この法律の施行期日は、その成立の日から三十日を超えない期間内において、政令で、これを定める。

　　　附　則　（昭和二四年五月一六日法律第七〇号）　抄

1 この法律施行の期日は、公布の日から起算して九十日をこえない期間内において、政令で定める。

　　　附　則　（昭和二四年五月三一日法律第一六六号）
　　　この法律は、昭和二十四年六月一日から施行する。

　　　附　則　（昭和二五年一二月二〇日法律第二九〇号）

この法律は、新法の施行の日から施行する。
　　　附　則　（昭和二七年七月三一日法律第二八七号）　抄
1　この法律は、昭和二十七年九月一日から施行する。
2　この法律の施行の際使用者が改正前の労働基準法第十八条第二項の規定による認可を受けて、労働者の貯蓄金を管理している場合においては、この法律の施行後は、改正後の同項の規定による届出があつたものとみなす。
4　改正後の労働基準法第七十六条第二項及び第三項の規定は、この法律施行の際同条第一項の規定による休業補償を受けている労働者についても適用あるものとし、且つ、その労働者につき左の各号の一に該当する事由があるときは、使用者は、左の各号の区分によつて当該各号に定める比率に応じて休業補償を改訂し、昭和二十八年一月から、改訂された額により休業補償を行わなければならない。
　　一　常時百人以上の労働者を使用する事業場において昭和二十二年九月一日から昭和二十六年三月三十一日までの間に業務上負傷し、又は疾病にかかつた者については、昭和二十七年一月から三月までの平均給与額が、その負傷し又は疾病にかかつた日の属する会計年度において当該労働者と同一の事業場の同種の労働者に対して所定労働時間労働した場合に支払われた通常の賃金の一箇月一人当り平均額（以下本項において会計年度における平均給与額という。）の百分の百二十をこえる場合は、その比率
　　二　常時百人以上の労働者を使用する事業場において昭和二十二年九月一日から昭和二十六年三月三十一日までの間において業務上負傷し、又は疾病にかかつた者で前号の場合に該当しないものについては、昭和二十七年七月から九月までの平均給与額が、会計年度における平均給与額の百分の百二十をこえる場合は、その比率
　　三　常時百人以上の労働者を使用する事業場において昭和二十六年四月以後において業務上負傷し、又は疾病にかかつた者については、昭和二十七年七月から九月までの平均給与額が、当該労働者の負傷し、又は疾病にかかつた日の属する四半期の平均給与額の百分の百二十をこえる場合は、その比率
　　四　常時百人未満の労働者を使用する事業場において業務上負傷し、又は疾病にかかつた者が、前各号に該当する場合においては、命令で定める比率
　　五　日々雇い入れられる者については、命令で定める比率
　　　附　則　（昭和二九年六月一〇日法律第一七一号）
　この法律施行の期日は、公布の日から起算して九十日をこえない期間内において、政令で定める。
　　　附　則　（昭和三一年六月四日法律第一二六号）　抄
（施行期日）
1　この法律の施行期日は、公布の日から起算して六箇月をこえない範囲内で、政令で定める。
12　この法律の施行前に、改正前の労働基準法第八十六条の規定により労働者災害補償審査会がした審査又は仲裁の請求の受理その他の行為は、改正後の労働基準法第八十六条の規定により労働者災害補償保険審査官がした審査又は仲裁の請求の受理その他の行為とみなす。
　　　附　則　（昭和三三年五月二日法律第一三三号）　抄
（施行期日）
第一条　この法律は、公布の日から起算して六月をこえない範囲内で、政令で定める日から施行する。
　　　附　則　（昭和三四年四月一五日法律第一三七号）　抄
（施行期日）
第一条　この法律の施行期日は、公布の日から起算して九十日をこえない範囲内において、各規定につき、政令で定める。
　　　附　則　（昭和三七年九月一五日法律第一六一号）　抄
1　この法律は、昭和三十七年十月一日から施行する。
2　この法律による改正後の規定は、この附則に特別の定めがある場合を除き、この法律の施行前にされた行政庁の処分、この法律の施行前にされた申請に係る行政庁の不作為その他この法律の施行前に生じた事項についても適用する。ただし、この法律による改正前の規定によつて生じた効力を妨げない。
3　この法律の施行前に提起された訴願、審査の請求、異議の申立てその他の不服申立て（以下「訴願等」という。）については、この法律の施行後も、なお従前の例による。この法律の施行前にされた訴願等の裁決、決定その他の処分（以下「裁決等」という。）又はこの法律の施行前に提起された訴願等につきこの法律の施行後にされる裁決等にさらに不服がある場合の訴願等についても、同様とする。

4　前項に規定する訴願等で、この法律の施行後は行政不服審査法による不服申立てをすることができることとなる処分に係るものは、同法以外の法律の適用については、行政不服審査法による不服申立てとみなす。

5　第三項の規定によりこの法律の施行後にされる審査の請求、異議の申立てその他の不服申立ての裁決等については、行政不服審査法による不服申立てをすることができない。

6　この法律の施行前にされた行政庁の処分で、この法律による改正前の規定により訴願等をすることができるものとされ、かつ、その提起期間が定められていなかつたものについて、行政不服審査法による不服申立てをすることができる期間は、この法律の施行の日から起算する。

8　この法律の施行前にした行為に対する罰則の適用については、なお従前の例による。

9　前八項に定めるもののほか、この法律の施行に関して必要な経過措置は、政令で定める。

10　この法律及び行政事件訴訟法の施行に伴う関係法律の整理等に関する法律（昭和三十七年法律第百四十号）に同一の法律についての改正規定がある場合においては、当該法律は、この法律によつてまず改正され、次いで行政事件訴訟法の施行に伴う関係法律の整理等に関する法律によつて改正されるものとする。

　　　附　則　（昭和四〇年六月一一日法律第一三〇号）　抄

（施行期日）

第一条　この法律は、昭和四十年八月一日から施行する。ただし、第二条及び附則第十三条の規定は昭和四十年十一月一日から、第三条並びに附則第十四条から附則第四十三条まで及び附則第四十五条の規定は昭和四十一年二月一日から施行する。

（労働基準法の一部改正に伴う経過措置）

第十条　事業が数次の請負によつて行なわれる場合における災害補償であつて、昭和四十年七月三十一日以前に生じた事故に係るものについては、前条の規定による改正前の労働基準法第八十七条の規定の例による。

（労働基準法の一部改正に伴う経過措置）

第二十条　昭和四十一年二月一日前に生じた事由に係る労働基準法第七十五条から第七十七条まで、第七十九条及び第八十条の規定による災害補償については、前条の規定による同法第七十九条及び第八十四条第一項の規定の改正にかかわらず、なお従前の例による。

第二十一条　附則第八条第一項の規定によりなお効力を有することとされる第一条の規定による改正前の労働者災害補償保険法第十七条から第十九条の二までの規定により保険給付の全部又は一部が支給されない場合において使用者が行なうべき災害補償については、なお附則第十九条の規定による改正前の労働基準法第八十四条第一項の規定の例による。

　　　附　則　（昭和四二年八月一日法律第一〇八号）　抄

（施行期日）

1　この法律は、公布の日から施行する。

　　　附　則　（昭和四三年六月一五日法律第九九号）　抄

（施行期日）

1　この法律は、公布の日から施行する。

　　　附　則　（昭和四四年七月一八日法律第六四号）　抄

（施行期日）

第一条　この法律（以下「新法」という。）は、昭和四十四年十月一日から施行する。

　　　附　則　（昭和四七年六月八日法律第五七号）　抄

（施行期日）

第一条　この法律は、公布の日から起算して六月をこえない範囲内において政令で定める日から施行する。

（政令への委任）

第二条　この附則に定めるもののほか、この法律の施行に関して必要な経過措置は、政令で定める。

（罰則に関する経過措置）

第三条　この法律の施行前にした行為に対する罰則の適用については、なお従前の例による。

　　　附　則　（昭和五一年五月二七日法律第三四号）　抄

（施行期日）

第一条　この法律は、公布の日から起算して一年を超えない範囲内において、各規定につき、政令で定める日から施行する。

（労働基準法の一部改正に伴う経過措置）

第五条　前条の規定の施行の日前にした同条の規定による改正前の労働基準法の規定に違反する行為に対する罰則の適用については、なお従前の例による。

　　　附　則　（昭和五八年一二月二日法律第七八号）

1　この法律（第一条を除く。）は、昭和五十九年七月一日から施行する。

2　この法律の施行の日の前日において法律の規定により置かれている機関等で、この法律の施行の日以後は国家行政組織法又はこの法律による改正後の関係法律の規定に基づく政令（以下「関係政令」という。）の規定により置かれることとなるものに関し必要となる経過措置その他この法律の施行に伴う関係政令の制定又は改廃に関し必要となる経過措置は、政令で定めることができる。

　　　附　則　（昭和五九年一二月二五日法律第八七号）　抄

（施行期日）

第一条　この法律は、昭和六十年四月一日から施行する。

（政令への委任）

第二十八条　附則第二条から前条までに定めるもののほか、この法律の施行に関し必要な事項は、政令で定める。

　　　附　則　（昭和六〇年六月一日法律第四五号）　抄

（施行期日）

第一条　この法律は、昭和六十一年四月一日から施行する。ただし、次の各号に掲げる規定は、当該各号に定める日から施行する。

　一　第二条中労働基準法第百条の二及び第百二十条第四号の改正規定並びに次条第一項、附則第三条及び附則第十七条（労働省設置法（昭和二十四年法律第百六十二号）第四条第三十号の次に一号を加える改正規定並びに同法第四条第三十二号及び第三十四号並びに第九条第一項の改正規定に限る。）の規定　公布の日

（労働基準法の一部改正に伴う経過措置）

第二条　この法律（前条各号に掲げる規定については、当該各規定。次条及び附則第十九条において同じ。）の施行前に第二条の規定による改正前の労働基準法（これに基づく命令を含む。）の規定によりされた処分、手続その他の行為は、同条の規定による改正後の労働基準法（これに基づく命令を含む。）の相当規定によりされた処分、手続その他の行為とみなす。

2　産後六週間を経過する日がこの法律の施行前である女子については、第二条の規定による改正後の労働基準法第六十五条第二項の規定は、適用しない。

3　この法律の施行前に第二条の規定による改正前の労働基準法第六十五条第二項ただし書の規定により就業するに至つた女子で、この法律の施行の際産後六週間を経過していないものについては、第二条の規定による改正後の労働基準法第六十五条第二項の規定にかかわらず、なお従前の例による。

4　この法律の施行前に解雇された満十八才以上の女子が帰郷する場合における旅費の負担については、なお従前の例による。

第三条　この法律の施行前にした行為並びに前条第三項及び第四項の規定によりなお従前の例によることとされる事項に係るこの法律の施行後にした行為に対する罰則の適用については、なお従前の例による。

（その他の経過措置の政令への委任）

第十九条　この附則に規定するもののほか、この法律の施行に伴い必要な経過措置（罰則に関する経過措置を含む。）は、政令で定める。

（検討）

第二十条　政府は、この法律の施行後適当な時期において、第一条の規定による改正後の雇用の分野における男女の均等な機会及び待遇の確保等女子労働者の福祉の増進に関する法律及び第二条の規定による改正後の労働基準法第六章の二の規定の施行状況を勘案し、必要があると認めるときは、これらの法律の規定について検討を加え、その結果に基づいて必要な措置を講ずるものとする。

　　　附　則　（昭和六〇年六月八日法律第五六号）　抄

（施行期日）

第一条　この法律は、昭和六十年十月一日から施行する。

　　　附　則　（昭和六〇年七月五日法律第八九号）　抄

（施行期日）

第一条　この法律は、労働者派遣事業の適正な運営の確保及び派遣労働者の就業条件の整備等に関する

資料

法律（昭和六十年法律第八十八号）の施行の日から施行する。

　　　　附　則　（昭和六二年九月二六日法律第九九号）　抄

（施行期日）

第一条　この法律は、昭和六十三年四月一日から施行する。

（労働時間に関する経過措置）

第二条　昭和六十三年三月三十一日を含む一週間に係る労働時間については、この法律による改正後の労働基準法（以下「新法」という。）第三十二条第一項、第三十三条、第三十六条、第三十七条、第六十条、第六十四条の二及び第六十六条第二項の規定にかかわらず、なお従前の例による。

２　この法律の施行の際使用者がこの法律による改正前の労働基準法（以下「旧法」という。）第三十二条第二項の規定により労働させることとしている労働者に関しては、同項の規定に基づく就業規則その他これに準ずるものによる定めをしている四週間以内の一定の期間のうち昭和六十三年三月三十一日を含む期間に係る労働時間については、新法第三十二条、第三十二条の二、第三十三条、第三十六条、第三十七条、第六十四条の二及び第六十六条第二項の規定にかかわらず、なお従前の例による。

（年次有給休暇に関する経過措置）

第三条　この法律の施行の際四月一日以外の日が基準日（新法第三十九条第一項に定める継続勤務の期間の終了する日の翌日をいう。以下この条において同じ。）である労働者に係る有給休暇については、この法律の施行の日後の最初の基準日の前日までの間は、新法第三十九条第一項から第三項までの規定にかかわらず、なお従前の例による。

２　新法第百三十三条に規定する事業に使用される労働者であつて昭和六十六年四月一日において継続勤務するもののうち、同日において四月一日以外の日が基準日である労働者に係る有給休暇については、同年四月一日から同日後の最初の基準日の前日までの間は、同月一日前において同条の規定により読み替えて適用する新法第三十九条第一項から第三項までの規定の例による。

３　前項の規定は、新法第百三十三条に規定する事業に使用される労働者であつて昭和六十九年四月一日において継続勤務するものについて準用する。

（時効に関する経過措置）

第四条　この法律の施行前に生じた退職手当の請求権の消滅時効については、なお従前の例による。

（罰則に関する経過措置）

第五条　この法律の施行前にした行為並びに附則第二条及び第三条第一項の規定によりなお従前の例によることとされる事項に係るこの法律の施行後にした行為に対する罰則の適用については、なお従前の例による。

（政令への委任）

第六条　附則第二条から前条までに定めるもののほか、この法律の施行に伴い必要な経過措置（罰則に関する経過措置を含む。）は、政令で定める。

（検討）

第七条　政府は、この法律の施行後三年を経過した場合において、新法の規定の施行の状況を勘案し、必要があると認めるときは、新法の規定について検討を加え、その結果に基づいて必要な措置を講ずるものとする。

　　　　附　則　（平成三年五月一五日法律第七六号）　抄

（施行期日）

第一条　この法律は、平成四年四月一日から施行する。

　　　　附　則　（平成四年七月二日法律第九〇号）

　この法律は、公布の日から起算して三月を超えない範囲内において政令で定める日から施行する。

　　　　附　則　（平成五年七月一日法律第七九号）　抄

（施行期日）

第一条　この法律は、平成六年四月一日から施行する。

（労働時間に関する経過措置）

第二条　平成六年三月三十一日を含む一週間に係る労働時間については、この法律による改正後の労働基準法（以下「新労働基準法」という。）第三十二条第一項（新労働基準法第百三十一条第一項の規定により読み替えて適用する場合を含む。次項において同じ。）、第三十二条の五第一項（新労働基準法第百三十二条第二項の規定により読み替えて適用する場合を含む。）、第三十三条、第三十六条、第三十七条、第六十条、第六十四条の二並びに第六十六条第一項及び第二項の規定にかかわらず、なお従前の例による。

2　この法律の施行の際使用者がこの法律による改正前の労働基準法（以下「旧労働基準法」という。）第三十二条の二、第三十二条の三及び旧労働基準法第百三十二条第一項の規定により読み替えて適用する旧労働基準法第三十二条の四第一項の規定により労働させることとしている労働者に関しては、旧労働基準法第三十二条の二の規定に基づく就業規則その他これに準ずるものによる定めをしている一箇月以内の一定の期間、旧労働基準法第三十二条の三の規定に基づく同条の協定（労働時間の短縮の促進に関する臨時措置法第七条に規定する労働時間短縮推進委員会の決議を含む。以下この条において同じ。）による定めをしている旧労働基準法第三十二条の三第二号の清算期間又は旧労働基準法第百三十二条第一項の規定により読み替えて適用する旧労働基準法第三十二条の四第一項の規定に基づく同項の協定による定めをしている三箇月以内の一定の期間（以下この項において「旧労働基準法による協定等の期間」という。）のうち平成六年三月三十一日を含む旧労働基準法による協定等の期間に係る労働時間については、新労働基準法第三十二条第一項、第三十二条の二、第三十二条の三、第三十二条の四第一項（新労働基準法第百三十二条第一項の規定により読み替えて適用する場合を含む。第五項において同じ。）、第三十三条、第三十六条、第三十七条、第六十四条の二並びに第六十六条第一項及び第二項の規定にかかわらず、なお従前の例による。

3　この法律の施行前に使用者が旧労働基準法第三十八条の二第四項の規定に基づき同項の協定（この法律の施行の際現に効力を有するものに限る。）で定めた業務は、当該協定が効力を有する間は、新労働基準法第三十八条の二第四項の命令で定めた業務とみなす。

4　平成九年三月三十一日においてその労働時間について新労働基準法第百三十一条第一項の規定により読み替えて適用する新労働基準法第三十二条第一項（以下この項及び次項において「読替え後の新労働基準法第三十二条第一項」という。）の規定が適用されている労働者に関しては、同日を含む一週間に係る労働時間については、読替え後の新労働基準法第三十二条第一項の規定の例による。

5　使用者が新労働基準法第三十二条の二から第三十二条の四第一項までの規定により労働させることとしている労働者であって、平成九年三月三十一日においてその労働時間について読替え後の新労働基準法第三十二条第一項の規定が適用されているものに関しては、新労働基準法第三十二条の二の規定に基づく就業規則その他これに準ずるものによる定めをしている一箇月以内の一定の期間、新労働基準法第三十二条の三の規定に基づく同条の協定による定めをしている同条第二号の清算期間又は新労働基準法第三十二条の四第一項の規定に基づく同項の協定による定めをしている同項第二号の対象期間（以下この項において「新労働基準法による協定等の期間」という。）のうち同日を含む新労働基準法による協定等の期間に係る労働時間については、読替え後の新労働基準法第三十二条第一項の規定の例による。

6　平成九年三月三十一日においてその労働時間について新労働基準法第百三十二条第一項又は第二項の規定により読み替えて適用する新労働基準法第三十二条の四第一項又は第三十二条の五第一項の規定が適用されている労働者に関しては、同日を含む新労働基準法第百三十二条第一項の規定により読み替えて適用する新労働基準法第三十二条の四第一項の規定に基づく同項の協定による定めをしている同項第二号の対象期間を平均し一週間について又は同日を含む一週間について使用者が四十時間を超えて労働させたときにおけるその超えた時間（新労働基準法第三十七条第一項の規定の適用を受ける時間を除く。）の労働については、新労働基準法第百三十二条第一項又は第二項の規定により読み替えて適用する新労働基準法第三十二条の四第一項又は第三十二条の五第一項の規定の例による。

（有給休暇に関する経過措置）

第三条　新労働基準法第三十九条第一項及び第二項の規定は、六箇月を超えて継続勤務する日がこの法律の施行の日（以下「施行日」という。）以後である労働者について適用し、施行日前に六箇月を超えて継続勤務している労働者については、なお従前の例による。この場合において、その雇入れの日が施行日前である労働者に関する同条第一項及び第二項の規定の適用については、同条第一項中「その雇入れの日」とあるのは「労働基準法及び労働時間の短縮の促進に関する臨時措置法の一部を改正する法律（平成五年法律第七十九号）の施行の日（次項において「施行日」という。）」と、同条第二項中「一年六箇月」とあるのは「施行日から起算して一年六箇月」と、「六箇月を」とあるのは「施行日から起算して六箇月を」とする。

2　施行日前の育児休業等に関する法律（平成三年法律第七十六号）第二条第一項に規定する育児休業をした期間については、新労働基準法第三十九条第七項の規定は、適用しない。

（報告等に関する経過措置）

第四条　この法律の施行前に旧労働基準法第百十条の規定により行政官庁又は労働基準監督官から要求のあった報告又は出頭は、新労働基準法第百四条の二の規定により行政官庁又は労働基準監督官が命

じた報告又は出頭とみなす。

（罰則に関する経過措置）

第六条　この法律の施行前にした行為並びに附則第二条第一項及び第二項並びに第三条第一項の規定によりなお従前の例によることとされる事項に係るこの法律の施行後にした行為に対する罰則の適用については、なお従前の例による。

（政令への委任）

第七条　附則第二条から前条までに定めるもののほか、この法律の施行に伴い必要な経過措置（罰則に関する経過措置を含む。）は、政令で定める。

　　　附　則　（平成七年六月九日法律第一〇七号）　抄

（施行期日）

第一条　この法律は、平成七年十月一日から施行する。ただし、第二条並びに附則第三条、第五条、第七条、第十一条、第十三条、第十四条、第十六条、第十八条、第二十条及び第二十二条の規定は、平成十一年四月一日から施行する。

　　　附　則　（平成九年六月一八日法律第九二号）　抄

（施行期日）

第一条　この法律は、平成十一年四月一日から施行する。ただし、次の各号に掲げる規定は、当該各号に定める日から施行する。

　　一　第一条（次号に掲げる改正規定を除く。）、第三条（次号に掲げる改正規定を除く。）、第五条、第六条、第七条（次号に掲げる改正規定を除く。）並びに附則第三条、第六条、第七条、第十条及び第十四条（次号に掲げる改正規定を除く。）の規定　公布の日から起算して六月を超えない範囲において政令で定める日

　　二　第一条中雇用の分野における男女の均等な機会及び待遇の確保等女子労働者の福祉の増進に関する法律第二十六条の前の見出しの改正規定、同条の改正規定（「事業主は」の下に「、労働省令で定めるところにより」を加える部分及び「できるような配慮をするように努めなければならない」を「できるようにしなければならない」に改める部分に限る。）、同法第二十七条の改正規定（「講ずるように努めなければならない」を「講じなければならない」に改める部分及び同条に二項を加える部分に限る。）、同法第三十四条の改正規定（「及び第十二条第二項」を「、第十二条第二項及び第二十七条第三項」に改める部分、「第十二条第一項」の下に「、第二十七条第二項」を加える部分及び「第十四条及び」を「第十四条、第二十六条及び」に改める部分に限る。）及び同法第三十五条の改正規定、第三条中労働基準法第六十五条第一項の改正規定（「十週間」を「十四週間」に改める部分に限る。）、第七条中労働省設置法第五条第四十一号の改正規定（「が講ずるように努めるべき措置についての」を「に対する」に改める部分に限る。）並びに附則第五条、第十二条及び第十三条の規定並びに附則第十四条中運輸省設置法（昭和二十四年法律第百五十七号）第四条第一項第二十四号の二の三の改正規定（「講ずるように努めるべき措置についての指針」を「講ずべき措置についての指針等」に改める部分に限る。）　平成十年四月一日

（罰則に関する経過措置）

第二条　この法律の施行前にした行為に対する罰則の適用については、なお従前の例による。

　　　附　則　（平成一〇年九月三〇日法律第一一二号）　抄

（施行期日）

第一条　この法律は、平成十一年四月一日から施行する。ただし、第百五条の二の次に一条を加える改正規定並びに附則第八条の規定及び附則第十五条の規定（地方公務員法（昭和二十五年法律第二百六十一号）第五十八条第三項の改正規定中「及び第百二条」を「、第百二条及び第百五条の三」に改める部分に限る。）は平成十年十月一日から、第三十八条の二の次に二条を加える改正規定（第三十八条の四に係る部分に限る。）、第五十六条第一項の改正規定、同条第二項の改正規定（「満十二才」を「満十三歳」に改める部分に限る。）、第六十条第三項の改正規定（同項第二号の改正規定を除く。）及び第百六条第一項の改正規定（第三十八条の四第一項及び第五項に規定する決議に係る部分に限る。）並びに附則第六条の規定、附則第十一条第一項の規定及び附則第十五条の規定（同法第五十八条第三項の改正規定中「第三十九条第五項」を「第三十八条の四、第三十九条第五項」に改める部分に限る。）は平成十二年四月一日から施行する。

（退職時の証明に関する経過措置）

第二条　この法律による改正後の労働基準法（以下「新法」という。）第二十二条第一項の規定は、この法律の施行の日以後に退職した労働者について適用し、この法律の施行の日前に退職した労働者につ

いては、なお従前の例による。

（労働時間に関する経過措置）

第三条　この法律による改正前の労働基準法（以下「旧法」という。）第三十二条の四の規定は、同条第一項の協定（労働時間の短縮の促進に関する臨時措置法（平成四年法律第九十号）第七条に規定する労働時間短縮推進委員会の同項に規定する事項についての決議を含む。）であって、この法律の施行の際同項第二号の対象期間として平成十一年三月三十一日を含む期間を定めているものについては、なおその効力を有する。

（休憩に関する経過措置）

第四条　この法律の施行前にされた旧法第三十四条第二項ただし書の許可の申請であって、この法律の施行の際許可又は不許可の処分がされていないものについての許可又は不許可の処分については、なお従前の例による。

２　この法律の施行前に旧法第三十四条第二項ただし書の規定による許可を受けた場合（前項の規定により同項の許可を受けた場合を含む。）における休憩時間については、なお従前の例による。

（年次有給休暇に関する経過措置）

第五条　この法律の施行の際四月一日以外の日が基準日（継続勤務した期間を新法第三十九条第二項に規定する六箇月経過日から一年ごとに区分した各期間（最後に一年未満の期間を生じたときは、当該期間）の初日をいう。以下この条において同じ。）である労働者に係る有給休暇については、この法律の施行の日後の最初の基準日の前日までの間は、同項及び新法第三十九条第三項の規定にかかわらず、なお従前の例による。

２　新法第百三十五条第一項に規定する労働者であって平成十二年四月一日において継続勤務するもののうち、同日において四月一日以外の日が基準日である労働者に係る有給休暇については、同年四月一日から同日後の最初の基準日の前日までの間は、同月一日前において同項の規定により読み替えて適用する新法第三十九条第二項及び第三項の規定の例による。

３　前項の規定は、新法第百三十五条第二項に規定する労働者であって平成十三年四月一日において継続勤務するものについて準用する。

（最低年齢に関する経過措置）

第六条　第五十六条第二項の改正規定（「満十二才」を「満十三歳」に改める部分に限る。以下この条において同じ。）の施行前にされた満十二歳の児童を使用する許可の申請（映画の製作又は演劇の事業に係る職業に係る申請を除く。）であって、第五十六条第二項の改正規定の施行の際許可又は不許可の処分がされていないものについての許可又は不許可の処分については、なお従前の例による。

２　第五十六条第二項の改正規定の施行前に旧法第五十六条第二項の規定による許可を受けた場合（前項の規定により同項の許可を受けた場合を含む。）における児童の使用については、なお従前の例による。

３　新法第五十六条第二項に規定する職業のうち、満十二歳の児童の就労実態、当該児童の就労に係る事業の社会的必要性及び当該事業の代替要員の確保の困難性を考慮して厚生労働省令で定める職業については、厚生労働省令で定める日までに行政官庁の許可を受けたときは、満十二歳の児童をその者が満十三歳に達するまでの間、その者の修学時間外に使用することができる。この場合において、第五十七条第二項、第六十条第二項及び第六十一条第五項の規定の適用については、第五十七条第二項中「児童」とあるのは、「児童（労働基準法の一部を改正する法律（平成十年法律第百十二号）附則第六条第三項の規定により使用する児童を含む。第六十条第二項及び第六十一条第五項において同じ。）」とする。

（年少者の労働時間に関する経過措置）

第七条　この法律の施行の際旧法第六十条第三項に規定する者を労働させることとしている使用者については、同項第二号の規定に基づき旧法第三十二条の四第一項第二号の規定の例による対象期間として定められている期間（平成十一年三月三十一日を含む期間に限る。）が終了するまでの間、新法第六十条第三項第二号中「第三十二条の四及び第三十二条の四の二の規定」とあるのは、「労働基準法の一部を改正する法律（平成十年法律第百十二号）による改正前の第三十二条の四の規定」として、同項の規定を適用する。

（紛争の解決の援助に関する経過措置）

第八条　平成十一年三月三十一日までの間は、新法第百五条の三第一項中「雇用の分野における男女の均等な機会及び待遇の確保等に関する法律（昭和四十七年法律第百十三号）第十二条第一項」とあるのは、「雇用の分野における男女の均等な機会及び待遇の確保等女性労働者の福祉の増進に関する法律

（昭和四十七年法律第百十三号）第十四条」とする。

（罰則に関する経過措置）

第九条 この法律（附則第一条ただし書に規定する規定については、当該規定）の施行前にした行為並びに附則第二条及び第五条第一項の規定によりなお従前の例によることとされる事項並びに附則第三条の規定によりなお効力を有することとされる旧法第三十二条の四の規定に係る事項に係るこの法律の施行後にした行為に対する罰則の適用については、なお従前の例による。

（政令への委任）

第十条 附則第二条から前条までに定めるもののほか、この法律の施行に伴い必要な経過措置（罰則に関する経過措置を含む。）は、政令で定める。

（検討）

第十一条 政府は、第三十八条の二の次に二条を加える改正規定（第三十八条の四に係る部分に限る。）の施行後三年を経過した場合において、新法第三十八条の四の規定について、その施行の状況を勘案しつつ検討を加え、必要があると認めるときは、その結果に基づいて必要な措置を講ずるものとする。

2　政府は、新法第百三十三条の厚生労働省令で定める期間が終了するまでの間において、子の養育又は家族の介護を行う労働者の時間外労働の動向、育児休業、介護休業等育児又は家族介護を行う労働者の福祉に関する法律（平成三年法律第七十六号）の施行の状況等を勘案し、当該労働者の福祉の増進の観点から、時間外労働が長時間にわたる場合には当該労働者が時間外労働の免除を請求することができる制度に関し検討を加え、その結果に基づいて必要な措置を講ずるものとする。

（深夜業に関する自主的な努力の促進）

第十二条 国は、深夜業に従事する労働者の就業環境の改善、健康管理の推進等当該労働者の就業に関する条件の整備のための事業主、労働者その他の関係者の自主的な努力を促進するものとする。

附　則　（平成一一年七月一六日法律第八七号）　抄

（施行期日）

第一条 この法律は、平成十二年四月一日から施行する。ただし、次の各号に掲げる規定は、当該各号に定める日から施行する。

一　第一条中地方自治法第二百五十条の次に五条、節名並びに二款及び款名を加える改正規定（同法第二百五十条の九第一項に係る部分（両議院の同意を得ることに係る部分に限る。）に限る。）、第四十条中自然公園法附則第九項及び第十項の改正規定（同法附則第十項に係る部分に限る。）、第二百四十四条の規定（農業改良助長法第十四条の三の改正規定に係る部分を除く。）並びに第四百七十二条の規定（市町村の合併の特例に関する法律第六条、第八条及び第十七条の改正規定に係る部分を除く。）並びに附則第七条、第十条、第十二条、第五十九条ただし書、第六十条第四項及び第五項、第七十三条、第七十七条、第百五十七条第四項から第六項まで、第百六十条、第百六十三条、第百六十四条並びに第二百二条の規定　公布の日

（国等の事務）

第百五十九条 この法律による改正前のそれぞれの法律に規定するもののほか、この法律の施行前において、地方公共団体の機関が法律又はこれに基づく政令により管理し又は執行する国、他の地方公共団体その他公共団体の事務（附則第百六十一条において「国等の事務」という。）は、この法律の施行後は、地方公共団体が法律又はこれに基づく政令により当該地方公共団体の事務として処理するものとする。

（処分、申請等に関する経過措置）

第百六十条 この法律（附則第一条各号に掲げる規定については、当該各規定。以下この条及び附則第百六十三条において同じ。）の施行前に改正前のそれぞれの法律の規定によりされた許可等の処分その他の行為（以下この条において「処分等の行為」という。）又はこの法律の施行の際に改正前のそれぞれの法律の規定によりされている許可等の申請その他の行為（以下この条において「申請等の行為」という。）で、この法律の施行の日においてこれらの行為に係る行政事務を行うべき者が異なることとなるものは、附則第二条から前条までの規定又は改正後のそれぞれの法律（これに基づく命令を含む。）の経過措置に関する規定に定めるものを除き、この法律の施行の日以後における改正後のそれぞれの法律の適用については、改正後のそれぞれの法律の相当規定によりされた処分等の行為又は申請等の行為とみなす。

2　この法律の施行前に改正前のそれぞれの法律の規定により国又は地方公共団体の機関に対し報告、届出、提出その他の手続をしなければならない事項で、この法律の施行の日前にその手続がされていないものについては、この法律及びこれに基づく政令に別段の定めがあるもののほか、これを、改正

後のそれぞれの法律の相当規定により国又は地方公共団体の相当の機関に対して報告、届出、提出その他の手続をしなければならない事項についてその手続がされていないものとみなして、この法律による改正後のそれぞれの法律の規定を適用する。

（不服申立てに関する経過措置）

第百六十一条　施行日前にされた国等の事務に係る処分であって、当該処分をした行政庁（以下この条において「処分庁」という。）に施行日前に行政不服審査法に規定する上級行政庁（以下この条において「上級行政庁」という。）があったものについての同法による不服申立てについては、施行日以後においても、当該処分庁に引き続き上級行政庁があるものとみなして、行政不服審査法の規定を適用する。この場合において、当該処分庁の上級行政庁とみなされる行政庁は、施行日前に当該処分庁の上級行政庁であった行政庁とする。

２　前項の場合において、上級行政庁とみなされる行政庁が地方公共団体の機関であるときは、当該機関が行政不服審査法の規定により処理することとされる事務は、新地方自治法第二条第九項第一号に規定する第一号法定受託事務とする。

（罰則に関する経過措置）

第百六十三条　この法律の施行前にした行為に対する罰則の適用については、なお従前の例による。

（その他の経過措置の政令への委任）

第百六十四条　この附則に規定するもののほか、この法律の施行に伴い必要な経過措置（罰則に関する経過措置を含む。）は、政令で定める。

（検討）

第二百五十条　新地方自治法第二条第九項第一号に規定する第一号法定受託事務については、できる限り新たに設けることのないようにするとともに、新地方自治法別表第一に掲げるもの及び新地方自治法に基づく政令に示すものについては、地方分権を推進する観点から検討を加え、適宜、適切な見直しを行うものとする。

第二百五十一条　政府は、地方公共団体が事務及び事業を自主的かつ自立的に執行できるよう、国と地方公共団体との役割分担に応じた地方税財源の充実確保の方途について、経済情勢の推移等を勘案しつつ検討し、その結果に基づいて必要な措置を講ずるものとする。

　　　　附　則　（平成一一年七月一六日法律第一〇二号）　抄

（施行期日）

第一条　この法律は、内閣法の一部を改正する法律（平成十一年法律第八十八号）の施行の日から施行する。ただし、次の各号に掲げる規定は、当該各号に定める日から施行する。

一　略

二　附則第十条第一項及び第五項、第十四条第三項、第二十三条、第二十八条並びに第三十条の規定
　　公布の日

（別に定める経過措置）

第三十条　第二条から前条までに規定するもののほか、この法律の施行に伴い必要となる経過措置は、別に法律で定める。

　　　　附　則　（平成一一年七月一六日法律第一〇四号）　抄

（施行期日）

第一条　この法律は、内閣法の一部を改正する法律（平成十一年法律第八十八号）の施行の日から施行する。

　　　　附　則　（平成一一年一二月八日法律第一五一号）　抄

（施行期日）

第一条　この法律は、平成十二年四月一日から施行する。

（経過措置）

第三条　民法の一部を改正する法律（平成十一年法律第百四十九号）附則第三条第三項の規定により従前の例によることとされる準禁治産者及びその保佐人に関するこの法律による改正規定の適用については、次に掲げる改正規定を除き、なお従前の例による。

一から二十五まで　略

第四条　この法律の施行前にした行為に対する罰則の適用については、なお従前の例による。

　　　　附　則　（平成一一年一二月二二日法律第一六〇号）　抄

（施行期日）

第一条　この法律（第二条及び第三条を除く。）は、平成十三年一月六日から施行する。ただし、次の各

号に掲げる規定は、当該各号に定める日から施行する。

一　第九百九十五条（核原料物質、核燃料物質及び原子炉の規制に関する法律の一部を改正する法律附則の改正規定に係る部分に限る。）、第千三百五条、第千三百六条、第千三百二十四条第二項、第千三百二十六条第二項及び第千三百四十四条の規定　公布の日

附　則　（平成一二年五月一九日法律第七一号）　抄

（施行期日）

第一条　この法律は、公布の日から施行する。

附　則　（平成一三年四月二五日法律第三五号）　抄

（施行期日）

第一条　この法律は、平成十三年十月一日から施行する。ただし、第一条及び第六条の規定並びに次条（第二項後段を除く。）及び附則第六条の規定、附則第十一条の規定（社会保険労務士法（昭和四十三年法律第八十九号）別表第一第二十号の十三の改正規定を除く。）並びに附則第十二条の規定は、同年六月三十日から施行する。

（政令への委任）

第五条　この附則に定めるもののほか、この法律の施行に関して必要な経過措置は、政令で定める。

（罰則に関する経過措置）

第六条　この法律（附則第一条ただし書に規定する規定については、当該規定。以下同じ。）の施行前にした行為並びに附則第二条第三項及び第四条第一項の規定によりなお従前の例によることとされる場合におけるこの法律の施行後にした行為に対する罰則の適用については、なお従前の例による。

附　則　（平成一三年一一月一六日法律第一一八号）　抄

（施行期日）

第一条　この法律は、公布の日から施行する。

附　則　（平成一四年七月三一日法律第九八号）　抄

（施行期日）

第一条　この法律は、公社法の施行の日から施行する。

（罰則に関する経過措置）

第三十八条　施行日前にした行為並びにこの法律の規定によりなお従前の例によることとされる場合及びこの附則の規定によりなおその効力を有することとされる場合における施行日以後にした行為に対する罰則の適用については、なお従前の例による。

附　則　（平成一四年七月三一日法律第一〇〇号）

（施行期日）

第一条　この法律は、民間事業者による信書の送達に関する法律（平成十四年法律第九十九号）の施行の日から施行する。

（罰則に関する経過措置）

第二条　この法律の施行前にした行為に対する罰則の適用については、なお従前の例による。

（その他の経過措置の政令への委任）

第三条　前条に定めるもののほか、この法律の施行に関し必要な経過措置は、政令で定める。

附　則　（平成一四年八月二日法律第一〇二号）　抄

（施行期日）

第一条　この法律は、平成十四年十月一日から施行する。

附　則　（平成一五年七月四日法律第一〇四号）　抄

（施行期日）

第一条　この法律は、公布の日から起算して六月を超えない範囲内において政令で定める日から施行する。

（罰則に関する経過措置）

第二条　この法律の施行前にした行為に対する罰則の適用については、なお従前の例による。

（検討）

第三条　政府は、この法律の施行後三年を経過した場合において、この法律による改正後の労働基準法第十四条の規定について、その施行の状況を勘案しつつ検討を加え、その結果に基づいて必要な措置を講ずるものとする。

附　則　（平成一六年六月二日法律第七六号）　抄

（施行期日）

第一条　この法律は、破産法（平成十六年法律第七十五号。次条第八項並びに附則第三条第八項、第五条第八項、第十六項及び第二十一項、第八条第三項並びに第十三条において「新破産法」という。）の施行の日から施行する。

（政令への委任）

第十四条　附則第二条から前条までに規定するもののほか、この法律の施行に関し必要な経過措置は、政令で定める。

　　　　　附　則　（平成一六年一二月一日法律第一四七号）　抄

（施行期日）

第一条　この法律は、公布の日から起算して六月を超えない範囲内において政令で定める日から施行する。

　　　　　附　則　（平成一七年一〇月二一日法律第一〇二号）　抄

（施行期日）

第一条　この法律は、郵政民営化法の施行の日から施行する。

（罰則に関する経過措置）

第百十七条　この法律の施行前にした行為、この附則の規定によりなお従前の例によることとされる場合におけるこの法律の施行後にした行為、この法律の施行後附則第九条第一項の規定によりなおその効力を有するものとされる旧郵便為替法第三十八条の八（第二号及び第三号に係る部分に限る。）の規定の失効前にした行為、この法律の施行後附則第十三条第一項の規定によりなおその効力を有するものとされる旧郵便振替法第七十条（第二号及び第三号に係る部分に限る。）の規定の失効前にした行為、この法律の施行後附則第二十七条第一項の規定によりなおその効力を有するものとされる旧郵便振替預り金寄附委託法第八条（第二号に係る部分に限る。）の規定の失効前にした行為、この法律の施行後附則第三十九条第二項の規定によりなおその効力を有するものとされる旧公社法第七十条（第二号に係る部分に限る。）の規定の失効前にした行為、この法律の施行後附則第四十二条第一項の規定によりなおその効力を有するものとされる旧公社法第七十一条及び第七十二条（第十五号に係る部分に限る。）の規定の失効前にした行為並びに附則第二条第二項の規定の適用がある場合における郵政民営化法第百四条に規定する郵便貯金銀行に係る特定日前にした行為に対する罰則の適用については、なお従前の例による。

　　　　　附　則　（平成一七年一一月二日法律第一〇八号）　抄

（施行期日）

第一条　この法律は、平成十八年四月一日から施行する。ただし、次の各号に掲げる規定は、当該各号に定める日から施行する。

　一　略

　二　第四条中労働時間の短縮の促進に関する臨時措置法附則第二条を削り、同法附則第一条の見出し及び条名を削る改正規定並びに附則第十二条の規定　公布の日

　　　　　附　則　（平成一八年六月二一日法律第八二号）　抄

（施行期日）

第一条　この法律は、平成十九年四月一日から施行する。

（罰則に関する経過措置）

第四条　この法律の施行前にした行為に対する罰則の適用については、なお従前の例による。

（検討）

第五条　政府は、この法律の施行後五年を経過した場合において、新法及び第二条の規定による改正後の労働基準法第六十四条の二の規定の施行の状況を勘案し、必要があると認めるときは、これらの規定について検討を加え、その結果に基づいて必要な措置を講ずるものとする。

　　　　　附　則　（平成一九年一二月五日法律第一二八号）　抄

（施行期日）

第一条　この法律は、公布の日から起算して三月を超えない範囲内において政令で定める日から施行する。

　　　　　附　則　（平成二〇年一二月一二日法律第八九号）　抄

（施行期日）

第一条　この法律は、平成二十二年四月一日から施行する。

（罰則に関する経過措置）

第二条　この法律の施行前にした行為に対する罰則の適用については、なお従前の例による。

資料

（検討）
第三条 政府は、この法律の施行後三年を経過した場合において、この法律による改正後の労働基準法（以下この条において「新法」という。）第三十七条第一項ただし書及び第百三十八条の規定の施行の状況、時間外労働の動向等を勘案し、これらの規定について検討を加え、その結果に基づいて必要な措置を講ずるものとする。

2 政府は、前項に定めるものを除くほか、この法律の施行後五年を経過した場合において、新法の施行の状況を勘案し、必要があると認めるときは、新法の規定について検討を加え、その結果に基づいて必要な措置を講ずるものとする。

　　　附　則　（平成二四年六月二七日法律第四二号）　抄
（施行期日）
第一条　この法律は、平成二十五年四月一日から施行する。

　　　附　則　（平成二六年六月二五日法律第八二号）　抄
（施行期日）
第一条　この法律は、公布の日から起算して一年を超えない範囲内において政令で定める日から施行する。ただし、次の各号に掲げる規定は、当該各号に定める日から施行する。

一　附則第六条の規定　公布の日

二　略

三　第六十六条第一項の改正規定、第六十六条の九の次に一条を加える改正規定、第百四条の改正規定及び第百六条第一項の改正規定（「第六十三条」の下に「、第六十六条の十第九項」を加える部分に限る。）並びに附則第二条から第二十四条までを削り、附則第二十五条を附則第二条とし、附則第二十六条を附則第三条とする改正規定及び附則に一条を加える改正規定　公布の日から起算して一年六月を超えない範囲内において政令で定める日

（政令への委任）
第六条　附則第二条から前条までに定めるもののほか、この法律の施行に関し必要な経過措置は、政令で定める。

　　　附　則　（平成二七年五月二九日法律第三一号）　抄
（施行期日）
第一条　この法律は、平成三十年四月一日から施行する。ただし、次の各号に掲げる規定は、それぞれ当該各号に定める日から施行する。

一　第一条の規定、第五条中健康保険法第九十条第二項及び第九十五条第六号の改正規定、同法第百五十三条第一項の改正規定、同法附則第四条の四の改正規定、同法附則第五条の改正規定、同法附則第五条の二の改正規定、同法附則第五条の三の改正規定並びに同条の次に四条を加える改正規定、第七条中船員保険法第七十条第四項の改正規定及び同法第八十五条第二項第三号の改正規定、第八条の規定並びに第十二条中社会保険診療報酬支払基金法第十五条第二項の改正規定並びに次条第一項並びに附則第六条から第九条まで、第十五条、第十八条、第二十六条、第五十九条、第六十二条及び第六十七条から第六十九条までの規定　公布の日

二　第二条、第五条（前号に掲げる改正規定を除く。）、第七条（前号に掲げる改正規定を除く。）、第九条、第十二条（前号に掲げる改正規定を除く。）及び第十四条の規定並びに附則第十六条、第十七条、第十九条、第二十一条から第二十五条まで、第三十三条から第四十四条まで、第四十七条から第五十一条まで、第五十六条、第五十八条及び第六十四条の規定　平成二十八年四月一日

（罰則に関する経過措置）
第六十八条　この法律（附則第一条各号に掲げる規定については、当該各規定。以下この条において同じ。）の施行前にした行為及びこの附則の規定によりなお従前の例によることとされる場合におけるこの法律の施行後にした行為に対する罰則の適用については、なお従前の例による。

（その他の経過措置の政令への委任）
第六十九条　この附則に規定するもののほか、この法律の施行に伴い必要な経過措置（罰則に関する経過措置を含む。）は、政令で定める。

　　　附　則　（平成二九年六月二日法律第四五号）
　　　この法律は、民法改正法の施行の日から施行する。ただし、第百三条の二、第百三条の三、第二百六十七条の二、第二百六十七条の三及び第三百六十二条の規定は、公布の日から施行する。

　　　附　則　（平成三〇年七月六日法律第七一号）　抄
（施行期日）

第一条　この法律は、平成三十一年四月一日から施行する。ただし、次の各号に掲げる規定は、当該各号に定める日から施行する。

　一　第三条の規定並びに附則第七条第二項、第八条第二項、第十四条及び第十五条の規定、附則第十八条中社会保険労務士法（昭和四十三年法律第八十九号）別表第一第十八号の改正規定、附則第十九条中高年齢者等の雇用の安定等に関する法律（昭和四十六年法律第六十八号）第二十八条及び第三十八条第三項の改正規定、附則第二十条中建設労働者の雇用の改善等に関する法律（昭和五十一年法律第三十三号）第三十条第二項の改正規定、附則第二十七条の規定、附則第二十八条中厚生労働省設置法（平成十一年法律第九十七号）第四条第一項第五十二号の改正規定及び同法第九条第一項第四号の改正規定（「（平成十年法律第四十六号）」の下に「、労働施策の総合的な推進並びに労働者の雇用の安定及び職業生活の充実等に関する法律」を加える部分に限る。）並びに附則第三十条の規定　公布の日

　二　略

　三　第一条中労働基準法第百三十八条の改正規定　令和五年四月一日

（時間外及び休日の労働に係る協定に関する経過措置）

第二条　第一条の規定による改正後の労働基準法（以下「新労基法」という。）第三十六条の規定（新労基法第百三十九条第二項、第百四十条第二項、第百四十一条第四項及び第百四十二条の規定により読み替えて適用する場合を含む。）は、平成三十一年四月一日以後の期間のみを定めている協定について適用し、同年三月三十一日を含む期間を定めている協定については、当該協定に定める期間の初日から起算して一年を経過する日までの間については、なお従前の例による。

（中小事業主に関する経過措置）

第三条　中小事業主（その資本金の額又は出資の総額が三億円（小売業又はサービス業を主たる事業とする事業主については五千万円、卸売業を主たる事業とする事業主については一億円）以下である事業主及びその常時使用する労働者の数が三百人（小売業を主たる事業とする事業主については五十人、卸売業又はサービス業を主たる事業とする事業主については百人）以下である事業主をいう。第四項及び附則第十一条において同じ。）の事業に係る協定（新労基法第百三十九条第二項に規定する事業、第百四十条第二項に規定する業務、第百四十一条第四項に規定する者及び第百四十二条に規定する事業に係るものを除く。）についての前条の規定の適用については、「平成三十一年四月一日」とあるのは、「令和二年四月一日」とする。

２　前項の規定により読み替えられた前条の規定によりなお従前の例によることとされた協定をする使用者及び労働組合又は労働者の過半数を代表する者は、当該協定をするに当たり、新労基法第三十六条第一項から第五項までの規定により当該協定に定める労働時間を延長して労働させ、又は休日において労働させることができる時間数を勘案して協定をするように努めなければならない。

３　政府は、前項に規定する者に対し、同項の協定に関して、必要な情報の提供、助言その他の支援を行うものとする。

４　行政官庁は、当分の間、中小事業主に対し新労基法第三十六条第九項の助言及び指導を行うに当たっては、中小企業における労働時間の動向、人材の確保の状況、取引の実態その他の事情を踏まえて行うよう配慮するものとする。

（年次有給休暇に関する経過措置）

第四条　この法律の施行の際四月一日以外の日が基準日（継続勤務した期間を労働基準法第三十九条第二項に規定する六箇月経過日から一年ごとに区分した各期間（最後に一年未満の期間を生じたときは、当該期間をいう。以下この条において同じ。）の初日をいい、同法第三十九条第一項から第三項までの規定による有給休暇を当該有給休暇に係る当該各期間の初日より前の日から与えることとした場合はその日をいう。以下この条において同じ。）である労働者に係る有給休暇については、この法律の施行の日後の最初の基準日の前日までの間は、新労基法第三十九条第七項の規定にかかわらず、なお従前の例による。

（検討）

第十二条　政府は、この法律の施行後五年を経過した場合において、新労基法第三十六条の規定について、その施行の状況、労働時間の動向その他の事情を勘案しつつ検討を加え、必要があると認めるときは、その結果に基づいて所要の措置を講ずるものとする。

２　政府は、新労基法第百三十九条に規定する事業及び新労基法第百四十条に規定する業務に係る新労基法第三十六条の規定の特例の廃止について、この法律の施行後の労働時間の動向その他の事情を勘案しつつ引き続き検討するものとする。

3　政府は、前二項に定める事項のほか、この法律の施行後五年を目途として、この法律による改正後のそれぞれの法律（以下この項において「改正後の各法律」という。）の規定について、労働者と使用者の協議の促進等を通じて、仕事と生活の調和、労働条件の改善、雇用形態又は就業形態の異なる労働者の間の均衡のとれた待遇の確保その他の労働者の職業生活の充実を図る観点から、改正後の各法律の施行の状況等を勘案しつつ検討を加え、必要があると認めるときは、その結果に基づいて所要の措置を講ずるものとする。

（罰則に関する経過措置）

第二十九条　この法律（附則第一条第三号に掲げる規定にあっては、当該規定）の施行前にした行為並びにこの附則の規定によりなお従前の例によることとされる場合及びこの附則の規定によりなおその効力を有することとされる場合におけるこの法律の施行後にした行為に対する罰則の適用については、なお従前の例による。

（政令への委任）

第三十条　この附則に規定するもののほか、この法律の施行に伴い必要な経過措置（罰則に関する経過措置を含む。）は、政令で定める。

　　　附　則　（令和二年三月三一日法律第一三号）

（施行期日）

第一条　この法律は、民法の一部を改正する法律（平成二十九年法律第四十四号）の施行の日から施行する。

（付加金の支払及び時効に関する経過措置）

第二条　この法律による改正後の労働基準法（以下この条において「新法」という。）第百十四条及び第百四十三条第二項の規定は、この法律の施行の日（以下この条において「施行日」という。）以後に新法第百十四条に規定する違反がある場合における付加金の支払に係る請求について適用し、施行日前にこの法律による改正前の労働基準法第百十四条に規定する違反があった場合における付加金の支払に係る請求については、なお従前の例による。

2　新法第百十五条及び第百四十三条第三項の規定は、施行日以後に支払期日が到来する労働基準法の規定による賃金（退職手当を除く。以下この項において同じ。）の請求権の時効について適用し、施行日前に支払期日が到来した同法の規定による賃金の請求権の時効については、なお従前の例による。

（検討）

第三条　政府は、この法律の施行後五年を経過した場合において、この法律による改正後の規定について、その施行の状況を勘案しつつ検討を加え、必要があると認めるときは、その結果に基づいて必要な措置を講ずるものとする。

　　　附　則　（令和二年三月三一日法律第一四号）　抄

（施行期日）

第一条　この法律は、令和二年四月一日から施行する。ただし、次の各号に掲げる規定は、当該各号に定める日から施行する。

　一　第一条中雇用保険法第十九条第一項の改正規定、同法第三十六条の見出しを削る改正規定並びに同法第四十八条及び第五十四条の改正規定並びに同法附則第四条、第五条、第十条及び第十一条の二第一項の改正規定並びに附則第十条、第二十六条及び第二十八条から第三十二条までの規定　公布の日

　　　附　則　（令和四年六月一七日法律第六八号）　抄

（施行期日）

1　この法律は、刑法等一部改正法施行日から施行する。ただし、次の各号に掲げる規定は、当該各号に定める日から施行する。

　一　第五百九条の規定　公布の日

別表第一（第三十三条、第四十条、第四十一条、第五十六条、第六十一条関係）

　一　物の製造、改造、加工、修理、洗浄、選別、包装、装飾、仕上げ、販売のためにする仕立て、破壊若しくは解体又は材料の変造の事業（電気、ガス又は各種動力の発生、変更若しくは伝導の事業及び水道の事業を含む。）

　二　鉱業、石切り業その他土石又は鉱物採取の事業

　三　土木、建築その他工作物の建設、改造、保存、修理、変更、破壊、解体又はその準備の事業

　四　道路、鉄道、軌道、索道、船舶又は航空機による旅客又は貨物の運送の事業

　五　ドック、船舶、岸壁、波止場、停車場又は倉庫における貨物の取扱いの事業

六　土地の耕作若しくは開墾又は植物の栽植、栽培、採取若しくは伐採の事業その他農林の事業

七　動物の飼育又は水産動植物の採捕若しくは養殖の事業その他の畜産、養蚕又は水産の事業

八　物品の販売、配給、保管若しくは賃貸又は理容の事業

九　金融、保険、媒介、周旋、集金、案内又は広告の事業

十　映画の製作又は映写、演劇その他興行の事業

十一　郵便、信書便又は電気通信の事業

十二　教育、研究又は調査の事業

十三　病者又は虚弱者の治療、看護その他保健衛生の事業

十四　旅館、料理店、飲食店、接客業又は娯楽場の事業

十五　焼却、清掃又はと畜場の事業

別表第二　身体障害等級及び災害補償表（第七十七条関係）

等級	災害補償
第一級	一三四〇日分
第二級	一一九〇日分
第三級	一〇五〇日分
第四級	九二〇日分
第五級	七九〇日分
第六級	六七〇日分
第七級	五六〇日分
第八級	四五〇日分
第九級	三五〇日分
第一〇級	二七〇日分
第一一級	二〇〇日分
第一二級	一四〇日分
第一三級	九〇日分
第一四級	五〇日分

別表第三　分割補償表（第八十二条関係）

種別	等級	災害補償
障害補償		
	第一級	二四〇日分
	第二級	二一三日分
	第三級	一八八日分
	第四級	一六四日分
	第五級	一四二日分
	第六級	一二〇日分
	第七級	一〇〇日分
	第八級	八〇日分
	第九級	六三日分
	第一〇級	四八日分
	第一一級	三六日分
	第一二級	二五日分
	第一三級	一六日分
	第一四級	九日分
遺族補償	遺族補償	一八〇日分

資料

平成十九年法律第百二十八号
労働契約法

第一章　総則

（目的）

第一条　この法律は、労働者及び使用者の自主的な交渉の下で、労働契約が合意により成立し、又は変更されるという合意の原則その他労働契約に関する基本的事項を定めることにより、合理的な労働条件の決定又は変更が円滑に行われるようにすることを通じて、労働者の保護を図りつつ、個別の労働関係の安定に資することを目的とする。

（定義）

第二条　この法律において「労働者」とは、使用者に使用されて労働し、賃金を支払われる者をいう。

2　この法律において「使用者」とは、その使用する労働者に対して賃金を支払う者をいう。

（労働契約の原則）

第三条　労働契約は、労働者及び使用者が対等の立場における合意に基づいて締結し、又は変更すべきものとする。

2　労働契約は、労働者及び使用者が、就業の実態に応じて、均衡を考慮しつつ締結し、又は変更すべきものとする。

3　労働契約は、労働者及び使用者が仕事と生活の調和にも配慮しつつ締結し、又は変更すべきものとする。

4　労働者及び使用者は、労働契約を遵守するとともに、信義に従い誠実に、権利を行使し、及び義務を履行しなければならない。

5　労働者及び使用者は、労働契約に基づく権利の行使に当たっては、それを濫用することがあってはならない。

（労働契約の内容の理解の促進）

第四条　使用者は、労働者に提示する労働条件及び労働契約の内容について、労働者の理解を深めるようにするものとする。

2　労働者及び使用者は、労働契約の内容（期間の定めのある労働契約に関する事項を含む。）について、できる限り書面により確認するものとする。

（労働者の安全への配慮）

第五条　使用者は、労働契約に伴い、労働者がその生命、身体等の安全を確保しつつ労働することができるよう、必要な配慮をするものとする。

第二章　労働契約の成立及び変更

（労働契約の成立）

第六条　労働契約は、労働者が使用者に使用されて労働し、使用者がこれに対して賃金を支払うことについて、労働者及び使用者が合意することによって成立する。

第七条　労働者及び使用者が労働契約を締結する場合において、使用者が合理的な労働条件が定められている就業規則を労働者に周知させていた場合には、労働契約の内容は、その就業規則で定める労働条件によるものとする。ただし、労働契約において、労働者及び使用者が就業規則の内容と異なる労働条件を合意していた部分については、第十二条に該当する場合を除き、この限りでない。

（労働契約の内容の変更）

第八条　労働者及び使用者は、その合意により、労働契約の内容である労働条件を変更することができる。

（就業規則による労働契約の内容の変更）

第九条　使用者は、労働者と合意することなく、就業規則を変更することにより、労働者の不利益に労働契約の内容である労働条件を変更することはできない。ただし、次の場合は、この限りでない。

第十条　使用者が就業規則の変更により労働条件を変更する場合において、変更後の就業規則を労働者に周知させ、かつ、就業規則の変更が、労働者の受ける不利益の程度、労働条件の変更の必要性、変更後の就業規則の内容の相当性、労働組合等との交渉の状況その他の就業規則の変更に係る事情に照らして合理的なものであるときは、労働契約の内容である労働条件は、当該変更後の就業規則に定めるところによるものとする。ただし、労働契約において、労働者及び使用者が就業規則の変更によっては変更されない労働条件として合意していた部分については、第十二条に該当する場合を除き、こ

の限りでない。

（就業規則の変更に係る手続）

第十一条　就業規則の変更の手続に関しては、労働基準法（昭和二十二年法律第四十九号）第八十九条及び第九十条の定めるところによる。

（就業規則違反の労働契約）

第十二条　就業規則で定める基準に達しない労働条件を定める労働契約は、その部分については、無効とする。この場合において、無効となった部分は、就業規則で定める基準による。

（法令及び労働協約と就業規則との関係）

第十三条　就業規則が法令又は労働協約に反する場合には、当該反する部分については、第七条、第十条及び前条の規定は、当該法令又は労働協約の適用を受ける労働者との間の労働契約については、適用しない。

第三章　労働契約の継続及び終了

（出向）

第十四条　使用者が労働者に出向を命ずることができる場合において、当該出向の命令が、その必要性、対象労働者の選定に係る事情その他の事情に照らして、その権利を濫用したものと認められる場合には、当該命令は、無効とする。

（懲戒）

第十五条　使用者が労働者を懲戒することができる場合において、当該懲戒が、当該懲戒に係る労働者の行為の性質及び態様その他の事情に照らして、客観的に合理的な理由を欠き、社会通念上相当であると認められない場合は、その権利を濫用したものとして、当該懲戒は、無効とする。

（解雇）

第十六条　解雇は、客観的に合理的な理由を欠き、社会通念上相当であると認められない場合は、その権利を濫用したものとして、無効とする。

第四章　期間の定めのある労働契約

（契約期間中の解雇等）

第十七条　使用者は、期間の定めのある労働契約（以下この章において「有期労働契約」という。）について、やむを得ない事由がある場合でなければ、その契約期間が満了するまでの間において、労働者を解雇することができない。

2　使用者は、有期労働契約について、その有期労働契約により労働者を使用する目的に照らして、必要以上に短い期間を定めることにより、その有期労働契約を反復して更新することのないよう配慮しなければならない。

（有期労働契約の期間の定めのない労働契約への転換）

第十八条　同一の使用者との間で締結された二以上の有期労働契約（契約期間の始期の到来前のものを除く。以下この条において同じ。）の契約期間を通算した期間（次項において「通算契約期間」という。）が五年を超える労働者が、当該使用者に対し、現に締結している有期労働契約の契約期間が満了する日までの間に、当該満了する日の翌日から労務が提供される期間の定めのない労働契約の締結の申込みをしたときは、使用者は当該申込みを承諾したものとみなす。この場合において、当該申込みに係る期間の定めのない労働契約の内容である労働条件は、現に締結している有期労働契約の内容である労働条件（契約期間を除く。）と同一の労働条件（当該労働条件（契約期間を除く。）について別段の定めがある部分を除く。）とする。

2　当該使用者との間で締結された一の有期労働契約の契約期間が満了した日と当該使用者との間で締結されたその次の有期労働契約の契約期間の初日との間にこれらの契約期間のいずれにも含まれない期間（これらの契約期間が連続すると認められるものとして厚生労働省令で定める基準に該当する場合の当該いずれにも含まれない期間を除く。以下この項において「空白期間」という。）があり、当該空白期間が六月（当該空白期間の直前に満了した一の有期労働契約の契約期間（当該一の有期労働契約を含む二以上の有期労働契約の契約期間の間に空白期間がないときは、当該二以上の有期労働契約の契約期間を通算した期間。以下この項において同じ。）が一年に満たない場合にあっては、当該一の有期労働契約の契約期間に二分の一を乗じて得た期間を基礎として厚生労働省令で定める期間）以上であるときは、当該空白期間前に満了した有期労働契約の契約期間は、通算契約期間に算入しない。

（有期労働契約の更新等）

第十九条　有期労働契約であって次の各号のいずれかに該当するものの契約期間が満了する日までの間に労働者が当該有期労働契約の更新の申込みをした場合又は当該契約期間の満了後遅滞なく有期労働

契約の締結の申込みをした場合であって、使用者が当該申込みを拒絶することが、客観的に合理的な理由を欠き、社会通念上相当であると認められないときは、使用者は、従前の有期労働契約の内容である労働条件と同一の労働条件で当該申込みを承諾したものとみなす。

一　当該有期労働契約が過去に反復して更新されたことがあるものであって、その契約期間の満了時に当該有期労働契約を更新しないことにより当該有期労働契約を終了させることが、期間の定めのない労働契約を締結している労働者に解雇の意思表示をすることにより当該期間の定めのない労働契約を終了させることと社会通念上同視できると認められること。

二　当該労働者において当該有期労働契約の契約期間の満了時に当該有期労働契約が更新されるものと期待することについて合理的な理由があるものであると認められること。

第五章　雑則

（船員に関する特例）

第二十条　第十二条及び前章の規定は、船員法（昭和二十二年法律第百号）の適用を受ける船員（次項において「船員」という。）に関しては、適用しない。

2　船員に関しては、第七条中「第十二条」とあるのは「船員法（昭和二十二年法律第百号）第百条」と、第十条中「第十二条」とあるのは「船員法第百条」と、第十一条中「労働基準法（昭和二十二年法律第四十九号）第八十九条及び第九十条」とあるのは「船員法第九十七条及び第九十八条」と、第十三条中「前条」とあるのは「船員法第百条」とする。

（適用除外）

第二十一条　この法律は、国家公務員及び地方公務員については、適用しない。

2　この法律は、使用者が同居の親族のみを使用する場合の労働契約については、適用しない。

附　則　抄

（施行期日）

第一条　この法律は、公布の日から起算して三月を超えない範囲内において政令で定める日から施行する。

附　則　（平成二四年八月一〇日法律第五六号）

（施行期日）

1　この法律は、公布の日から施行する。ただし、第二条並びに次項及び附則第三項の規定は、公布の日から起算して一年を超えない範囲内において政令で定める日から施行する。

（経過措置）

2　第二条の規定による改正後の労働契約法（以下「新労働契約法」という。）第十八条の規定は、前項ただし書に規定する規定の施行の日以後の日を契約期間の初日とする期間の定めのある労働契約について適用し、同項ただし書に規定する規定の施行の日前の日が初日である期間の定めのある労働契約の契約期間は、同条第一項に規定する通算契約期間には、算入しない。

（検討）

3　政府は、附則第一項ただし書に規定する規定の施行後八年を経過した場合において、新労働契約法第十八条の規定について、その施行の状況を勘案しつつ検討を加え、必要があると認めるときは、その結果に基づいて必要な措置を講ずるものとする。

附　則　（平成三〇年七月六日法律第七一号）　抄

（施行期日）

第一条　この法律は、平成三十一年四月一日から施行する。ただし、次の各号に掲げる規定は、当該各号に定める日から施行する。

二　第五条の規定（労働者派遣法第四十四条から第四十六条までの改正規定を除く。）並びに第七条及び第八条の規定並びに附則第六条、第七条第一項、第八条第一項、第九条、第十一条、第十三条及び第十七条の規定、附則第十八条（前号に掲げる規定を除く。）の規定、附則第十九条（前号に掲げる規定を除く。）の規定、附則第二十条（前号に掲げる規定を除く。）の規定、附則第二十一条、第二十三条及び第二十六条の規定並びに附則第二十八条（前号に掲げる規定を除く。）の規定　平成三十二年四月一日

（短時間・有期雇用労働法の適用に関する経過措置）

第十一条　中小事業主については、平成三十三年三月三十一日までの間、第七条の規定による改正後の短時間労働者及び有期雇用労働者の雇用管理の改善等に関する法律（以下この条において「短時間・有期雇用労働法」という。）第二条第一項、第三条、第三章第一節（第十五条及び第十八条第三項を除く。）及び第四章（第二十六条及び第二十七条を除く。）の規定は、適用しない。この場合において、

第七条の規定による改正前の短時間労働者の雇用管理の改善等に関する法律第二条、第三条、第三章第一節（第十五条及び第十八条第三項を除く。）及び第四章（第二十六条及び第二十七条を除く。）の規定並びに第八条の規定による改正前の労働契約法第二十条の規定は、なおその効力を有する。

（検討）

第十二条

3 政府は、前二項に定める事項のほか、この法律の施行後五年を目途として、この法律による改正後のそれぞれの法律（以下この項において「改正後の各法律」という。）の規定について、労働者と使用者の協議の促進等を通じて、仕事と生活の調和、労働条件の改善、雇用形態又は就業形態の異なる労働者の間の均衡のとれた待遇の確保その他の労働者の職業生活の充実を図る観点から、改正後の各法律の施行の状況等を勘案しつつ検討を加え、必要があると認めるときは、その結果に基づいて所要の措置を講ずるものとする。

（政令への委任）

第三十条 この附則に規定するもののほか、この法律の施行に伴い必要な経過措置（罰則に関する経過措置を含む。）は、政令で定める。

資料

モデル就業規則

令和5年7月版
厚生労働省労働基準局監督課

はじめに

就業規則の内容

　就業規則に記載する事項には、必ず記載しなければならない事項（以下「絶対的必要記載事項」といいます。）と、各事業場内でルールを定める場合には記載しなければならない事項（以下「相対的必要記載事項」といいます。）があります（労働基準法（昭和22年法律第49号。以下「労基法」といいます。）第89条）。このほか、使用者において任意に記載し得る事項もあります。

　絶対的必要記載事項は次のとおりです。

（1）労働時間関係
　　始業及び終業の時刻、休憩時間、休日、休暇並びに労働者を2組以上に分けて交替に就業させる場合においては就業時転換に関する事項
（2）賃金関係
　　賃金の決定、計算及び支払の方法、賃金の締切り及び支払の時期並びに昇給に関する事項
（3）退職関係
　　退職に関する事項（解雇の事由を含みます。）

　相対的必要記載事項は次のとおりです。

（1）退職手当関係
　　適用される労働者の範囲、退職手当の決定、計算及び支払の方法並びに退職手当の支払の時期に関する事項
（2）臨時の賃金・最低賃金額関係
　　臨時の賃金等（退職手当を除きます。）及び最低賃金額に関する事項
（3）費用負担関係
　　労働者に食費、作業用品その他の負担をさせることに関する事項
（4）安全衛生関係
　　安全及び衛生に関する事項
（5）職業訓練関係
　　職業訓練に関する事項
（6）災害補償・業務外の傷病扶助関係
　　災害補償及び業務外の傷病扶助に関する事項
（7）表彰・制裁関係
　　表彰及び制裁の種類及び程度に関する事項
（8）その他
　　事業場の労働者すべてに適用されるルールに関する事項

モデル就業規則の活用に当たって

　このモデル就業規則（以下「本規則」といいます。）は、表紙に記載の時点での関係法令等の規定を踏まえ就業規則の規程例を解説とともに示したものです。本規則はあくまでモデル例であり、就業規則の内容は事業場の実態に合ったものとしなければなりません。したがって、就業規則の作成に当たって

234

は、各事業場で労働時間、賃金などの内容を十分検討するようにしてください。

　本規則にある下線部分（例えば、規程例第1条第1項及び第2条第1項中の「＿＿＿＿株式会社」や、第5条第1項中の「＿＿＿週間以内」などの下線部分）については、法令に従い、各事業場の実情に応じて具体的な名称や数字等を定めてください。また、規程例の下線部の一部（例えば、1か月単位の変形労働時間制（隔週週休2日制を採用する場合）の規程例第1条第2項中の「7＿時間15分」などの部分や、第11条第2項中の「無給／通常の賃金を支払うこと」の部分）には、あらかじめ数字や文言を記入しているものがありますが、これらは規程例の内容を分かりやすく解説するために便宜的に記入したものですので、これらについても、法令に従い各事業場の実情に応じて具体的な数字等を定めてください。

　また、本規則は、主として通常の労働者への適用を想定して作成しています。したがって、パートタイム労働者や有期雇用労働者等を雇用している場合、就業規則の作成に当たっては、本規則の各条項についてパートタイム労働者や有期雇用労働者等への適用の可否について必ず検討し、必要に応じて別個の就業規則を作成してください。

第1章　総則

　総則には、一般的に就業規則の作成の目的や適用範囲等を規定します。

（目的）
第1条　この就業規則（以下「規則」という。）は、労働基準法（以下「労基法」という。）第89条に基づき、＿＿＿＿株式会社の労働者の就業に関する事項を定めるものである。
2　この規則に定めた事項のほか、就業に関する事項については、労基法その他の法令の定めによる。

（適用範囲）
第2条　この規則は、＿＿＿＿株式会社の労働者に適用する。
2　パートタイム労働者の就業に関する事項については、別に定めるところによる。
3　前項については、別に定める規則に定めのない事項は、この規則を適用する。

（規則の遵守）
第3条　会社は、この規則に定める労働条件により、労働者に就業させる義務を負う。また、労働者は、この規則を遵守しなければならない。

第2章　採用、異動等

　採用、異動等については、一般的に採用に際しての手続に関する事項、試用期間、労働条件の明示、人事異動、休職に関すること等を定めます。

（採用手続）
第4条　会社は、入社を希望する者の中から選考試験を行い、これに合格した者を採用する。

（採用時の提出書類）
第5条　労働者として採用された者は、採用された日から＿＿＿週間以内に次の書類を提出しなければならない。
① 住民票記載事項証明書
② 自動車運転免許証の写し（ただし、自動車運転免許証を有する場合に限る。）
③ 資格証明書の写し（ただし、何らかの資格証明書を有する場合に限る。）

④　その他会社が指定するもの

2　前項の定めにより提出した書類の記載事項に変更を生じたときは、速やかに書面で会社に変更事項を届け出なければならない。

（試用期間）

第6条　労働者として新たに採用した者については、採用した日から＿＿か月間を試用期間とする。

2　前項について、会社が特に認めたときは、試用期間を短縮し、又は設けないことがある。

3　試用期間中に労働者として不適格と認めた者は、解雇することがある。ただし、入社後14日を経過した者については、第3条第2項に定める手続によって行う。

4　試用期間は、勤続年数に通算する。

1　試用期間を設ける場合にその期間の長さに関する定めは労基法上ありませんが、労働者の地位を不安定にすることから、あまりに長い期間を試用期間とすることは好ましくありません。

2　試用期間中の解雇については、最初の14日間以内であれば即時に解雇することができますが、試用期間中の者も14日を超えて雇用した後に解雇する場合には、原則として30日以上前に予告をしなければなりません。予告をしない場合には、平均賃金の30日分以上の解雇予告手当を支払うことが必要となります（労基法第20条、第21条）。

（労働条件の明示）

第7条　会社は、労働者を採用するとき、採用時の賃金、就業場所、従事する業務、労働時間、休日、その他の労働条件を記した労働条件通知書及びこの規則を交付して労働条件を明示するものとする。

（人事異動）

第8条　会社は、業務上必要がある場合に、労働者に対して就業する場所及び従事する業務の変更を命ずることがある。

2　会社は、業務上必要がある場合に、労働者を在籍のまま関係会社へ出向させることがある。

3　前2項の場合、労働者は正当な理由なくこれを拒むことはできない。

他の会社へ出向させることが想定される場合、出向に関する規定を設けておく必要があります。

（休職）

第9条　労働者が、次のいずれかに該当するときは、所定の期間休職とする。

①　業務外の傷病による欠勤が＿＿か月を超え、なお療養を継続する必要があるため勤務できないとき　　　　　　　　　　　　　　　　　　　　　　　　　　　　　　＿＿年以内

②　前号のほか、特別な事情があり休職させることが適当と認められるとき

　　　　　　　　　　　　　　　　　　　　　　　　　　　　　　　　　　　　必要な期間

2　休職期間中に休職事由が消滅したときは、原則として元の職務に復帰させる。ただし、元の職務に復帰させることが困難又は不適当な場合には、他の職務に就かせることがある。

3　第1項第1号により休職し、休職期間が満了してもなお傷病が治癒せず就業が困難な場合は、休職期間の満了をもって退職とする。

第3章　服務規律

（服務）

第10条　労働者は、職務上の責任を自覚し、誠実に職務を遂行するとともに、会社の指示命令に従い、職務能率の向上及び職場秩序の維持に努めなければならない。

（遵守事項）

第11条 労働者は、以下の事項を守らなければならない。

① 許可なく職務以外の目的で会社の施設、物品等を使用しないこと。

② 職務に関連して自己の利益を図り、又は他より不当に金品を借用し、若しくは贈与を受ける等不正な行為を行わないこと。

③ 勤務中は職務に専念し、正当な理由なく勤務場所を離れないこと。

④ 会社の名誉や信用を損なう行為をしないこと。

⑤ 在職中及び退職後においても、業務上知り得た会社、取引先等の機密を漏洩しないこと。

⑥ 酒気を帯びて就業しないこと。

⑦ その他労働者としてふさわしくない行為をしないこと。

　服務規律及び遵守事項については、就業規則に必ず定めなければならない事項ではありませんが、職場の秩序維持に大きな役割を果たすことから、会社にとって労働者に遵守させたい事項を定めてください。

（職場のパワーハラスメントの禁止）

第12条 職務上の地位や人間関係などの職場内の優越的な関係を背景とした、業務上必要かつ相当な範囲を超えた言動により、他の労働者の就業環境を害するようなことをしてはならない。

（セクシュアルハラスメントの禁止）

第13条 性的言動により、他の労働者に不利益や不快感を与えたり、就業環境を害するようなことをしてはならない。

（妊娠・出産・育児休業・介護休業等に関するハラスメントの禁止）

第14条 妊娠・出産等に関する言動及び妊娠・出産・育児・介護等に関する制度又は措置の利用に関する言動により、他の労働者の就業環境を害するようなことをしてはならない。

（その他あらゆるハラスメントの禁止）

第15条 第12条から前条までに規定するもののほか、性的指向・性自認に関する言動によるものなど職場におけるあらゆるハラスメントにより、他の労働者の就業環境を害するようなことをしてはならない。

（個人情報保護）

第16条 労働者は、会社及び取引先等に関する情報の管理に十分注意を払うとともに、自らの業務に関係のない情報を不当に取得してはならない。

2 労働者は、職場又は職種を異動あるいは退職するに際して、自らが管理していた会社及び取引先等に関するデータ・情報書類等を速やかに返却しなければならない。

（始業及び終業時刻の記録）

第17条 労働者は、始業及び終業時にタイムカードを自ら打刻し、始業及び終業の時刻を記録しなければならない。

（遅刻、早退、欠勤等）

第18条 労働者は遅刻、早退若しくは欠勤をし、又は勤務時間中に私用で事業場から外出する際は、事前に＿＿＿＿＿＿＿に対し申し出るとともに、承認を受けなければならない。ただし、やむを得ない理由で事前に申し出ることができなかった場合は、事後に速やかに届出をし、承認を得なけ

れば な ら な い。

2　前項 の 場合 は、第 1 3 条 に 定める ところ により、原則 と し て 不就労分 に 対応する 賃金 は 控除 する。

3　傷病 の ため 継続 し て ＿＿＿ 日 以上 欠勤 する とき は、医師 の 診断書 を 提出 し な けれ ば な ら な い。

1　本規程例 で は 労働者 が 遅刻、早退 若 し く は 欠勤 等 を する 場合、事前 の 申出 と 会社 の 承認 を 得る こと と し て い ます が、どの ような 手続 を 規定 する か は 各事業場 で 決める こと です。し か し、こう し た 手続 を 取る こと は 会社 の 秩序 を 維持 する 上 で も 重要 な こと と な り ます の で、明確 に 定め て く だ さ い。

2　欠勤 何日 以上 で 医師 の 診断書 を 提出 さ せる か は、各事業場 で 決める こと です。

第4章　労働時間、休憩及び休日

労働時間、休憩及び休日 に 関する こと は、就業規則 の 絶対的必要記載事項 に 当たり ます。

[例1]　完全週休2日制 を 採用 する 場合 の 規程例

1日 の 労働時間 を 8時間 と し、完全週休2日制 を 採用 する 場合 の 規程例 です。

（労働時間及び休憩時間）
第19条　労働時間 は、1週間 に つ い て は 4 0 時間、1日 に つ い て は 8 時間 と する。

2　始業・終業 の 時刻 及び 休憩時間 は、次 の とおり と する。ただ し、業務 の 都合 そ の 他 やむ を 得 な い 事情 に より、これ ら を 繰り上げ、又 は 繰り下げる こと が ある。こ の 場合、前日 まで に 労働者 に 通知 する。

①　一般勤務

始業・終業時刻		休憩時間
始業　午前＿＿時＿＿分		＿＿時＿＿分から＿＿時＿＿分まで
終業　午後＿＿時＿＿分		

②　交替勤務
（イ）1番（日勤）

始業・終業時刻		休憩時間
始業　午前＿＿時＿＿分		＿＿時＿＿分から＿＿時＿＿分まで
終業　午後＿＿時＿＿分		

（ロ）2番（準夜勤）

始業・終業時刻		休憩時間
始業　午前＿＿時＿＿分		＿＿時＿＿分から＿＿時＿＿分まで
終業　午後＿＿時＿＿分		

（ハ）3番（夜勤）

始業・終業時刻		休憩時間
始業　午前＿＿時＿＿分		＿＿時＿＿分から＿＿時＿＿分まで
終業　午後＿＿時＿＿分		

3　交替勤務 に おける 各労働者 の 勤務 は、別 に 定める シフト表 に より、前月 の ＿＿＿＿＿ 日 まで に 各労働者 に 通知 する。

　　4　交替勤務における就業番は原則として＿＿＿＿＿日ごとに＿＿＿＿＿番を＿＿＿＿＿番に、
　　　＿＿＿＿＿番を＿＿＿＿＿番に、＿＿＿＿＿番を＿＿＿＿＿番に転換する。
　　5　一般勤務から交替勤務へ、交替勤務から一般勤務への勤務形態の変更は、原則として休日又は
　　　非番明けに行うものとし、前月の＿＿＿＿＿日前までに＿＿＿＿＿＿＿が労働者に通知する。

1　始業及び終業の時刻、休憩時間は、就業規則に必ず定めておかなければなりません。また、交替勤
　務をとる場合は、勤務形態ごとの始業・終業時刻及び休憩時間を規定するとともに、就業番の転換に
　ついても就業規則に規定してください。
2　休憩は、原則として事業場すべての労働者に一斉に与えなければなりませんが、本規程例のように
　交替勤務を採用する等一斉に与えることが困難な場合には、労働者代表との書面による協定（以下
　「労使協定」といいます。）を結ぶことにより交替で与えることができます（労基法第34条第2項）。
　この場合、一斉に休憩を与えない労働者の範囲及び当該労働者に対する休憩の与え方について、労使
　協定で定めなければなりません（労基則第15条）。
　　また、一斉休憩付与に対する例外として、労基法第40条に基づき、労基則第31条において、運
　輸交通業（労基法別表第1第4号）、商業（同第8号）、金融・広告業（同第9号）、映画・演劇業（同
　第10号）、通信業（同第11号）、保健衛生業（同第13号）及び接客娯楽業（同第14号）及び官公署
　の事業について、一斉に休憩を与えなくてもよい旨が定められています。

（休日）
第20条　休日は、次のとおりとする。
　①　土曜日及び日曜日
　②　国民の祝日（日曜日と重なったときは翌日）
　③　年末年始（12月＿＿＿日～1月＿＿＿日）
　④　夏季休日（＿＿＿月＿＿＿日～＿＿＿月＿＿＿日）
　⑤　その他会社が指定する日
2　業務の都合により会社が必要と認める場合は、あらかじめ前項の休日を他の日と振り替えるこ
　とがある。

　労基法では何曜日を休日とするかあるいは国民の祝日を休日とするかについて規定していません。1
週間の中で何曜日を休日としても、また、週によって異なる曜日を休日としても差し支えありません。
さらに、勤務の実態に合わせて、労働者ごとに異なる日に交替で休日を与えることもできます。

〔例2〕　1か月単位の変形労働時間制（隔週週休2日制を採用する場合）の規程例

　〔例2〕は、1か月単位の変形労働時間制（変形期間は2週間）を活用しつつ、隔週での週休2日制
で、毎日の所定労働時間を7時間15分とすることにより、週40時間労働制を実施する場合の規程例
です。

（労働時間及び休憩時間）
第19条　1週間の所定労働時間は、＿＿＿年＿＿＿月＿＿＿日を起算日として、2週間ごとに平均して、
　1週間当たり40時間とする。
2　1日の所定労働時間は、7時間15分とする。
3　始業・終業の時刻及び休憩時間は、次のとおりとする。ただし、業務の都合その他やむを得な
　い事情により、これらを繰り上げ、又は繰り下げることがある。この場合において業務の都合に
　よるときは、＿＿＿＿＿＿＿が前日までに通知する。

始業・終業時刻		休憩時間
始業　午前＿＿＿時＿＿＿分		＿＿＿時＿＿＿分から＿＿＿時＿＿＿分まで
終業　午後＿＿＿時＿＿＿分		

（休日）

第20条 休日は、次のとおりとする。

① 日曜日

② ＿＿年＿＿月＿＿日を起算日とする２週間ごとの第２＿土曜日

③ 国民の祝日（日曜日と重なったときは翌日）

④ 年末年始（12月＿＿日〜１月＿＿日）

⑤ 夏季休日（＿＿月＿＿日〜＿＿月＿＿日）

⑥ その他会社が指定する日

2 業務の都合により会社が必要と認める場合は、あらかじめ前項の休日を他の日と振り替えることがある。

1. 本規程例は、１日の所定労働時間を固定していますが、業務の都合等によって日々の所定労働時間を変えることもできます。この場合も、一定期間を平均して１週当たりの労働時間が40時間を超えないようにしなければなりません。

2. １か月単位の変形労働時間制を採用する場合には、就業規則等において変形期間の起算日や各日の始業・終業の時刻及び変形期間内の各日・各週の労働時間を明確にしておくことが必要です。

なお、〔例２〕の規程例第19条では、２週間ごとの第２土曜日を休日としていますが、国民の祝日等を休日とする場合、国民の祝日等がある週の土曜日（又は日曜日）を出勤日としても週休２日制となります。この場合、規程例第19条に「ただし、第２号の期間に第３号の休日が含まれる場合には、その期間の第２土曜日は出勤日とする。」といった文言を追記する必要があります。

〔例３〕 １年単位の変形労働時間制の規程例

（労働時間及び休憩時間）

第19条 労働者代表と１年単位の変形労働時間制に関する労使協定を締結した場合、当該協定の適用を受ける労働者について、１週間の所定労働時間は、対象期間を平均して１週間当たり40時間とする。

2 １年単位の変形労働時間制を適用しない労働者について、１週間の所定労働時間は40時間、１日の所定労働時間は８時間とする。

3 １日の始業・終業の時刻、休憩時間は次のとおりとする。

① 通常期間

始業・終業時刻		休憩時間
始業 午前＿＿時＿＿分		＿＿時＿＿分から＿＿時＿＿分まで
終業 午後＿＿時＿＿分		

② 特定期間（１年単位の変形労働時間制に関する労使協定で定める特定の期間をいう。）

始業・終業時刻		休憩時間
始業 午前＿＿時＿＿分		＿＿時＿＿分から＿＿時＿＿分まで
終業 午後＿＿時＿＿分		

③ １年単位の変形労働時間制を適用しない労働者の始業・終業の時刻、休憩時間は次のとおりとする。

始業・終業時刻		休憩時間
始業 午前＿＿時＿＿分		＿＿時＿＿分から＿＿時＿＿分まで
終業 午後＿＿時＿＿分		

> （休日）
> **第２０条** １年単位の変形労働時間制の適用を受ける労働者の休日については、１年単位の変形労働時間制に関する労使協定の定めるところにより、対象期間の初日を起算日とする１週間ごとに１日以上、１年間に＿＿＿日以上となるように指定する。その場合、年間休日カレンダーに定め、対象期間の初日の３０日前までに各労働者に通知する。
> 2　１年単位の変形労働時間制を適用しない労働者の休日については、以下のとおり指定し、月間休日カレンダーに定め、対象期間の初日の３０日前までに各労働者に通知する。
> ①　日曜日（前条第３号の特定期間を除く。）
> ②　国民の祝日（日曜日と重なったときは翌日）
> ③　年末年始（１２月＿＿＿日〜１月＿＿＿日）
> ④　夏季休日（＿＿＿月＿＿＿日〜＿＿＿月＿＿＿日）
> ⑤　その他会社が指定する日

１年単位の変形労働時間制を採用する場合には、次の要件を満たす必要があります。
　①　就業規則において１年単位の変形労働時間制を採用する旨を定めること。また、各労働日の始業・終業の時刻、休憩時間、休日等についても定めること。
　②　労働者代表と以下の事項について書面による労使協定を締結し、所定の様式により所轄の労働基準監督署長に届け出ること。この場合の労使協定で定めるべき事項は以下のとおりです。
　（ア）　対象となる労働者の範囲
　（イ）　対象期間（１か月を超え１年以内の一定期間とすること）及びその起算日
　（ウ）　特定期間（対象期間中の特に業務が繁忙な期間について設定できます。）
　（エ）　対象期間における労働日及び労働日ごとの所定労働時間（対象期間を１か月以上の期間に区分する場合は、最初の期間については労働日及び労働日ごとの所定労働時間を特定する必要がありますが、その後の期間については各期間の総労働日数と総労働時間を定めれば差し支えありません。）
　（オ）　有効期間（１年程度とすることが望ましい。）

> （時間外及び休日労働等）
> **第２１条** 業務の都合により、第１条の所定労働時間を超え、又は第２条の所定休日に労働させることがある。
> 2　前項の場合、法定労働時間を超える労働又は法定休日における労働については、あらかじめ会社は労働者の過半数代表者と書面による労使協定を締結するとともに、これを所轄の労働基準監督署長に届け出るものとする。
> 3　妊娠中の女性、産後１年を経過しない女性労働者（以下「妊産婦」という。）であって請求した者及び１８歳未満の者については、第２項による時間外労働又は休日若しくは深夜（午後１０時から午前５時まで）労働に従事させない。
> 4　災害その他避けることのできない事由によって臨時の必要がある場合には、第１項から前項までの制限を超えて、所定労働時間外又は休日に労働させることがある。ただし、この場合であっても、請求のあった妊産婦については、所定労働時間外労働又は休日労働に従事させない。

　労働時間等の設定の改善に関する特別措置法（労働時間等設定改善法）が改正され、２０１９年（平成３１年）４月１日から、勤務間インターバル制度の導入が事業主の努力義務となりました。

[例１]　インターバル時間と翌日の所定労働時間が重複する部分を働いたものとみなす場合

> （勤務間インターバル）
> **第２２条** いかなる場合も、従業員ごとに１日の勤務終了後、次の勤務の開始までに少なくとも、○時間の継続した休息時間を与える。ただし、災害その他避けることができない場合は、この限りではない。
> 2　前項の休息時間の満了時刻が、次の勤務の所定始業時刻以降に及ぶ場合、当該始業時刻から満了時刻までの時間は労働したものとみなす。

[例2] インターバル時間と翌日の所定労働時間が重複した時、勤務開始時刻を繰り下げる場合

（勤務間インターバル）
第22条 いかなる場合も、従業員ごとに１日の勤務終了後、次の勤務の開始までに少なくとも、○時間の継続した休息時間を与える。ただし、災害その他避けることができない場合は、この限りではない。
2　前項の休息時間の満了時刻が、次の勤務の所定始業時刻以降に及ぶ場合、翌日の始業時刻は、前項の休息時間の満了時刻まで繰り下げる。

第５章 休暇等

年次有給休暇等法定の休暇のみならず、会社で設けている休暇については就業規則に必ず定めることが必要です。

（年次有給休暇）
第23条 採用日から６か月間継続勤務し、所定労働日の８割以上出勤した労働者に対しては、１０日の年次有給休暇を与える。その後１年間継続勤務するごとに、当該１年間において所定労働日の８割以上出勤した労働者に対しては、下の表のとおり勤続期間に応じた日数の年次有給休暇を与える。

勤続期間	６か月	１年６か月	２年６か月	３年６か月	４年６か月	５年６か月	６年６か月以上
付与日数	10日	11日	12日	14日	16日	18日	20日

2　前項の規定にかかわらず、週所定労働時間３０時間未満であり、かつ、週所定労働日数が４日以下（週以外の期間によって所定労働日数を定める労働者については年間所定労働日数が２１６日以下）の労働者に対しては、下の表のとおり所定労働日数及び勤続期間に応じた日数の年次有給休暇を与える。

週所定労働日数	１年間の所定労働日数	勤 続 期 間						
		６か月	１年６か月	２年６か月	３年６か月	４年６か月	５年６か月	６年６か月以上
４日	169日～216日	7日	8日	9日	10日	12日	13日	15日
３日	121日～168日	5日	6日	6日	8日	9日	10日	11日
２日	73日～120日	3日	4日	4日	5日	6日	6日	7日
１日	48日～72日	1日	2日	2日	2日	3日	3日	3日

3　第１項又は第２項の年次有給休暇は、労働者があらかじめ請求する時季に取得させる。ただし、労働者が請求した時季に年次有給休暇を取得させることが事業の正常な運営を妨げる場合は、他の時季に取得させることがある。
4　前項の規定にかかわらず、労働者代表との書面による協定により、各労働者の有する年次有給休暇日数のうち５日を超える部分について、あらかじめ時季を指定して取得させることがある。
5　第１項又は第２項の年次有給休暇が１０日以上与えられた労働者に対しては、第３項の規定にかかわらず、付与日から１年以内に、当該労働者の有する年次有給休暇日数のうち５日について、会社が労働者の意見を聴取し、その意見を尊重した上で、あらかじめ時季を指定して取得させる。ただし、労働者が第３項又は第４項の規定による年次有給休暇を取得した場合においては、当該取得した日数分を５日から控除するものとする。
6　第１項及び第２項の出勤率の算定に当たっては、下記の期間については出勤したものとして取

り扱う。
① 年次有給休暇を取得した期間
② 産前産後の休業期間
③ 育児・介護休業法に基づく育児休業及び介護休業した期間
④ 業務上の負傷又は疾病により療養のために休業した期間
7 付与日から1年以内に取得しなかった年次有給休暇は、付与日から2年以内に限り繰り越して取得することができる。
8 前項について、繰り越された年次有給休暇とその後付与された年次有給休暇のいずれも取得できる場合には、繰り越された年次有給休暇から取得させる。
9 会社は、毎月の賃金計算締切日における年次有給休暇の残日数を、当該賃金の支払明細書に記載して各労働者に通知する。

1. 所定労働時間や所定労働日数が変動する労働者の場合、本条第1項又は第2項のいずれに該当するかに関しては、年次有給休暇の「基準日」において定められている週所定労働時間及び週所定労働日数又は年間所定労働日数によって判断することとなります。ここでいう「基準日」とは、年次有給休暇の権利が発生した日のことであり、雇入れ後6か月経過した日、その後は1年ごとの日のことをいいます。
2. 年次有給休暇の基準日を個々の労働者の採用日に関係なく統一的に定めることもできます。この場合、勤務期間の切捨ては認められず、常に切り上げなければなりません。例えば、基準日を4月1日に統一した場合には、その年の1月1日に採用した労働者についても3か月間継続勤務した後の4月1日の時点、すなわち法定の場合よりも3か月間前倒しで初年度の年次有給休暇を付与しなければなりません。
3. 本条第4項に定める年次有給休暇の計画的付与制度とは、労働者代表との間で労使協定を結んだ場合、最低5日間は労働者が自由に取得できる日数として残し、5日を超える部分について、協定で年次有給休暇を与える時季を定めて労働者に計画的に取得させるものです（労基法第39条第6項）。

（年次有給休暇の時間単位での付与）
第24条 労働者代表との書面による協定に基づき、前条の年次有給休暇の日数のうち、1年について5日の範囲で次により時間単位の年次有給休暇（以下「時間単位年休」という。）を付与する。
（1） 時間単位年休付与の対象者は、すべての労働者とする。
（2） 時間単位年休を取得する場合の、1日の年次有給休暇に相当する時間数は、以下のとおりとする。
　① 所定労働時間が5　時間を超え6　時間以下の者…6　時間
　② 所定労働時間が6　時間を超え7　時間以下の者…7　時間
　③ 所定労働時間が7　時間を超え8　時間以下の者…8　時間
（3） 時間単位年休は1時間単位で付与する。
（4） 本条の時間単位年休に支払われる賃金額は、所定労働時間労働した場合に支払われる通常の賃金の1時間当たりの額に、取得した時間単位年休の時間数を乗じた額とする。
（5） 上記以外の事項については、前条の年次有給休暇と同様とする。

（産前産後の休業）
第25条 6週間（多胎妊娠の場合は14週間）以内に出産予定の女性労働者から請求があったときは、休業させる。
2 産後8週間を経過していない女性労働者は、就業させない。
3 前項の規定にかかわらず、産後6週間を経過した女性労働者から請求があった場合は、その者について医師が支障ないと認めた業務に就かせることがある。

（母性健康管理の措置）
第26条 妊娠中又は出産後1年を経過しない女性労働者から、所定労働時間内に、母子保健法に基づく保健指導又は健康診査を受けるために申出があったときは、次の範囲で時間内通院を認める。

① 産前の場合

　　妊娠２３週まで・・・・・・・４週に１回

　　妊娠２４週から３５週まで・・・２週に１回

　　妊娠３６週から出産まで・・・・１週に１回

　　ただし、医師又は助産師（以下「医師等」という。）がこれと異なる指示をしたときには、その指示により必要な時間

② 産後（１年以内）の場合

　　医師等の指示により必要な時間

２　妊娠中又は出産後１年を経過しない女性労働者から、保健指導又は健康診査に基づき勤務時間等について医師等の指導を受けた旨申出があった場合、次の措置を講ずる。

① 妊娠中の通勤緩和措置として、通勤時の混雑を避けるよう指導された場合は、原則として＿＿＿時間の勤務時間の短縮又は＿＿＿時間以内の時差出勤を認める。

② 妊娠中の休憩時間について指導された場合は、適宜休憩時間の延長や休憩の回数を増やす。

③ 妊娠中又は出産後の女性労働者が、その症状等に関して指導された場合は、医師等の指導事項を遵守するための作業の軽減や勤務時間の短縮、休業等の措置をとる。

（育児時間及び生理休暇）

第２７条　１歳に満たない子を養育する女性労働者から請求があったときは、休憩時間のほか１日について２回、１回について３０分の育児時間を与える。

２　生理日の就業が著しく困難な女性労働者から請求があったときは、必要な期間休暇を与える。

（育児・介護休業、子の看護休暇等）

第２８条　労働者のうち必要のある者は、育児・介護休業法に基づく育児休業、出生時育児休業、介護休業、子の看護休暇、介護休暇、育児・介護のための所定外労働、時間外労働及び深夜業の制限並びに所定労働時間の短縮措置等（以下「育児・介護休業等」という。）の適用を受けることができる。

２　育児・介護休業等の取扱いについては、「育児・介護休業等に関する規則」で定める。

　育児・介護休業、子の看護休暇等に関する事項について、本規程例では就業規則本体とは別に定める形式をとっています。

（不妊治療休暇）

第２９条　労働者が不妊治療のための休暇を請求したときは、年○日を限度に休暇を与える。

２　労働者が不妊治療のための休業を請求したときは、休業開始日の属する事業年度（毎年４月１日から翌年３月３１日まで）を含む引き続く５事業年度の期間において、最長１年間を限度に休業することができる。

　不妊治療休暇については労働関係法令上必ず定めなければならないものではありません。社内のニーズを踏まえ、各事業場で必要な期間を具体的に定めてください。

（慶弔休暇）

第３０条　労働者が申請した場合は、次のとおり慶弔休暇を与える。

① 本人が結婚したとき　　　　　　　　　　　　　　　　　　　　　　　　＿＿＿＿日

② 妻が出産したとき　　　　　　　　　　　　　　　　　　　　　　　　　＿＿＿＿日

③ 配偶者、子又は父母が死亡したとき　　　　　　　　　　　　　　　　　＿＿＿＿日

④ 兄弟姉妹、祖父母、配偶者の父母又は兄弟姉妹が死亡したとき　　　　　＿＿＿＿日

（病気休暇）

第３１条　労働者が私的な負傷又は疾病のため療養する必要があり、その勤務しないことがやむを

得ないと認められる場合に、病気休暇を＿＿＿日与える。

　慶弔休暇及び病気休暇については労基法上必ず定めなければならないものではありません。各事業場で必要な期間を具体的に定めてください。

（裁判員等のための休暇）
第32条　労働者が裁判員若しくは補充裁判員となった場合又は裁判員候補者となった場合には、次のとおり休暇を与える。
　①　裁判員又は補充裁判員となった場合　　　　　　　　　　　　　必要な日数
　②　裁判員候補者となった場合　　　　　　　　　　　　　　　　　必要な時間

　裁判員制度に関し、労働者が裁判員若しくは補充裁判員となった場合又は裁判員候補者となった場合で、労働者からその職務に必要な時間を請求された場合、使用者はこれを拒んではなりません。このため、各事業場においては、裁判員等のための休暇を制度として導入することが求められます。

第6章　賃金

　本規程例と異なり、賃金に関する事項については、就業規則本体とは別に定めることもできます。その場合、別に定めた規程も就業規則の一部になりますので、所轄労働基準監督署長への届出が必要となります。

（賃金の構成）
第33条　賃金の構成は、次のとおりとする。

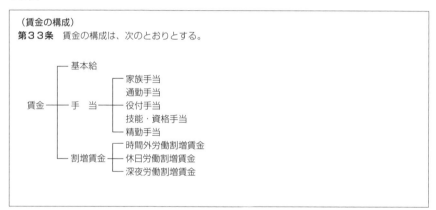

　賃金の決定、計算及び支払の方法、賃金の締切及び支払の時期並びに昇給に関する事項は、就業規則の絶対的記載事項に当たります。（労基法第89条）。

（基本給）
第34条　基本給は、本人の職務内容、技能、勤務成績、年齢等を考慮して各人別に決定する。

（家族手当）
第35条　家族手当は、次の家族を扶養している労働者に対し支給する。
　①　18歳未満の子
　　　　　　1人につき　　　月額　　　＿＿＿＿＿円
　②　65歳以上の父母
　　　　　　1人につき　　　月額　　　＿＿＿＿＿円

`

（通勤手当）
第３６条 通勤手当は、月額＿＿＿＿＿円までの範囲内において、通勤に要する実費に相当する額を
支給する。

（役付手当）
第３７条 役付手当は、以下の職位にある者に対し支給する。

  部長 月額 ＿＿＿＿＿円
  課長 月額 ＿＿＿＿＿円
  係長 月額 ＿＿＿＿＿円

2 昇格によるときは、発令日の属する賃金月から支給する。この場合、当該賃金月においてそれ
まで属していた役付手当は支給しない。

3 降格によるときは、発令日の属する賃金月の次の賃金月から支給する。

（技能・資格手当）
第３８条 技能・資格手当は、次の資格を持ち、その職務に就く者に対し支給する。

  安全・衛生管理者（安全衛生推進者を含む。）   月額 ＿＿＿＿＿円
  食品衛生責任者   月額 ＿＿＿＿＿円
  調理師   月額 ＿＿＿＿＿円
  栄養士   月額 ＿＿＿＿＿円

（精勤手当）
第３９条 精勤手当は、当該賃金計算期間における出勤成績により、次のとおり支給する。

 ① 無欠勤の場合   月額 ＿＿＿＿＿円
 ② 欠勤１日以内の場合 月額 ＿＿＿＿＿円

2 前項の精勤手当の計算においては、次のいずれかに該当するときは出勤したものとみなす。

 ① 年次有給休暇を取得したとき
 ② 業務上の負傷又は疾病により療養のため休業したとき

3 第１項の精勤手当の計算に当たっては、遅刻又は早退＿＿回をもって、欠勤１日とみなす。

諸手当に関しては、本規程例で示したもののほか住宅手当、職務手当、単身赴任手当、営業手当等を
設ける事業場がありますが、どのような手当を設けるか、また、設けた諸手当の金額をいくらにするか
については、各事業場で決めることになります

（割増賃金）
第４０条 時間外労働に対する割増賃金は、次の割増賃金率に基づき、次項の計算方法により支給
する。

 （1） １か月の時間外労働の時間数に応じた割増賃金率は、次のとおりとする。この場合の１か
  月は毎月＿＿日を起算日とする。

  ① 時間外労働４５時間以下・・・２５％
  ② 時間外労働４５時間超〜６０時間以下・・３５％
  ③ 時間外労働６０時間超・・・・・５０％
  ④ ③の時間外労働のうち代替休暇を取得した時間・・・３５％（残り１５％の割増賃金は
  代替休暇に充当する。）

 （2） １年間の時間外労働の時間数が３６０時間を超えた部分については、４０％とする。この
  場合の１年は毎年＿＿月＿＿日を起算日とする。

 （3） 時間外労働に対する割増賃金の計算において、上記（1）及び（2）のいずれにも該当す
  る時間外労働の時間数については、いずれか高い率で計算することとする。

2 割増賃金は、次の算式により計算して支給する。

（1） 月給制の場合

① 時間外労働の割増賃金
（時間外労働が1か月45時間以下の部分）

$$\frac{基本給+役付手当+技能・資格手当+精勤手当}{1か月の平均所定労働時間数} \times 1.25 \times 時間外労働の時間数$$

（時間外労働が1か月45時間超～60時間以下の部分）

$$\frac{基本給+役付手当+技能・資格手当+精勤手当}{1か月の平均所定労働時間数} \times 1.35 \times 時間外労働の時間数$$

（時間外労働が1か月60時間を超える部分）

$$\frac{基本給+役付手当+技能・資格手当+精勤手当}{1か月の平均所定労働時間数} \times 1.50 \times 時間外労働の時間数$$

（時間外労働が1年360時間を超える部分）

$$\frac{基本給+役付手当+技能・資格手当+精勤手当}{1か月の平均所定労働時間数} \times 1.40 \times 時間外労働の時間数$$

② 休日労働の割増賃金（法定休日に労働させた場合）

$$\frac{基本給+役付手当+技能・資格手当+精勤手当}{1か月の平均所定労働時間数} \times 1.35 \times 休日労働の時間数$$

③ 深夜労働の割増賃金（午後10時から午前5時までの間に労働させた場合）

$$\frac{基本給+役付手当+技能・資格手当+精勤手当}{1か月の平均所定労働時間数} \times 0.25 \times 深夜労働の時間数$$

（2）日給制の場合
① 時間外労働の割増賃金
（時間外労働が1か月45時間以下の部分）

$$\left[\frac{日給}{1日の所定労働時間数} + \frac{役付手当+技能・資格手当+精勤手当}{1か月の平均所定労働時間数} \right]$$
$$\times \quad 1.25 \quad \times \quad 時間外労働の時間数$$

（時間外労働が1か月45時間超～60時間以下の部分）

$$\left[\frac{日給}{1日の所定労働時間数} + \frac{役付手当+技能・資格手当+精勤手当}{1か月の平均所定労働時間数} \right]$$
$$\times \quad 1.35 \quad \times \quad 時間外労働の時間数$$

資料

（時間外労働が 1 か月 60 時間を超える部分）

$$\left[\frac{日給}{1日の所定労働時間数} + \frac{役付手当+技能・資格手当+精勤手当}{1か月の平均所定労働時間数} \right]$$

$$\times \quad 1.50 \quad \times \quad 時間外労働の時間数$$

（時間外労働が 1 年 360 時間を超える部分）

$$\left[\frac{日給}{1日の所定労働時間数} + \frac{役付手当+技能・資格手当+精勤手当}{1か月の平均所定労働時間数} \right]$$

$$\times \quad 1.40 \quad \times \quad 時間外労働の時間数$$

② 休日労働の割増賃金

$$\left[\frac{日給}{1日の所定労働時間数} + \frac{役付手当+技能・資格手当+精勤手当}{1か月の平均所定労働時間数} \right]$$

$$\times \quad 1.35 \quad \times \quad 休日労働の時間数$$

③ 深夜労働の割増賃金

$$\left[\frac{日給}{1日の所定労働時間数} + \frac{役付手当+技能・資格手当+精勤手当}{1か月の平均所定労働時間数} \right]$$

$$\times \quad 0.25 \quad \times \quad 深夜労働の時間数$$

（3）時間給制の場合
① 時間外労働の割増賃金
（時間外労働が 1 か月 45 時間以下の部分）

$$\left[時間給 + \frac{役付手当+技能・資格手当+精勤手当}{1か月の平均所定労働時間数} \right]$$

$$\times \quad 1.25 \quad \times \quad 時間外労働の時間数$$

（時間外労働が 1 か月 45 時間超〜 60 時間以下の部分）

$$\left[時間給 + \frac{役付手当+技能・資格手当+精勤手当}{1か月の平均所定労働時間数} \right]$$

$$\times \quad 1.35 \quad \times \quad 時間外労働の時間数$$

（時間外労働が 1 か月 60 時間を超える部分）

$$\left[時間給 + \frac{役付手当+技能・資格手当+精勤手当}{1か月の平均所定労働時間数} \right]$$

$$\times \quad 1.50 \quad \times \quad 時間外労働の時間数$$

（時間外労働が1年360時間を超える部分）

$$\left[\text{時間給} + \frac{\text{役付手当＋技能・資格手当＋精勤手当}}{\text{1か月の平均所定労働時間数}} \right]$$

$$\times \quad 1.40 \quad \times \quad \text{時間外労働の時間数}$$

② 休日労働の割増賃金

$$\left[\text{時間給} + \frac{\text{役付手当＋技能・資格手当＋精勤手当}}{\text{1か月の平均所定労働時間数}} \right]$$

$$\times \quad 1.35 \quad \times \quad \text{休日労働の時間数}$$

③ 深夜労働の割増賃金

$$\left[\text{時間給} + \frac{\text{役付手当＋技能・資格手当＋精勤手当}}{\text{1か月の平均所定労働時間数}} \right]$$

$$\times \quad 0.25 \quad \times \quad \text{深夜労働の時間数}$$

3　前項の1か月の平均所定労働時間数は、次の算式により計算する。

$$\frac{（365－年間所定休日日数）\times 1日の所定労働時間}{12}$$

1　法定労働時間を超えて労働させた場合には2割5分以上、法定休日（週1回又は4週4日）に労働させた場合には3割5分以上、深夜（午後10時から午前5時までの間）に労働させた場合には2割5分以上の割増率で計算した割増賃金をそれぞれ支払わなければなりません（労基法第37条第1項・第4項）。
　　なお、時間外労働が深夜に及んだ場合には5割以上、休日労働が深夜に及んだ場合には6割以上の割増率で計算した割増賃金をそれぞれ支払わなければなりません。
2　会社の定める所定労働時間が法定労働時間よりも短い場合、所定労働時間を超えて法定労働時間に達するまでの時間分については、労基法を上回る措置として割増賃金を支払う契約となっていない限り、通常の労働時間の賃金を支払えばよいこととなります。
3．割増賃金の算定基礎から除外することができる賃金には、家族手当や通勤手当のほか、別居手当、子女教育手当、住宅手当、退職金等臨時に支払われた賃金、賞与等1か月を超える期間ごとに支払われる賃金があります（労基法第37条第5項、同法施行規則第21条）が、これらの手当を除外するに当たっては、単に名称によるのでなく、その実質によって判断しなければなりません。
4．月60時間を超える時間外労働については、割増賃金率は5割以上とされています。

（1年単位の変形労働時間制に関する賃金の精算）
第41条　1年単位の変形労働時間制の規定（第1条及び第2条）により労働させた期間が当該対象期間より短い労働者に対しては、その労働者が労働した期間を平均し1週間当たり40時間を超えて労働させた時間（前条の規定による割増賃金を支払った時間を除く。）については、前条の時間外労働についての割増賃金の算式中の割増率を0.25として計算した割増賃金を支払う。

　1年単位の変形労働時間制を採用している事業場において、入社等により対象期間の途中から対象となった労働者や退職等により対象期間の途中で対象でなくなった労働者がいる場合であって、当該労働者に対し、対象期間中実際に労働させた期間を平均して1週40時間を超えて労働させた場合、1週40時間を超えて働かせた分について割増賃金を支払わなければなりません。

（代替休暇）
第42条 1か月の時間外労働が60時間を超えた労働者に対して、労使協定に基づき、次により
代替休暇を与えるものとする。
2　代替休暇を取得できる期間は、直前の賃金締切日の翌日から起算して、翌々月の賃金締切日ま
での2か月とする。
3　代替休暇は、半日又は1日で与える。この場合の半日とは、
午前（＿＿＿：＿＿＿～＿＿＿：＿＿＿）又は午後（＿＿＿：＿＿＿～＿＿＿：＿＿＿）のことをいう。
4　代替休暇の時間数は、1か月60時間を超える時間外労働時間数に換算率を乗じた時間数とす
る。この場合において、換算率とは、代替休暇を取得しなかった場合に支払う割増賃金率50％
から代替休暇を取得した場合に支払う割増賃金率35％を差し引いた15％とする。また、労働
者が代替休暇を取得した場合は、取得した時間数を換算率（15％）で除した時間数については、
15％の割増賃金の支払を要しないこととする。
5　代替休暇の時間数が半日又は1日に満たない端数がある場合には、その満たない部分について
も有給の休暇とし、半日又は1日の休暇として与えることができる。ただし、前項の割増賃金の
支払を要しないこととなる時間の計算においては、代替休暇の時間数を上回って休暇とした部分
は算定せず、代替休暇の時間数のみで計算することとする。
6　代替休暇を取得しようとする者は、1か月に60時間を超える時間外労働を行った月の賃金締
切日の翌日から5＿日以内に、会社に申し出ることとする。代替休暇取得日は、労働者の意向を
踏まえ決定することとする。
7　会社は、前項の申出があった場合には、支払うべき割増賃金額のうち代替休暇に代替される割
増賃金額を除いた部分を通常の賃金支払日に支払うこととする。ただし、当該月の末日の翌日か
ら2＿か月以内に取得がなされなかった場合には、取得がなされないことが確定した月に係る賃
金支払日に残りの15％の割増賃金を支払うこととする。
8　会社は、第6項に定める期間内に申出がなかった場合は、当該月に行われた時間外労働に係る
割増賃金の総額を通常の賃金支払日に支払うこととする。ただし、第6項に定める期間内に申出
を行わなかった労働者から、第2項に定める代替休暇を取得できる期間内に改めて代替休暇の取
得の申出があった場合には、会社の承認により、代替休暇を与えることができる。この場合、代
替休暇の取得があった月に係る賃金支払日に過払分の賃金を精算するものとする。

特に長い時間外労働を抑制することを目的として、1か月に60時間を超える時間外労働については、
法定割増賃金率が50％以上とされていますが、やむを得ずこれを超える時間外労働を行わざるを得な
い場合も考えられます。
このため、そのような労働者の健康を確保する観点から、平成22年4月1日より1か月に60時間
を超えて時間外労働を行わせた労働者について、労使協定により、法定割増賃金率の引上げ分の割増賃
金の支払に代えて、有給の休暇を与えることができることとしたものです。

（休暇等の賃金）
第43条 年次有給休暇の期間は、所定労働時間労働したときに支払われる通常の賃金を支払う。
2　産前産後の休業期間、育児時間、生理休暇、母性健康管理のための休暇、育児・介護休業法に
基づく育児休業期間、介護休業期間、子の看護休暇期間及び介護休暇期間、慶弔休暇、病気休
暇、裁判員等のための休暇の期間は、無給　／　通常の賃金を支払うこと　とする。
3　第9条に定める休職期間中は、原則として賃金を支給しない（＿＿か月までは＿＿割を支給す
る）。

休暇等の賃金
1　年次有給休暇を付与した場合は、①平均賃金、②所定労働時間働いたときに支払われる通常の賃
金、③健康保険法第40条第1項に定める標準報酬月額の30分の1に相当する額（1の位は四捨五
入）（ただし、③については労働者代表との書面による協定が必要です。）のいずれかの方法で支払わ
なければなりません。また、これらのうち、いずれの方法で支払うのかを就業規則等に定めなければ
なりません（労基法第39条第7項）。
2　産前産後の休業期間、育児時間、生理休暇、母性健康管理のための休暇、育児・介護休業法に基づ

く育児休業期間、介護休業期間、子の看護休暇期間及び介護休暇期間、慶弔休暇、病気休暇、裁判員等のための休暇の期間、休職の期間を無給とするか有給とするかについては、各事業場において決め、就業規則に定めてください。

　また、有給とする場合は、例えば「通常の賃金を支払う」、「基本給の○○％を支払う」とするなど、できるだけ具体的に定めてください。

（臨時休業の賃金）
第44条　会社側の都合により、所定労働日に労働者を休業させた場合は、休業1日につき労基法第12条に規定する平均賃金の6割を支給する。この場合において、1日のうちの一部を休業させた場合にあっては、その日の賃金については労基法第26条に定めるところにより、平均賃金の6割に相当する賃金を保障する。

会社側の都合（使用者の責に帰すべき事由）により、所定労働日に労働者を休業させる場合には、平均賃金の60％以上の休業手当を支払わなければなりません（労基法第26条）。

（欠勤等の扱い）
第45条　欠勤、遅刻、早退及び私用外出については、基本給から当該日数又は時間分の賃金を控除する。
2　前項の場合、控除すべき賃金の1時間あたりの金額の計算は以下のとおりとする。
（1）月給の場合
　　　　基本給÷1か月平均所定労働時間数
　　　　（1か月平均所定労働時間数は第40条第3項の算式により計算する。）
（2）日給の場合
　　　　基本給÷1日の所定労働時間数

（賃金の計算期間及び支払日）
第46条　賃金は、毎月＿＿＿日に締め切って計算し、翌月＿＿＿日に支払う。ただし、支払日が休日に当たる場合は、その前日に繰り上げて支払う。
2　前項の計算期間の中途で採用された労働者又は退職した労働者については、月額の賃金は当該計算期間の所定労働日数を基準に日割計算して支払う。

（賃金の支払と控除）
第47条　賃金は、労働者に対し、通貨で直接その全額を支払う。
2　前項について、労働者が同意した場合は、労働者本人の指定する金融機関の預貯金口座又は証券総合口座へ振込により賃金を支払う。
3　次に掲げるものは、賃金から控除する。
①　源泉所得税
②　住民税
③　健康保険、厚生年金保険及び雇用保険の保険料の被保険者負担分
④　労働者代表との書面による協定により賃金から控除することとした社宅入居料、財形貯蓄の積立金及び組合費

（賃金の非常時払い）
第48条　労働者又はその収入によって生計を維持する者が、次のいずれかの場合に該当し、そのために労働者から請求があったときは、賃金支払日前であっても、既往の労働に対する賃金を支払う。
①　やむを得ない事由によって1週間以上帰郷する場合
②　結婚又は死亡の場合
③　出産、疾病又は災害の場合

④　退職又は解雇により離職した場合

　本条は、労働者又はその収入によって生計を維持する者に出産、疾病、災害等の臨時の出費を必要とする事情が生じた場合に、当該労働者は賃金支払日前であっても既往の労働に対する賃金の払いを請求できることとしたものです（労基法第25条）。

（昇給）
第49条　昇給は、勤務成績その他が良好な労働者について、毎年＿＿月＿＿日をもって行うものとする。ただし、会社の業績の著しい低下その他やむを得ない事由がある場合は、行わないことがある。
2　顕著な業績が認められた労働者については、前項の規定にかかわらず昇給を行うことがある。
3　昇給額は、労働者の勤務成績等を考慮して各人ごとに決定する。

　昇給に関する事項は、就業規則の絶対的必要記載事項に当たりますので、昇給期間等昇給の条件を定める必要があります。

（賞与）
第50条　賞与は、原則として、下記の算定対象期間に在籍した労働者に対し、会社の業績等を勘案して下記の支給日に支給する。ただし、会社の業績の著しい低下その他やむを得ない事由により、支給時期を延期し、又は支給しないことがある。

算定対象期間	支給日
＿＿月＿＿日から＿＿月＿＿日まで	＿＿月＿＿日
＿＿月＿＿日から＿＿月＿＿日まで	＿＿月＿＿日

2　前項の賞与の額は、会社の業績及び労働者の勤務成績などを考慮して各人ごとに決定する。

1　賞与は、労基法その他の法律によって設けることが義務付けられているものではありません。しかし、賞与を支給する場合、就業規則に支給対象時期、賞与の算定基準、査定期間、支払方法等を明確にしておくことが必要です。
2　就業規則に、賞与の支給対象者を一定の日（例えば、6月1日や12月1日、又は賞与支給日）に在籍した者とする規定を設けることで、期間の途中で退職等し、その日に在職しない者には支給しないこととすることも可能です。

第7章　定年、退職及び解雇

　退職に関する事項は、就業規則の絶対的必要記載事項に当たります。そして、労基法第89条の退職に関する事項とは、任意退職、解雇、契約期間の満了による退職等労働者がその身分を失うすべての場合に関する事項をいうと解されています。

[例1]　定年を満70歳とする例

（定年等）
第51条　労働者の定年は、満70歳とし、定年に達した日の属する月の末日をもって退職とする。

[例2]　定年を満65歳とし、その後希望者を継続雇用する例

（定年等）
第51条　労働者の定年は、満65歳とし、定年に達した日の属する月の末日をもって退職とする。

2　前項の規定にかかわらず、定年後も引き続き雇用されることを希望し、解雇事由又は退職事由に該当しない労働者については、満70歳までこれを継続雇用する。

[例3]　定年を満60歳とし、その後希望者を継続雇用する例（満65歳以降は対象者基準あり）

（定年等）
第51条　労働者の定年は、満60歳とし、定年に達した日の属する月の末日をもって退職とする。
　　2　前項の規定にかかわらず、定年後も引き続き雇用されることを希望し、解雇事由　又は退職事由に該当しない労働者については、満65歳までこれを継続雇用する。
　　3　前項の規定に基づく継続雇用の満了後に、引き続き雇用されることを希望し、解雇事由又は退職事由に該当しない労働者のうち、次の各号に掲げる基準のいずれにも該当する者については、満70歳までこれを継続雇用する。
　　（1）過去○年間の人事考課が○以上である者
　　（2）過去○年間の出勤率が○％以上である者
　　（3）過去○年間の定期健康診断結果を産業医が判断し、業務上、支障がないと認められた者

[例4]　定年を満65歳とし、その後希望者の意向を踏まえて継続雇用または業務委託契約を締結する例（ともに対象者基準あり）

（定年等）
第51条　労働者の定年は、満65歳とし、定年に達した日の属する月の末日をもって退職とする。
　　2　前項の規定にかかわらず、定年後も引き続き雇用されることを希望し、解雇事由又は退職事由に該当しない労働者のうち、次の各号に掲げる基準のいずれにも該当する者については、満70歳までこれを継続雇用する。
　　（1）過去○年間の人事考課が○以上である者
　　（2）過去○年間の出勤率が○％以上である者
　　（3）過去○年間の定期健康診断結果を産業医が判断し、業務上、支障がないと認められた者
　　3　第1項の規定にかかわらず、定年後に業務委託契約を締結することを希望し、解雇事由又は退職事由に該当しない者のうち、次の各号に掲げる業務について、業務ごとに定める基準のいずれにも該当する者については、満70歳までこれと業務委託契約を継続的に締結する。なお、当該契約に基づく各業務内容等については、別途定める創業支援等措置の実施に関する計画に定めるところによるものとする。
　　（1）○○業務においては、次のいずれの基準にも該当する者
　　　ア　過去○年間の人事考課が○以上である者
　　　イ　当該業務に必要な○○の資格を有している者
　　（2）△△業務においては、次のいずれの基準にも該当する者
　　　ア　過去○年間の人事考課が○以上である者
　　　イ　定年前に当該業務に○年以上従事した経験及び当該業務を遂行する能力があるとして以下に該当する者
　　　　①　○○○○
　　　　②　△△△△

1．　労働者の定年を定める場合は、定年年齢は60歳を下回ることはできません（高年齢者等の雇用の安定等に関する法律（昭和46年法律第68号）第8条）。
2．　高年齢者等の雇用の安定等に関する法律第9条において、事業主には65歳までの高年齢者雇用確保措置が義務付けられています。したがって、定年（65歳未満のものに限る。）の定めをしている事業主は、①定年の引上げ、②継続雇用制度の導入及び③定年の定めの廃止のいずれかの措置を講じなければなりません。
3．　令和3年4月1日からは、高年齢者等の雇用の安定等に関する法律第10条の2において、事業主には70歳までの高年齢者就業確保措置の努力義務が課されています。

（退職）

第52条　前条に定めるもののほか、労働者が次のいずれかに該当するときは、退職とする。
　　①　退職を願い出て会社が承認したとき、又は退職願を提出して＿＿＿日を経過したとき
　　②　期間を定めて雇用されている場合、その期間を満了したとき
　　③　第9条に定める休職期間が満了し、なお休職事由が消滅しないとき
　　④　死亡したとき
　2　労働者が退職し、又は解雇された場合、その請求に基づき、使用期間、業務の種類、地位、賃金又は退職の事由を記載した証明書を遅滞なく交付する。

（解雇）
第53条　労働者が次のいずれかに該当するときは、解雇することがある。
　　①　勤務状況が著しく不良で、改善の見込みがなく、労働者としての職責を果たし得ないとき。
　　②　勤務成績又は業務能率が著しく不良で、向上の見込みがなく、他の職務にも転換できない等就業に適さないとき。
　　③　業務上の負傷又は疾病による療養の開始後3年を経過しても当該負傷又は疾病が治らない場合であって、労働者が傷病補償年金を受けているとき又は受けることとなったとき（会社が打ち切り補償を支払ったときを含む。）。
　　④　精神又は身体の障害により業務に耐えられないとき。
　　⑤　試用期間における作業能率又は勤務態度が著しく不良で、労働者として不適格であると認められたとき。
　　⑥　第3条第2項に定める懲戒解雇事由に該当する事実が認められたとき。
　　⑦　事業の運営上又は天災事変その他これに準ずるやむを得ない事由により、事業の縮小又は部門の閉鎖等を行う必要が生じ、かつ他の職務への転換が困難なとき。
　　⑧　その他前各号に準ずるやむを得ない事由があったとき。
　2　前項の規定により労働者を解雇する場合は、少なくとも30日前に予告をする。予告しないときは、平均賃金の30日分以上の手当を解雇予告手当として支払う。ただし、予告の日数については、解雇予告手当を支払った日数だけ短縮することができる。
　3　前項の規定は、労働基準監督署長の認定を受けて労働者を第2条第1項第4号に定める懲戒解雇にする場合又は次の各号のいずれかに該当する労働者を解雇する場合は適用しない。
　　①　日々雇い入れられる労働者（ただし、1か月を超えて引き続き使用されるに至った者を除く。）
　　②　2か月以内の期間を定めて使用する労働者（ただし、その期間を超えて引き続き使用されるに至った者を除く。）
　　③　試用期間中の労働者（ただし、14日を超えて引き続き使用されるに至った者を除く。）
　4　第1項の規定による労働者の解雇に際して労働者から請求のあった場合は、解雇の理由を記載した証明書を交付する。

　労基法第89条第3号に定める「退職に関する事項」は、就業規則の絶対的必要記載事項のため、就業規則に必ず規定しなければなりません。

第8章　退職金

（退職金の支給）
第54条　労働者が退職し又は解雇されたときは、この章に定めるところにより退職金を支給する。ただし、第68条第2項により懲戒解雇された者には、退職金の全部又は一部を支給しないことがある。
　2　継続雇用制度の対象者については、定年時に退職金を支給することとし、その後の再雇用については退職金を支給しない。

　退職金制度は必ず設けなければならないものではありませんが、設けたときは、適用される労働者の範囲、退職金の支給要件、額の計算及び支払の方法、支払の時期などを就業規則に記載しなければなりません。また、不支給事由又は減額事由を設ける場合には、これは労基法第89条第3号の2に規定す

る退職手当の決定及び計算の方法に関する事項に該当するため、就業規則に明記する必要があります。

（退職金の額）
第55条 退職金の額は、退職又は解雇の時の基本給の額に、勤続年数に応じて定めた下表の支給率を乗じた金額とする。

勤続年数	支給率
5年未満	1.0
5年〜10年	3.0
11年〜15年	5.0
16年〜20年	7.0
21年〜25年	10.0
26年〜30年	15.0
31年〜35年	17.0
36年〜40年	20.0
41年〜	25.0

2　第9条により休職する期間については、会社の都合による場合を除き、前項の勤続年数に算入しない。

　本規程例では、退職金の額の算定は、退職又は解雇の時の基本給と勤続年数に応じて算出する例を示していますが、会社に対する功績の度合い等も考慮して決定する方法も考えられることから、各企業の実情に応じて決めてください。

（退職金の支払方法及び支払時期）
第56条 退職金は、支給事由の生じた日から＿＿か月以内に、退職した労働者（死亡による退職の場合はその遺族）に対して支払う。

　退職金の支払方法、支払時期については、各企業が実情に応じて定めることになります。
　労働者が死亡した場合の退職金の支払については、別段の定めがない場合には遺産相続人に支払うものと解されます。

第9章　無期労働契約への転換

※期間の定めのある労働契約（有期労働契約）で働く従業員に適用される就業規則を別に作ることもできます。

（無期労働契約への転換）
第57条 期間の定めのある労働契約（有期労働契約）で雇用する従業員のうち、通算契約期間が5年を超える従業員は、別に定める様式で申込むことにより、現在締結している有期労働契約の契約期間の末日の翌日から、期間の定めのない労働契約（無期労働契約）での雇用に転換することができる。
2　前項の通算契約期間は、平成25年4月1日以降に開始する有期労働契約の契約期間を通算するものとする。ただし、契約期間満了に伴う退職等により、労働契約が締結されていない期間が連続して6ヶ月以上ある従業員については、それ以前の契約期間は通算契約期間に含めない。
3　この規則に定める労働条件は、第1項の規定により無期労働契約での雇用に転換した後も引き続き適用する。ただし、無期労働契約へ転換した時の年齢が、第49条に規定する定年年齢を超えていた場合は、当該従業員に係る定年は、満＿＿歳とし、定年に達した日の属する月の末日をもって退職とする。

無期労働契約への転換後の労働条件（職務、勤務地、賃金、労働時間など）は、別段の定め（労働協約、就業規則、個々の労働契約）がない限り、直前の有期労働契約と同一となります。特に、定年など、有期契約労働者には通常適用されない労働条件を無期転換後の労働条件として適用する必要がある場合には、あらかじめ労働協約、就業規則、個々の労働契約により、その内容を明確化しておくようにしてください。

第１０章 安全衛生及び災害補償

　安全衛生及び災害補償に関する事項は、就業規則の相対的必要記載事項に当たりますので、これらの定めをする場合には、必ず就業規則に記載しなければなりません。

（遵守事項）
第５８条　会社は、労働者の安全衛生の確保及び改善を図り、快適な職場の形成のために必要な措置を講ずる。
２　労働者は、安全衛生に関する法令及び会社の指示を守り、会社と協力して労働災害の防止に努めなければならない。
３　労働者は安全衛生の確保のため、特に下記の事項を遵守しなければならない。
　① 機械設備、工具等の就業前点検を徹底すること。また、異常を認めたときは、速やかに会社に報告し、指示に従うこと。
　② 安全装置を取り外したり、その効力を失わせるようなことはしないこと。
　③ 保護具の着用が必要な作業については、必ず着用すること。
　④ ２０歳未満の者は、喫煙可能な場所には立ち入らないこと。
　⑤ 受動喫煙を望まない者を喫煙可能な場所に連れて行かないこと。
　⑥ 立入禁止又は通行禁止区域には立ち入らないこと。
　⑦ 常に整理整頓に努め、通路、避難口又は消火設備のある所に物品を置かないこと。
　⑧ 火災等非常災害の発生を発見したときは、直ちに臨機の措置をとり、＿＿＿＿＿に報告し、その指示に従うこと。

（健康診断）
第５９条　労働者に対しては、採用の際及び毎年１回（深夜労働に従事する者は６か月ごとに１回）、定期に健康診断を行う。
２　前項の健康診断のほか、法令で定められた有害業務に従事する労働者に対しては、特別の項目について、定期に健康診断を行う。
３　第１項及び前項の健康診断の結果必要と認めるときは、一定期間の就業禁止、労働時間の短縮、配置転換その他健康保持上必要な措置を命ずることがある。

（長時間労働者に対する面接指導）
第６０条　会社は、労働者の労働時間の状況を把握する。
２　長時間の労働により疲労の蓄積が認められる労働者に対し、その者の申出により医師による面接指導を行う。
３　前項の面接指導の結果必要と認めるときは、一定期間の就業禁止、労働時間の短縮、配置転換その他健康保持上必要な措置を命ずることがある。

（ストレスチェック）
第６１条　労働者に対しては、毎年１回、定期に、医師、保健師等による心理的な負担の程度を把握するための検査（ストレスチェック）を行う。
２　前項のストレスチェックの結果、ストレスが高く、面接指導が必要であると医師、保健師等が

認めた労働者に対し、その者の申出により医師による面接指導を行う。

3　前項の面接指導の結果必要と認めるときは、就業場所の変更、作業の転換、労働時間の短縮、深夜業の回数の減少等、必要な措置を命ずることがある。

（労働者の心身の状態に関する情報の適正な取扱い）

第62条　事業者は労働者の心身の状態に関する情報を適正に取り扱う。

（安全衛生教育）

第63条　労働者に対し、雇入れの際及び配置換え等により作業内容を変更した場合、その従事する業務に必要な安全及び衛生に関する教育を行う。

2　労働者は、安全衛生教育を受けた事項を遵守しなければならない。

（災害補償）

第64条　労働者が業務上の事由又は通勤により負傷し、疾病にかかり、又は死亡した場合は、労基法及び労働者災害補償保険法（昭和22年法律第50号）に定めるところにより災害補償を行う。

第11章　職業訓練

　職業訓練に関する事項は、就業規則の相対的必要記載事項に当たりますのでこれらの定めをする場合には、必ず就業規則に記載しなければなりません。

（教育訓練）

第65条　会社は、業務に必要な知識、技能を高め、資質の向上を図るため、労働者に対し、必要な教育訓練を行う。

2　労働者は、会社から教育訓練を受講するよう指示された場合には、特段の事由がない限り教育訓練を受けなければならない。

3　前項の指示は、教育訓練開始日の少なくとも＿＿週間前までに該当労働者に対し文書で通知する。

第12章　表彰及び制裁

　表彰及び制裁について、その種類及び程度に関する事項は、就業規則の相対的必要記載事項に当たりますので、これらについて定めをする場合には、必ず就業規則に記載しなければなりません。なお、パワーハラスメント、セクシュアルハラスメント及び妊娠・出産・育児休業・介護休業等に関するハラスメントについては、それらの言動を行った者について厳正に対処する旨の方針・対処の内容を就業規則等の文書に規定し、管理・監督者を含む労働者に周知する必要があります。（労働施策総合推進法第30条の2、均等法第11条、第11条の3、育児・介護休業法第25条）

（表彰）

第66条　会社は、労働者が次のいずれかに該当するときは、表彰することがある。

　①　業務上有益な発明、考案を行い、会社の業績に貢献したとき。
　②　永年にわたって誠実に勤務し、その成績が優秀で他の模範となるとき。
　③　永年にわたり無事故で継続勤務したとき。
　④　社会的功績があり、会社及び労働者の名誉となったとき。
　⑤　前各号に準ずる善行又は功労のあったとき。

2　表彰は、原則として会社の創立記念日に行う。また、賞状のほか賞金を授与する。

（懲戒の種類）
第67条 会社は、労働者が次条のいずれかに該当する場合は、その情状に応じ、次の区分により懲戒を行う。
① けん責
　始末書を提出させて将来を戒める。
② 減給
　始末書を提出させて減給する。ただし、減給は1回の額が平均賃金の1日分の5割を超えることはなく、また、総額が1賃金支払期における賃金総額の1割を超えることはない。
③ 出勤停止
　始末書を提出させるほか、＿＿＿日間を限度として出勤を停止し、その間の賃金は支給しない。
④ 懲戒解雇
　予告期間を設けることなく即時に解雇する。この場合において、所轄の労働基準監督署長の認定を受けたときは、解雇予告手当（平均賃金の30日分）を支給しない。

　懲戒処分の種類については、本条に掲げる処分の種類に限定されるものではありません。公序良俗に反しない範囲内で事業場ごと決めることも可能ですが、就業規則で、減給の制裁を定める場合において、その減給は、1回の額が平均賃金の1日分の半額を超え、総額が一賃金支払期における賃金の総額の10分の1を超えてはならない（労基法第91条）こととされています。

（懲戒の事由）
第68条 労働者が次のいずれかに該当するときは、情状に応じ、けん責、減給又は出勤停止とする。
① 正当な理由なく無断欠勤が＿＿＿＿＿日以上に及ぶとき。
② 正当な理由なくしばしば欠勤、遅刻、早退をしたとき。
③ 過失により会社に損害を与えたとき。
④ 素行不良で社内の秩序及び風紀を乱したとき。
⑤ 第2条、第3条、第4条、第5条、第6条に違反したとき。
⑥ その他この規則に違反し又は前各号に準ずる不都合な行為があったとき。
2　労働者が次のいずれかに該当するときは、懲戒解雇とする。ただし、平素の服務態度その他情状によっては、第3条に定める普通解雇、前条に定める減給又は出勤停止とすることがある。
① 重要な経歴を詐称して雇用されたとき。
② 正当な理由なく無断欠勤が＿＿＿日以上に及び、出勤の督促に応じなかったとき。
③ 正当な理由なく無断でしばしば遅刻、早退又は欠勤を繰り返し、＿＿＿回にわたって注意を受けても改めなかったとき。
④ 正当な理由なく、しばしば業務上の指示・命令に従わなかったとき。
⑤ 故意又は重大な過失により会社に重大な損害を与えたとき。
⑥ 会社内において刑法その他刑罰法規の各規定に違反する行為を行い、その犯罪事実が明らかとなったとき（当該行為が軽微な違反である場合を除く。）。
⑦ 素行不良で著しく社内の秩序又は風紀を乱したとき。
⑧ 数回にわたり懲戒を受けたにもかかわらず、なお、勤務態度等に関し、改善の見込みがないとき。
⑨ 第3条、第4条、第5条、第6条に違反し、その情状が悪質と認められるとき。
⑩ 許可なく職務以外の目的で会社の施設、物品等を使用したとき。
⑪ 職務上の地位を利用して私利を図り、又は取引先等より不当な金品を受け、若しくは求め若しくは供応を受けたとき。
⑫ 私生活上の非違行為や会社に対する正当な理由のない誹謗中傷等であって、会社の名誉信用を損ない、業務に重大な悪影響を及ぼす行為をしたとき。
⑬ 正当な理由なく会社の業務上重要な秘密を外部に漏洩して会社に損害を与え、又は業務の正常な運営を阻害したとき。
⑭ その他前各号に準ずる不適切な行為があったとき。

　本条では、第1項にて「けん責、減給、出勤停止」とする場合の事由を、第2項にて「懲戒解雇」とする場合の事由を定めています。

第13章　公益通報者保護

（公益通報者の保護）
第69条　会社は、労働者から組織的又は個人的な法令違反行為等に関する相談又は通報があった場合には、別に定めるところにより処理を行う。

第14章　副業・兼業

（副業・兼業）
第70条　労働者は、勤務時間外において、他の会社等の業務に従事することができる。
2　会社は、労働者からの前項の業務に従事する旨の届出に基づき、当該労働者が当該業務に従事することにより次の各号のいずれかに該当する場合には、これを禁止又は制限することができる。
①　労務提供上の支障がある場合
②　企業秘密が漏洩する場合
③　会社の名誉や信用を損なう行為や、信頼関係を破壊する行為がある場合
④　競業により、企業の利益を害する場合

　本条は、副業・兼業に関するモデル規定であり、就業規則の内容は事業場の実態に合ったものとしなければならないことから、副業・兼業の導入の際には、労使間で十分検討するようにしてください。副業・兼業に係る相談、自己申告等を行ったことにより不利益な取扱いをすることはできません。この「副業・兼業」については、他の会社等に雇用される形での副業・兼業のほか、事業主となって行うものや、請負・委託・準委任契約により行うものも含むことに留意が必要です。

　　　　附　則
（施行期日）
第1条　この規則は、＿＿＿＿年＿＿＿＿月＿＿＿＿日から施行する。

資料

索
引

索引

261

MEMO

●著者

貫場　恵子（ぬきば　けいこ）

ぬきば労務コンサルティング株式会社代表取締役
ぬきば社労士事務所代表
社会保険労務士。キャリアコンサルタント。
企業の労務管理のコンサルティング、社員研修を数多く
手掛ける。
三田市商工会理事。帝塚山大学法学部講師。資格の学校
TAC社労士講座講師。
著書に『2024年度版 みんなが欲しかった! 社労士合格
へのはじめの一歩』(TAC出版) などがある。

ぬきば社労士事務所
URL　http://www.nukiba-sr.com/

●校正　聚珍社
●イラスト　さとうゆり

図解入門ビジネス

最新 労働基準法がよ〜くわかる本

発行日	2023年12月 4 日		第1版第1刷

著　者　貫場　恵子

発行者　斉藤　和邦
発行所　株式会社　秀和システム
　　　　〒135-0016
　　　　東京都江東区東陽2-4-2　新宮ビル2F
　　　　Tel 03-6264-3105 (販売) Fax 03-6264-3094
印刷所　三松堂印刷株式会社　　　　Printed in Japan

ISBN978-4-7980-7119-0 C2032